本书系山西省哲学社会科学规划课题 "资源型地区旅游目的地语言景观的提升路径研究" （项目编号：2022YY131）、山西省回国留学人员科研资助项目 "资源型地区旅游企业的主动式关系修复策略研究" （项目编号:2021-147）阶段性研究成果

资源型地区旅游企业的 主动式关系修复策略研究

付 丽 著

知识产权出版社

全国百佳图书出版单位

—北京—

图书在版编目（CIP）数据

资源型地区旅游企业的主动式关系修复策略研究／付丽著.—北京：知识产权出版社，2024.10.—ISBN 978-7-5130-9532-7

Ⅰ.F592.6

中国国家版本馆 CIP 数据核字第 20241WR000 号

内容提要

随着全球资源型经济的转型压力日益增大，发展旅游业成为许多资源型地区寻求经济多元化、促进就业和提升地区形象的重要途径。本书以山西省多个旅游目的地为案例地，结合理论与实证研究，深入探讨资源型地区旅游企业如何通过主动式关系修复策略，挖掘经济增长与社会发展的协同效应，以探寻促进该地区旅游业可持续发展的新机制，为资源型地区旅游企业提供了一套系统性的关系修复框架与实用指南。

本书可作为旅游管理专业高等院校、研究机构师生的参考资料，也可供企业管理者阅读使用。

责任编辑：李海波　　　　　　　　　　责任印制：孙婷婷

资源型地区旅游企业的主动式关系修复策略研究
ZIYUANXING DIQU LÜYOU QIYE DE ZHUDONGSHI GUANXI XIUFU CELÜE YANJIU

付　丽　著

出版发行：知识产权出版社 有限责任公司		网　　址：http://www.ipph.cn	
电　　话：010-82004826		http://www.laichushu.com	
社　　址：北京市海淀区气象路 50 号院		邮　　编：100081	
责编电话：010-82000860 转 8582		责编邮箱：laichushu@cnipr.com	
发行电话：010-82000860 转 8101		发行传真：010-82000893	
印　　刷：北京中献拓方科技发展有限公司		经　　销：新华书店、各大网上书店及相关专业书店	
开　　本：720mm×1000mm　1/16		印　　张：15.5	
版　　次：2024 年 10 月第 1 版		印　　次：2024 年 10 月第 1 次印刷	
字　　数：252 千字		定　　价：78.00 元	

ISBN 978-7-5130-9532-7

在全球化变革的背景下，我国资源型地区面临前所未有的挑战。其中，生态退化、过度依赖单一资源产业，以及经济与社会可持续性等问题显得尤为突出。山西省作为一个传统的煤炭重工业基地，迫切需要依靠转型发展来应对这些挑战，资源转型刻不容缓。在众多转型路径中，旅游业作为一个新兴增长点，承载着经济多元化和推动可持续发展的双重任务。然而，在旅游业高质量发展的新时期，资源型地区的旅游企业在实现文化与旅游的深度融合过程中遭遇多种挑战。其中，旅游企业与旅游消费者等利益相关者之间的"不稳定"关系成为制约资源型地区发展的关键因素之一。因此，本书以山西省作为案例，深入探讨资源型地区旅游企业如何通过主动式关系修复策略，挖掘经济增长与社会发展的协同效应，以探寻促进该地区旅游业可持续发展的新机制。

本书对资源型地区旅游企业所面临的特定问题进行深度分析，采取跨学科的研究视角，聚焦企业、社区与政府等利益相关方的互动机制，阐述主动式关系修复策略对于资源型地区旅游业转型的重要性和影响力，并深入探讨旅游企业在稳定发展与转型中的困境，特别是在与旅游者、当地社区和政府互动过程中所面临的多重挑战。同时，本书详尽分析了山西省各文化遗产地的现状与挑战，并从中挑选了典型案例进行研究；针对山西省旅游企业的实际情况，提出了具有指导意义的主动式关系修复策略，并基于实证研究揭示了这些策略在实际操作中的绩效表现。此外，本书还关注了政策引导、新技术支持等外部环境因素对于主动式关系修复策略的影响与作用。

本书开篇部分详细描述了中国旅游业的发展历程，并指出了以旅游业为代表的服务产业在国家经济策略中的地位与作用。随着国家政策对中西部资源型地区的关注，旅游业成为助力这些地区实现经济结构转型、促进社会和谐与生态环境改善的关键行业。此外，本书提出了当前旅游业在可持续发展方面存在的瑕疵与阻碍，解释了为什么需要以山西省为例来研究资源型地区旅游企业的转型发展。

为了深入理解资源型地区在旅游发展中的地位和作用，本书深刻阐释了这类地区的基本概况与特点，包括其在国民经济中占据的重要位置和由资源开发带来的社会环境问题。同时，通过分析山西省案例，本书展示了资源型地区在实现传统产业到旅游业的转型中所面临的矛盾与问题，探讨企业如何通过主动策略解决和缓和与旅游者、社区、政府等利益相关者之间的矛盾，以重建并维系良好的关系网络。本书强调旅游企业在资源型地区主动式关系修复中的关键角色和重要性。旅游企业在面对资源开发与环境保护的平衡、维护品牌形象、提高企业竞争力和创新能力等方面，需要采取更为积极主动的策略和行为。本书通过广泛的实证调研和数据分析探索了资源型地区旅游企业发展中的内外部驱动因素，厘清了各类影响因素和动态关系。

通过本书的研究发现，主动式关系修复策略在资源型地区旅游业的转型中起着至关重要的作用，它不仅能够帮助企业在面临危机时积极应对并迅速恢复，同时还能够深化企业与社区、政府间的互信与合作，促进地区整体的可持续发展。

本书对策略形成提供了理论框架和实证研究的支持，探讨了行为模式特征，如自发性、变革性和前瞻性，这些对于应对旅游者诉求、推动行业变革和实现战略目标均至关重要。结合理论和实践，本书提出了一整套提升资源型地区旅游企业主动式关系修复能力的具体措施，丰富了资源型地区旅游企业关系修复及其转型升级的相关研究内容，为资源型地区旅游企业及政府部门提供了一系列切实可行的策略，帮助其在面临日益激烈的市场竞争和社会责任压力时作出明智决策，从而推动旅游业的高质量发展。同时，本书也为山西省乃至更广泛的资源型地区提供了可操作性的转型策略，为政策制定者、旅游业界人士及学术研究者提供了宝贵的第一手资料和研究成果。通过这些成果，本书意图打破传统观念的局限，推进资源型地区旅游企业转型，为山西省和其他资源型地区的经济和社会发展作出一定的贡献。

　　本书系山西省哲学社会科学规划课题"资源型地区旅游目的地语言景观的提升路径研究"（项目编号：2022YY131）、山西省回国留学人员科研资助项目"资源型地区旅游企业的主动式关系修复策略研究"（项目编号：2021-147）阶段性研究成果。

目　录

第1章　绪　　论 ……………………………………………… 1
　1.1　研究背景及现实依据 ……………………………… 1
　1.2　研究目的和意义 …………………………………… 2
　1.3　研究思路和研究方法 ……………………………… 4
　1.4　主要研究内容、研究框架及资料来源 …………… 6

第2章　资源型地区现状分析 ……………………………… 10
　2.1　资源型地区背景概述 ……………………………… 10
　2.2　资源型地区旅游企业与环境的关系分析 ………… 14
　2.3　资源型地区旅游企业主动式关系修复的重要性 ……… 16

第3章　主动式关系修复策略的理论框架 ………………… 21
　3.1　主动式关系修复的概念及原则 …………………… 21
　3.2　主动式关系修复模型及理论框架 ………………… 27
　3.3　主动式关系修复策略综述 ………………………… 33

第4章　山西省文化遗产地旅游企业主动式关系修复策略案例
　　　　实证分析 ………………………………………… 35
　4.1　山西省文化遗产地概述 …………………………… 35
　4.2　文化遗产案例1：五台山 ………………………… 37
　4.3　文化遗产案例2：平遥古城 ……………………… 57
　4.4　文化遗产案例3：云冈石窟 ……………………… 77
　4.5　文化遗产案例4：晋祠 …………………………… 94

第 5 章　新技术背景下山西省旅游企业主动式关系修复策略案例
　　　　实证分析‥‥‥‥‥‥‥‥‥‥‥‥‥‥‥‥‥‥‥‥‥‥ 109

　　5.1　新技术背景下旅游发展概述 ‥‥‥‥‥‥‥‥‥‥‥‥‥ 109

　　5.2　新技术背景下的旅游案例 5：旅游+O2O 模式 ‥‥‥‥‥ 111

　　5.3　新技术背景下的旅游案例 6：小程序旅游 ‥‥‥‥‥‥‥ 116

　　5.4　新技术背景下的旅游案例 7：短视频旅游 ‥‥‥‥‥‥‥ 125

　　5.5　新技术背景下的旅游案例 8：直播旅游 ‥‥‥‥‥‥‥‥ 139

第 6 章　实证分析结果及讨论‥‥‥‥‥‥‥‥‥‥‥‥‥‥‥ 163

　　6.1　山西省文化遗产地相关案例实证分析结果及讨论 ‥‥‥ 163

　　6.2　新技术背景下的旅游相关案例实证分析结果及讨论 ‥‥‥ 175

第 7 章　主动式关系修复策略总结及未来发展‥‥‥‥‥‥‥‥ 182

　　7.1　主动式关系修复策略总结 ‥‥‥‥‥‥‥‥‥‥‥‥‥‥ 182

　　7.2　主动式关系修复策略未来发展 ‥‥‥‥‥‥‥‥‥‥‥‥ 189

附　　录‥‥‥‥‥‥‥‥‥‥‥‥‥‥‥‥‥‥‥‥‥‥‥‥‥ 192

　　附录 1　五台山景区旅游感知的调查问卷 ‥‥‥‥‥‥‥‥‥‥ 192

　　附录 2　平遥古城旅游意向感知调查问卷 ‥‥‥‥‥‥‥‥‥‥ 196

　　附录 3　云冈石窟的游客感知体验满意度调查问卷 ‥‥‥‥‥‥ 199

　　附录 4　晋祠旅游形象调查问卷 ‥‥‥‥‥‥‥‥‥‥‥‥‥‥ 202

　　附录 5　O2O 旅游产品（携程）的选择属性对再购买意图的
　　　　　　影响调查问卷 ‥‥‥‥‥‥‥‥‥‥‥‥‥‥‥‥‥‥ 206

　　附录 6　手机旅游服务类小程序（同程旅行）用户满意度
　　　　　　影响因素研究的调查问卷 ‥‥‥‥‥‥‥‥‥‥‥‥‥ 209

　　附录 7　短视频传播内容对旅游者购买意愿的影响的调查问卷 ‥‥‥ 212

　　附录 8　消费者在旅游直播情境下对平遥古城旅游目的地
　　　　　　形象感知的调查问卷 ‥‥‥‥‥‥‥‥‥‥‥‥‥‥‥ 215

参考文献‥‥‥‥‥‥‥‥‥‥‥‥‥‥‥‥‥‥‥‥‥‥‥‥‥ 219

第1章 绪 论

1.1 研究背景及现实依据

中国旅游业的发展一直是国家战略中不可或缺的部分。党的二十大报告明确提出"坚持以文塑旅、以旅彰文，推进文化和旅游深度融合发展"。旅游业成为满足全体人民日益对美好、幸福生活向往的关键环节，在国家政策引导下，中国旅游业正经历着脱胎换骨的转型升级，呈现出前所未有的活力和发展潜力，标志着中国旅游业正式迈入高质量发展的新时期。进入新发展阶段，随着国家旅游业的逐步开放和推进，发展的不平衡、不充分既是我国经济高质量发展面临的核心问题，也是中国旅游业面临转型升级的巨大压力的重要因素。2021 年，国家先后出台《关于新时代推动中部地区高质量发展的意见》和《推进资源型地区高质量发展"十四五"实施方案》，体现出国家战略层面积极推动区域协调发展，特别是重视中西部等资源型地区的转型发展，其正处于向旅游业转型的关键时期。旅游业是国民经济的战略性支柱产业，是现代服务业的重要组成部分，是美好生活的承接载体。在我国经济发展的历程中，旅游业在外汇创收、拉动内需、增加就业等方面发挥了重要作用，极大地促进了经济的发展、推动了产业结构的转型升级。资源型地区向旅游业成功转型，不仅可以为促进区域经济的高质量发展提供强有力的支持，还能够充分发挥地区旅游资源的特色优势，为旅游业的发展注入新动能。

资源型地区的文旅转型是一个漫长而艰辛的过程，尽管转型发展可以为旅游目的地带来巨大的经济效益和社会价值，但是在实践过程中依然存在诸多困难和挑战。目前，在经济层面，资源型地区对资源依赖性较强，因资源行情波动常常导致经济出现不稳定性与脆弱性；在社会层面，资源型地区的劳动力结构比较单一，主要从事某一种资源相关行业，资源行业的波动易造成工人失业，就业环境严峻；在生态环境层面，不可再生资源的快速开采和浪费必然会导致资源枯竭的加速，加剧环境污染和生态破坏，如煤炭资源型地区等。因此，要实现资源型地区的文旅转型，必须依靠政策、技术、市场等多个维度，需要依靠当地政府、旅游企业等多方力量共同参与，才能打破资源型地区的转型发展瓶颈，助力地区发展，寻求一条真正的破题之路。旅游企业作为旅游目的地的利益相关者直接参与推动资源型地区的文旅转型，是影响资源型地区转型的关键要素。但事实上，近年来旅游企业与旅游者之间的矛盾和冲突不断加剧，造成游客满意度下降，重游率低，成为制约资源型地区向旅游业转型发展的重要障碍。因此，旅游企业亟须采取主动式关系策略，通过修补企业形象、社会形象，才能推进旅游业发展，助力资源型地区实现顺利转型。

综上所述，本书在此探究背景下，以山西省作为案例地，深入探讨资源型地区旅游企业的主动式关系修复策略，以期为解决山西省为代表的资源型地区在转型发展中遇到的现实问题提供新对策、新思路，构建转型发展新"蓝图"。

1.2　研究目的和意义

1.2.1　研究目的

本书内容所研究的目的是聚焦山西省旅游业中存在的问题和矛盾，特别是旅游者和旅游企业之间的关系，以山西省内多个文化遗产地案例为核心，借鉴相关理论，依据不同景区特点，基于实证分析，通过对案例深度剖析，分析矛盾存在的根本原因、影响因素等，为旅游企业和政府部门提供有针对性的解决方案和改善策略，并寻求有效的主动式关系修复策略，以促进山西省旅游行业的可持续发展。通过本书的研究成果，为山西省旅游企业主动式关系修复领域的学术研究提供新思路，以提高旅游企业与旅游者之间的合作关系，促进山西省旅游业的可持续和健康发展，同时为旅游研究和应用提供参考。

1.2.2　研究意义

（1）理论意义

本书选取了 8 个案例进行实证研究，通过对山西省代表性旅游领域相关案例的研究，有助于丰富对旅游企业主动式关系修复策略的研究，为旅游学界提供新的实证案例和研究视角。"转型"是资源型地区突破发展瓶颈的必要途径之一。通过探索旅游企业和旅游者之间关系修复的具体策略与步骤，可以更全面地了解主动式关系修复策略的机理和影响因素，从而为山西省实现高质量转型提供理论支持和指导，为旅游企业发展提出有针对性的建议，帮助企业制定更加有效的关系修复策略，提升关系修复的效果，顺利实现山西省的高质量转型战略。同时，本书也有助于填补现有理论研究的空白，为该领域的学术研究提供新的探索方向。

（2）现实意义

一方面，本书研究对旅游业和山西省转型发展具有重要的现实意义。目前，中国正处于高质量发展的关键时期，山西省作为资源型地区的经济转型综合配套改革试验区，"转型"发展迫在眉睫。因此，在文旅转型的关键时期，能否顺利实现转型，对其他资源型地区转型发展也具有重要的借鉴意义。本书通过 8 个案例的实证分析，结合山西省发展现状，以期拓宽旅游企业发展新思路，将主动式关系修复策略的研究成果实际应用于山西省旅游业及转型发展的过程中。

另一方面，本书有助于丰富主动式关系修复相关理论与实际应用相结合的视角。首先，研究山西省旅游企业主动式关系修复策略有望提升客户满意度，通过对旅游者需求的深入了解，旅游企业能够主动修复客户关系，提高客户满意度，并增强客户的忠诚度和口碑效应。其次，研究有助于改善企业形象与口碑，通过建立良好的企业声誉，旅游企业可以吸引更多客户和业务合作伙伴，从而提高市场竞争力。同时，本书也有助于推动山西省旅游业的可持续发展，通过解决旅游者和企业之间的矛盾，可以避免及减少旅游者和企业之间的纠纷与冲突，维护旅游目的地社会的秩序，营造更加和谐、稳定的社会环境，达到引流与增加旅游收入的目的，从而推动山西省旅游经济的繁荣发展。

综上所述，本书研究成果不仅具有重要的理论意义，还对资源型地区转型和旅游业发展产生积极的现实影响，具有深远的意义和价值。

1.3 研究思路和研究方法

1.3.1 研究思路和技术路线

（1）研究思路

本书围绕资源型地区旅游企业的主动式关系修复策略展开，选择山西省作为案例分析的核心，充分结合地区文化遗产特色和旅游业现状，采取逻辑推理与实证相结合的研究方法，以期提出具有可操作性的策略和建议。首先，从资源型地区的经济、社会、生态三大维度剖析问题的现实情境，明确实现文旅转型发展的必要性；其次，聚焦旅游企业与旅游者之间的关系矛盾，深入分析造成现状的根本原因和影响因素；再次，基于案例地的实证分析，构建有针对性的关系修复理论模型；最后，得出结论，并为山西省及类似资源型地区的转型发展提供理论支持和实践指导。

（2）技术路线

研究将按照以下技术路线进行：首先，通过文献综述梳理研究背景，建立理论框架，并从新时代政策导向和资源型地区的发展现状探讨研究的必要性；其次，以案例分析方法深入分析山西省文旅转型现状和旅游企业主动式关系修复方面的实际问题；再次，通过新技术应用案例探讨技术创新在关系修复策略中的应用；最后，综合结论与建议，预测未来研究方向，为旅游企业进一步研究提供新的视角和方法。本书研究技术路线如图1-1所示。

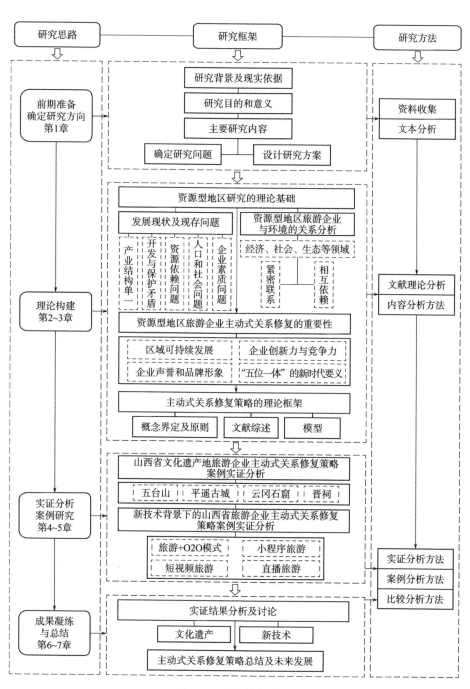

图1-1 研究技术路线

1.3.2 研究方法

（1）文献综述法

本书采用文献综述方法，系统整合国内外相关文献，深度总结并抽取与资源型地区转型和旅游企业关系修复策略相关的理论及实证研究成果。通过对已有文献的深入分析，本研究构建了理论框架，并为后续研究提供了坚实的理论基础和学术支持。

（2）案例分析法

本书选取山西省典型的文化遗产地作为研究个案，并针对每个个案进行深入分析，揭示问题的本质、关系修复的模式、效果及影响因素。案例分析结果将有助于深刻理解关系修复机制的实际运作与效果。

（3）实证研究法

为提高研究结论的可信度和科学性，本书采用了综合定性和定量的实证研究方法，以收集相关案例的全面数据和信息，并通过深入分析确保研究结论的科学性、可靠性和有效性，通过实证研究为主动式关系修复策略的实践应用提供科学依据。

（4）比较分析法

本书采用了比较分析法，通过横向对比不同案例之间的修复策略和效果，旨在识别各个策略的优势与不足，并提出通用性和差异性的建议，有助于完善理论框架，深化实证分析，为旅游企业关系修复策略的可持续发展提供具体指导建议。

1.4 主要研究内容、研究框架及资料来源

1.4.1 研究内容及框架

本书的研究内容为"资源型地区旅游企业的主动式关系修复策略研

究",研究的对象是山西省相关旅游案例,本书围绕 8 个关于旅游企业采取主动式关系修复策略的论文案例进行实证分析,主动式关系修复策略是本书的研究目的和核心。本书通过 7 章内容进行深入探讨,基于旅游视角深度剖析案例背后的现实意义。具体内容及框架如下。

第 1 章绪论。本章从新时代中部地区高质量发展、"十四五"关于推进资源型地区高质量发展实施方案、资源型地区文旅转型及山西省转型发展的四个背景出发,凸显资源型地区特别是山西省文旅转型发展的必要性,在此基础上提出本书研究的主要问题,阐述研究问题的理论意义和现实意义,进而总结研究思路、研究方法。随后,就本书的主要研究内容、研究框架及资料来源进行说明,为接下来的研究提供理论框架。

第 2 章资源型地区现状分析。本章针对 1950—2023 年全国资源型地区的发展历程进行研究,探寻资源型地区所面临的发展瓶颈及现实问题,特别是对资源型地区旅游企业与环境的关系进行深入分析,探讨资源型地区旅游企业采取主动式关系修复策略的必要性,为本书研究的核心对象提供背景支撑。

第 3 章主动式关系修复策略的理论框架。本章首先对主动式关系修复的概念及原则进行界定,通过梳理国内外相关研究进行综述,总结主动式关系修复策略的基本模型及作用机理,为本书的研究构建理论框架,从而为下文的深入研究与章节安排提供理论支撑和依据。

第 4 章山西省文化遗产地旅游企业主动式关系修复策略案例实证分析。本章首先对山西省文化遗产地进行概述,接下来深入讨论 4 个山西省文化遗产地(五台山、平遥古城、云冈石窟、晋祠)的相关研究案例,分别从各案例地的实际情况入手,构建各自的理论模型,多角度进行实证分析,并结合个案研究成果,深入探讨针对这些案例的关系修复策略。

第 5 章新技术背景下的山西省旅游企业主动式关系修复策略案例实证分析。本章基于新时代背景下全球化科学技术的日益多元化发展,进一步探讨在传统技术以外,在新技术的加持下山西省旅游企业主动式关系修复策略的具体应用。本章重点介绍山西省在新技术应用下的 4 个案例(旅游+O2O 模式、小程序旅游、短视频旅游、直播旅游),探讨新技术背景下旅游发展的趋势和影响,深入研究新技术在旅游业中的应用,并结合相关论文的研究成果，深入探讨针对这些案例的关系修复策略。

第 6 章实证分析结果及讨论。本章基于第 4~5 章的案例内容，对 8 个案例实证分析结果进行总结讨论。

第 7 章主动式关系修复策略总结及未来发展。本章通过回顾本书研究内容，概括本书关于主动式关系修复策略的研究成果，进而提出具有参考价值的建议，在此基础上提出针对未来研究中切实可行的、有实践和理论价值的研究方向。

1.4.2 资料来源

在充分调研的基础上，本书的研究主要针对山西省重点旅游景区展开实证分析，旨在发现现实中存在的问题，并提出修复和解决方案。调研方法主要包括问卷调查、抽样调查等多种方式。研究范围包括山西省五台山、平遥古城、云冈石窟、晋祠等重要景区及其相关辐射地区和游客群体，本书研究的内容实施于 2021—2023 年。

内容包括：①案例 1 选取五台山游客为研究对象，在线上发放为期一个月的问卷调查，共收回了 700 份问卷。经过筛选，最终得到 654 份有效问卷。②案例 2 针对平遥古城潜在游客展开问卷调查。由于研究地点限制，只能调查省内及当地游客意愿，范围相对较小而受众面狭窄。为确保数据有效性，采用线上随机抽样方式发放问卷。本次调查共收回 525 份问卷，其中 504 份为有效问卷，有效率达 96.0%。③案例 3 针对云冈石窟的游客进行调查。通过线上线下相结合的方式发放问卷，并在 2023 年 4 月 10 日前往大同云冈石窟，对游客进行线下随机调查。经过整理，收回 309 份调查问卷，其中有效问卷共 288 份，本次调查有效率为 93.2%。④案例 4 利用线上和线下相结合的方式对晋祠旅游景区游客展开随机抽样调查。其间共发放 405 份问卷，收回 380 份。剔除无效问卷后，最终得到 351 份有效问卷，有效收回率达 92.4%。⑤案例 5 对购买过携程旅游产品的山西景区游客进行了问卷调查，共收回 350 份问卷，收回率为 100%。经过筛选，得到 273 份有效问卷，有效率为 78.0%。⑥案例 6 针对同程旅行小程序用户满意度影响因素展开研究，问卷调查在线上进行。共收回 435 份问卷，其中 367 人使用过同程旅行小程序，68 人未使用过同程旅行小程序或任何旅游服务类小程序。剔除无效问卷后，用于数据分析的有效问卷数量为 367 份，有效率达 84.4%。⑦案例 7 将调查问卷的目标锁定在短视频使用者上，通过问卷调查的数据收集方式发放并推广，以获取样本数据。第一次调研共收集 307 份问卷，第二次调研收集 300 份问卷。剔除无效问卷后，最终得到 572 份有效问卷，有效率为 94.2%。⑧案例 8 以旅游直播潜在游客为调研对象，设计并发放问卷，最终得到 514 份有效问卷。

第 2 章　资源型地区现状分析

2.1　资源型地区背景概述

资源型地区是指拥有丰富的自然资源，资源型产业在地区生产总值中占据较大份额并在国家分工或地区分工中承担输出初级产品或简单制成品的地区。这些地区在我国的能源保障和原料输出等方面发挥着十分重要的作用，是国民经济持续健康发展的重要支撑。资源型地区包括地级行政区、县级市、县等行政区，如山西省大同市、陕西省潼关县等，同时也包括以自然资源为依托推动经济发展的省级行政区，如内蒙古、山西、黑龙江、吉林、辽宁等。资源型地区的重要性源于其丰富的自然资源储备，其拥有丰富的矿产资源、能源资源、农产品资源等，资源的开采和加工对于满足国内需求和外贸出口具有重要意义，带动了相关产业链的发展，促进了当地经济的增长，为更多人提供了就业机会。在我国的经济格局中，资源型地区占据着重要的基础性地位。

2.1.1　资源型地区发展阶段

资源型地区在国内发展主要经历了以下几个阶段。

（1）资源型地区快速发展阶段：1950—1960 年

新中国成立前夕，国内资源型地区主要表现为战时工矿基地，新中国成立后，为快速恢复经济运行，保证人民的生命健康和基本生活需求，首先恢复一些新中国成立前的重要工矿基地，其中包括东北部地区的 7 个基地，西南部 2 个，中东部地区 4 个。以东北三省、山西、内蒙古为典型代表，大量工矿基地复工复产，为中国的经济发展注入了不竭动力。1953—1958 年，随着中国全面工业化建设的需要，国家集中在中部设立了 7 个资源型城市，即玉门、双鸭山、鸡西、马鞍山、鹤壁、焦作、平顶山，自此，我国资源型地区基本格局初步形成。山西省作为中国重要的煤炭资源基地之一，在这一时期发挥了重要作用，随着国家工业化的需要，煤炭产业得到了快速发展，山西成为国家煤炭供应的重要支撑，为这一时期的资源型地区布局的完善作出了贡献。

（2）资源型地区稳步发展阶段：1961—1978 年

1961 年以后，中国的国民经济进入了"调整"阶段，该局面一直持续到 1978 年。在此期间，中国新增了 6 个资源型城市，它们分别为东北地区的七台河、中部地区的资兴和淮北、西部地区的嘉峪关和乌海，以及西南地区的六盘水，尽管这些资源型地区发展相对稳定，但并没有取得较大突破。在这一阶段，中国面临着经济困境和各种内外部风险挑战，为了应对这些问题，国家采取了一系列调整措施，包括优化资源配置、改革经济体制、推进科技创新等方面的努力，也为后续的经济改革和发展打下了坚实的基础。1978 年后，中国进入改革开放时期，经济发展取得了巨大的突破，改革开放以来，中国大力发展资源型城市和资源产业，进一步促进了国民经济的增长和发展，各地资源型城市成为实现经济繁荣的重要引擎。在这一阶段，尽管发展速度相对较慢，山西省的煤炭产业仍然保持稳定的发展态势，为当时资源型地区的稳定发展作出了贡献。

（3）资源型地区第二次飞速发展阶段：1979—1990 年

改革开放后，中国的工业格局发生了明显的转变，由内陆地区向沿海地区转移，东部地区逐渐成为工业建设的中心，中西部地区则成为主要的资源开发基地。与此同时，在工业建设方面，更加注重效益和专业化，充分提高了能源和原材料的供给，进一步推动了国民经济的增长。1979—1990 年，共新增了 24 个资源型城市，主要集中在中西部地区，但是中东部地区仍然是发展的中流砥柱，特别是山西省作为一个重要的资源型地区，取得了较大的突破。在这一阶段，中国的工业格局发生了明显的转变，资源开发基地逐渐向中西部地区转移，山西省充分发挥了自身的资源优势，加大了煤炭产业的开发力度，积极引进其他领域的投资和技术，实现了经济的多元化发展。

（4）资源型地区发展的滞缓期：1991 年至今

1991 年至今，资源型地区处于发展滞缓期，资源型地区面临多重挑战，过度依赖传统资源开采模式和产业结构导致环境的破坏与资源的枯竭，限制了资源型地区的发展。在这一时期，尽管山西省煤炭产业面临一系列转型和调整的问题，但仍在努力推动经济的多元化发展，寻求新的增长点和发展机遇。

总体而言，在中国的资源型地区发展过程中，山西省作为中国重要的资源型地区代表之一，在不同阶段都对国家经济的发展起到了重要的推动作用，随着全球对环境保护和可持续发展的关注不断增加，山西省也面临着转型升级的挑战。为实现可持续发展目标，山西省正在努力加快转型步伐，积极推动煤炭产业向绿色低碳方向转型，为中国的经济转型升级作出新的贡献。

2.1.2　资源型地区发展现状及现存问题

资源型地区在我国的经济发展中扮演着十分重要的角色，然而它们在发展中也面临一些问题，主要包括产业结构单一，资源开发与环境保护的矛盾，资源依赖程度高、经济增长缓慢，人口流动和社会问题，以及相关企业素质较差等问题。

（1）产业结构相对单一

资源型地区经济发展主要依赖资源开采和加工产业，导致产业结构相对单一，当国际市场上资源价格下跌时，资源型地区的经济增长会受到较大冲击。同时，产业结构单一所带来的问题不仅是对资源价格的敏感性，还包括经济粗放型增长方式和效益低下问题。资源型地区的经济往往依赖规模化和数量型的资源开采，导致高耗费、重污染、低效益的经济活动，这种发展模式不仅加剧了资源的耗竭和环境问题，也限制了区域经济的持续发展。资源型地区需要优化产业结构，加大技术创新和高附加值产业的投入，推动经济发展方式的转变，从而实现经济效益提升和可持续发展。

（2）过度和不合理的资源开发与环境保护之间存在矛盾

资源型地区高强度的资源开采和产业活动导致环境污染、生态系统破坏和土地退化等一系列环境问题。开采导致矿区土地塌陷严重，矿区地面塌陷是所有煤炭城市面临的一个共性问题；固体废物的堆放导致严重的生态问题，如矿石堆放和煤矸石堆放，以及电厂的粉煤灰堆放，严重占用了土地资源，并且对周围环境造成了污染；水资源破坏是资源型地区面临的另一个严重问题，许多煤炭型资源地区严重缺水，导致居民饮水困难，部分地区的水体多次受到污染，饮用水水源地的水质受到严重影响，居民的身体健康存在较大隐患。为了找到平衡点，资源型地区需要在资源开发和环境保护之间进行权衡，采取可持续发展的方式发展经济。

（3）资源依赖程度高、经济增长缓慢

资源型地区的经济高度依赖资源的供应和价格，一旦资源供应减少或价格下跌，会对经济稳定性和可持续发展带来挑战，使地区经济增长缓慢。主要表现在：其一，资源供应的减少或价格的下跌会直接影响资源型地区的经济活动。如资源供应不足，企业的生产能力将受到限制，导致产量下降，经济增长放缓。同时，资源价格的下跌也会导致企业的盈利能力下降，减少了投资和扩张的动力，进一步抑制了经济增长。其二，高度依赖资源的地区往往在其他产业领域的发展相对滞后。资源型经济往往集中在资源开采、加工和出口方面，其他产业相对较弱，当资源型产业遇到问题时，这些地区很难迅速转型发展其他产业来填补经济空白，缺乏多元化的经济结构会限制经济的韧性和适应性，导致经济增长缓慢。其三，资源依赖程度高也会带来一些管理和环境方面的问题。资源型地区的企业往往面临管理机制不活跃、设备老化、冗员过多等挑战，这些问题会影响企业的效率和竞争力，致使地区经济增长更为缓慢。

（4）面临严重的人口流动和社会问题

资源型地区的经济发展吸引了大量外来人员，导致人口流动和社会问题的出现，包括住房紧张、教育和医疗资源不足、社会治安问题等。同时，高度依赖资源开采的经济结构也容易造成劳动力聚集和就业压力，加剧了资源型地区相关企业的税收及债务负担，下岗失业人员逐年增多。

（5）地区相关企业素质较差

资源型地区还存在产业组织结构不合理和企业素质较差的问题，资源型地区的产业关联度较低，主导产业带动作用有限，导致经济发展的脆弱性增加。同时，企业的市场竞争能力不足，缺乏创新能力和核心竞争力，制约了资源型地区经济的发展。为了改变这种状况，资源型地区需要加强产业合作，加大技术创新和人才培养的力度，提升企业的综合竞争力，推动产业组织结构的优化与升级。

综上所述，资源型地区在发展过程中所面临的问题十分复杂，有待从多方面进行深入研究和讨论，本书将从资源型地区企业角度为解决现存问题提供相应策略。

2.2 资源型地区旅游企业与环境的关系分析

资源型地区旅游企业与环境之间存在着紧密联系、相互依赖的关系。

首先，资源型地区的自然环境是吸引游客的重要资源。这些地区拥有丰富的自然景观、独特的生态系统和珍稀的物种，吸引了大量游客。其次，旅游企业通过开发和利用这些自然资源，提供各类旅游产品和服务，实现经济效益。因此，旅游业对资源型地区的经济发展起到了重要的拉动作用。再次，旅游企业的发展也对资源型地区的环境产生直接和间接的影响。一方面，过度的旅游开发和不合理的经营管理可能导致环境破坏、生态系统退化和景区承载力超负荷；另一方面，旅游活动中的交通运输、住宿、用餐等环节会带来环境污染、能源消耗和大量废弃物。因此，旅游业与环境的关系是相互作用的，既取决于自然环境的吸引力，也受到旅游活动对环境的影响程度的限制。最后，在资源型地区中，保护好环境对旅游企业的可持续发展至关重要。一方面，保护自然环境和生态系统是吸引游客的重要条件，只有保持好景区的原始风貌和自然生态特色，才能持续吸引游客流量；另一方面，环境保护也是保障旅游业可持续发展的条件之一，通过采取环保措施，减少环境污染、节约资源、降低能耗，旅游企业可以提升自身的形象和竞争力，有效推动地方经济的可持续发展。

同时，旅游企业与环境的良好关系对资源型地区也具有重要的经济、社会和生态意义。①在经济意义上，旅游业作为资源型地区经济的重要组成部分，为地区创造了就业机会和经济增长。通过吸引游客，旅游企业可以带动相关行业的发展，促进地区的产业多元化和经济结构的优化。保护好环境，保持景区的原汁原味和独特的自然景观，可以吸引更多游客，提升旅游业的竞争力和盈利能力。此外，旅游业还能促进当地服务业的发展，提高居民收入水平，改善居民生活品质。②在社会意义上，旅游业不仅为游客提供了旅游休闲的机会，也是人们了解和感受自然环境、体验地方文化的重要平台。通过旅游活动，人们可以增强对环境保护的意识和责任感，提高生态文明意识，促进环保理念的传播和推广。此外，旅游业的发展还可以促进地方文化的传承和振兴，增强民族认同感和地方归属感，推动社会和谐稳定。③在生态意义上，资源型地区往往拥有丰富的自然资源和独特的生态系统，是生态保育的重要区域。旅游企业在开发和经营过程中，应该秉持生态保护的原则，合理利用和保护自然资源，维护生态平衡。保护好环境不仅可以维护生态系统的稳定，保护物种多样性，也可以保护水源地、森林资源等重要生态服务功能，维护自然生态的可持续性和地理景观的完整性。

综上所述，资源型地区旅游企业与环境在经济、社会和生态等不同领域都紧密相连、相互依赖。保护好环境是旅游业可持续发展的基础，不仅对旅游企业的经济增长和社会效益有益，也对当地的生态环境保护和可持续发展产生积极影响。因此，资源型地区旅游企业应该注重环境保护，推动绿色发展，实现经济、社会和环境效益的协调统一。同时，政府部门应该加强监管和管理，建立健全的法律法规体系，引导旅游企业合理开发和经营，平衡好经济效益与环境保护的关系，实现资源型地区旅游业的可持续发展。

2.3 资源型地区旅游企业主动式关系修复的重要性

在资源型地区，旅游企业是区域经济发展的重要组成部分。然而，资源开发和利用过程中的各种矛盾致使旅游企业与利益相关者之间的关系出现紧张或破裂的情况。在此背景下，资源型地区旅游企业主动修复关系显得尤为重要。通过采取积极主动的措施，企业能够建立合作与沟通的桥梁，解决问题并实现共赢，为可持续发展奠定坚实的基础，重建与利益相关者的信任，实现经济效益与社会责任的双赢局面。本书将探讨资源型地区旅游企业主动式关系修复的重要性，并提出相关的策略和方法。

2.3.1 资源型地区旅游企业主动式关系修复的重要性解析

资源型地区旅游企业主动式关系修复的重要性主要体现在以下几方面。

（1）促进区域的可持续发展

资源型地区的旅游业通常以自然环境、文化遗产和独特的地方风貌为特色。近年来，过度的资源开发和不文明的旅游活动造成资源的严重破坏，导致资源损耗、生态破坏和环境污染，进而影响当地社区的生活质量和经济稳定性。而主动式关系修复是一种积极主动的方法，它通过建立和加强与当地社区、政府机构、非政府组织及其他利益相关者的关系，寻求合作解决方案，以实现可持续旅游发展的目标。主动式关系修复可以帮助旅游企业与利益相关者合作，制定并实施可持续的发展战略，减少对环境的不良影响，保护资源的长期可用性，同时创造更多的就业机会和经济增长。具体表现如下。

第一，主动式关系修复可以帮助旅游企业建立互信机制。在过去的发展过程中，旅游企业与当地社区产生了一定的矛盾和冲突，使彼此之间的信任受损。旅游企业通过采取主动措施，如开展社区参与项目、实施透明的沟通和信息共享等，可以积极与当地社区合作，重建双方之间的信任关系。

第二，主动式关系修复可以促进合作和共识。在资源型地区，旅游业往往涉及多个利益相关者，包括当地居民、政府、旅游者等。他们的利益可能存在冲突，需要通过合作达成共识。旅游企业可以通过组织社区会议、利益相关者磋商等方式，积极主动地与相关方合作，共同制定和实施可持续的旅游发展策略。

第三，主动式关系修复可以推动知识共享和容错机制的建立。旅游企业往往拥有丰富的经验和专业知识，可以通过与当地社区分享实践经验，提高认识能力。同时，容错机制的建立也是关系修复过程中的重要一环，旅游企业需要理解并尊重当地社区的观点和需求，充分考虑不同利益相关者的意见和建议，以寻求多方共赢的解决方案。

第四，主动式关系修复对旅游企业而言是一种长期投资。通过与当地社区建立良好的合作关系，并共同追求可持续的旅游发展，不仅有助于吸引更多游客和投资，还能够为企业带来更稳定的经营环境和长期发展的机会。

（2）提升企业创新力与竞争力

资源型地区的旅游企业在利用自身资源的同时，也面临与资源开发和环保之间的平衡问题。主动式关系修复可以帮助这些企业更好地了解市场需求和社会期望，从而提高创新能力，增强竞争力。其重要性具体表现如下。

第一，与利益相关者合作可以帮助资源型地区的旅游企业了解社会期望和环境保护的要求。资源型地区的旅游企业通常会直接受益于当地的自然环境和文化遗产，通过与当地社区、环保组织、政府和其他利益相关者的密切合作，企业可以更好地了解社会对于资源利用和环境保护的期望。通过采取主动式关系修复策略，与利益相关者进行对话协商，共同制定可持续发展的经营策略和环境保护方案，不仅能够保护当地的资源，还能为企业树立良好的企业形象，提升企业的品牌价值和市场竞争力。

第二，与客户的密切合作可以帮助资源型地区的旅游企业更好地了解市场需求和优化产品创新。资源型地区的旅游企业通常会依赖特定的资源吸引游客。旅游企业需要通过不断创新来吸引游客，满足他们不断变化的需求和期望，通过与客户进行积极的互动和反馈，可以更好地了解游客的需求和偏好，并根据这些需求进行产品创新和服务升级。

第三，与行业协会和其他竞争对手的紧密合作可以帮助资源型地区的旅游企业获取更多的市场信息和行业洞察力。资源型地区的旅游企业面临竞争激烈的市场环境，通过与行业协会、其他企业和研究机构的合作，企业可以了解最新的市场趋势、竞争对手的行动和市场机会。这些信息可以为企业提供创新的灵感和方向，帮助企业在市场竞争中保持竞争优势。通过采取主动式关系修复策略，企业可以积极参与行业会议、研讨会和合作项目，与其他企业进行交流和合作，从而共同探索市场机遇，促进整个行业的发展。

（3）维护企业声誉和品牌形象

旅游业是以口碑和声誉为基础的行业，发生任何负面事件或消极的评价都可能对企业形象产生严重的影响。通过采取主动式关系修复策略，企业能够更好地控制和应对危机事件，有效改善公众对企业的印象，从而维护好企业声誉和品牌形象，巩固企业在旅游市场中的地位，实现可持续发展。具体表现如下。

第一，主动式关系修复策略是提升品牌价值和认知的必要途径。良好的声誉和品牌形象能够为企业创造品牌价值，提高品牌的认知度和知名度，当消费者对企业有积极的认知和印象时，更有可能选择购买企业的产品或选择其作为旅游伙伴。通过采取主动式关系修复策略，企业能够积极应对负面事件，快速恢复公众对品牌的信心，从而维护与提升品牌的价值和认知。

第二，主动式关系修复策略能够提升口碑传播和社交媒体影响力。在数字化时代，社交媒体对于塑造声誉和品牌形象有着巨大的影响。消费者往往会通过社交媒体平台分享自己的旅行经历和评价，这直接影响其他消费者的决策。一方面，当企业采取主动式关系修复策略并得到消费者的积极评价和反馈时，这将在社交媒体上形成正面口碑，进一步提升企业声誉和品牌形象；另一方面，如果企业对负面事件采取消极态度或缺乏应对措施，消费者将在社交媒体上扩散负面信息，对品牌形象造成更大的损害。因此，本书将通过"新技术"背景下旅游相关案例引证说明其重要性。

第三，主动式关系修复策略是提高消费者信任和忠诚度的重要手段。声誉和品牌形象对于消费者的信任和忠诚度具有重要影响。当企业在危机事件中能够及时、诚实地沟通，并采取有效的解决措施时，消费者会对企业表现出更高的信任感。这种信任可以转化为客户的忠诚度，他们更愿意选择企业的产品和服务，并愿意与企业建立长期的合作关系。

因此，资源型地区旅游企业采取主动式关系修复策略对于促进可持续发展、提升企业创新力与竞争力、维护企业声誉和品牌形象都起着至关重要的作用。旅游企业通过与政府、当地居民及旅游者的紧密合作，能够更好地吸引游客、推动经济多元化和区域繁荣，为资源型地区发展作出积极贡献。

2.3.2　资源型地区旅游企业的主动式关系修复彰显新时代社会责任

资源型地区旅游企业主动式关系修复也是新时代下"五位一体"的中国特色社会主义事业总体布局的重要体现，彰显资源型地区及企业的社会责任，是新时代发展的应有之义。主要体现为以下内容。

（1）经济层面

资源型地区的旅游业对当地经济的发展起着重要的推动作用。通过合理利用和保护资源，旅游业可以持续增长，为地方带来巨大的收入和就业机会。主动式关系修复使旅游企业能够与政府和社区合作，共同制定旅游发展战略，吸引更多的游客和投资，促进经济的多元化和区域的繁荣。这种合作不仅能够提供经济支撑，也有助于实现资源型地区经济可持续发展的目标。

（2）社会层面

资源型地区的旅游业与当地社区紧密相连，主动式关系修复有助于旅游企业与社区建立积极的互动关系，理解并满足社区的需求和关切。通过与社区合作，旅游企业能够促进社区参与旅游业决策，确保社区成员共享旅游发展的利益。这种合作有助于改善社区的生活质量，提升居民对旅游业的接受度和支持程度；同时，社区参与还可以减少社会的不满情绪，增进社区与旅游企业的和谐共处。

（3）文化层面

资源型地区的旅游业依赖独特的文化遗产和传统，主动式关系修复使旅游企业能够与当地社区和文化相关组织合作，共同保护和传承本地文化。通过与社区共同参与旅游规划、设计和推广，可以确保旅游活动对当地文化的尊重和保护，并为游客提供丰富的文化体验，增加旅游的吸引力和价值。这种合作不仅有助于保护和传承文化遗产，也能够促进当地文化的创新和发展，使旅游业与文化之间形成良性互动。

（4）生态层面

资源型地区的旅游业常常面临与环境保护之间的矛盾，同时也与地区可持续发展密切相关。主动式关系修复可以推动旅游企业采取积极的环境可持续发展措施，减少对自然资源的压力和破坏。旅游企业通过主动式关系修复，承担起保护自然生态系统和推动生态文明建设的责任，为新时代的可持续发展作出贡献。

综上所述，资源型地区旅游企业主动式关系修复是新时代下中国特色社会主义事业总体布局的重要体现，不仅推动了经济的增长和社会的进步，也有利于生态的保护和文化的传承，为资源型地区提供了可持续的发展机会，促进了旅游企业与当地社区的融合；同时也有助于实现旅游业与环境的和谐共生，保护自然资源与生态系统的稳定，形成良性的互动机制，为资源型地区旅游业的发展注入新的活力和动力。

第 3 章　主动式关系修复策略的理论框架

　　本章探讨主动式关系修复策略的理论框架，深入了解主动式关系修复策略的实质。在现阶段的市场环境中，建立和维护良好的关系对企业的成功至关重要，然而，由于各种现实因素的影响，旅游企业与旅游者之间的关系可能出现破裂、紧张或者不稳定的情况，为了解决这些问题，主动式关系修复策略应运而生。本章对主动式关系修复策略的整体进行界定，重点讨论主动式关系修复策略的核心概念、原则和理论模型。本章通过综述国内外相关研究，总结主动式关系修复策略的基本模型及作用机理，系统地研究主动式关系修复策略，为帮助旅游企业积极应对挑战、解决问题及打造独一无二的竞争优势提供指导性的理论依据与实践准则。

3.1　主动式关系修复的概念及原则

3.1.1　主动式、主动式关系修复、主动式关系修复策略的概念

　　"主动"这一概念，其深远的渊源可追溯至"行动研究"这一跨领域的研究范式。勒温（Lewin，1948）作为行动研究的奠基人，于1946年首次提出了该概念，并将其特征定义为"将理论与实践相结合，注重具体行动及其条件所引发的社会变革"。勒温的观点开辟了一条理解和干预社会问题的新路径，强调了理论指导下的行动和行动中的理论反思。此后，行动研究

蓬勃发展，内容日益丰富，并已演化为一种集合多学科视角、适用于多领域的动态研究方法。

行动研究的演进带来了对该方法定义的多元化和拓展。行动研究不仅为解决实践问题提供了途径，同时也是一种社会实践活动，其核心在于激活民众的参与，以增进其权能，并在知识生产层面致力于生成批判性知识。此外，行动研究并没有一个固定不变的执行模式，而是应根据具体情境来多元化地设计其操作方式。行动研究的终极目标，即创造和推广能够有效促进社会变革的知识体系。因此，主动行为研究表明，个体和组织的自我驱动能力对于预测和处理外界变化至关重要。同样地，旅游企业在经历资源时期的重大变革后，面临关系维护的新挑战，旅游企业在与顾客的互动中，需要主动识别服务短板、积极应对顾客需求变化，与之形成动态的、积极主动的合作关系。

最早对"主动性（即主动式）"概念的识别，源于心理学领域对个体特质的研究，其中将主动性视为个体的一种倾向，以主动和积极的方式影响周围环境。这种个体层面的主动性被进一步细化为"主动性人格"，这一理论最初由巴特曼等（Bateman et al.，1993）在 1993 年提出，这项研究显示了主动性人格的个体在与环境互动时所展现出的积极影响力。这标志着对主动性关注点从纯粹的心理特质拓展至行为层面的首次尝试。克兰特（Crant，1996）提出了对主动性的早期分析，将其定义为个体在没有直接外部压力的情况下采取行动的能力。他强调主动性个体可以在不确定的环境下更好地制定和调整目标。

随后学者们开始从行为学视角出发，探讨主动性行为的种种模式和对应的组织绩效效果。阿什福德等（Ashford et al.，2012）在其有关行动研究的工作中，讨论了工作场所中个体如何通过主动提出建议和反馈，积极识别和解决问题，以预防和修复潜在的关系问题。克兰特（Grant，2000）进一步探讨了主动性人格特质，认为主动个体倾向于改变环境以适应自己而不是被动适应环境。这一阶段不仅加深了对主动性在组织层面应用的理解，同时也暗示了从个人特征到个人行为转变的重要性。

接下来研究者聚焦主动式修复方法论，其在组织行为及管理学中占据越来越重要的地位。科宾等（Corbin et al.，1990）在其有关定性研究方法的著作中，概述了将主动行为应用于实际策略的过程。他们指出，主动策略的制定需要考虑情境因素，以及如何在不确定的环境中制订有效的计划。帕克等（Parker et al.，2010）的研究发现，主动策略在组织层面有助于促进员工的参与度和组织的整体表现。因此，主动式关系修复作为组织行为及管理学中一个分支，特指在组织与利益相关方之间可能发生的负面事件应对策略中，组织采用主动的姿态来辨识问题、回应客户甚至提前预防潜在的问题发生。现如今，主动式关系修复策略得到了更广泛的关注和发展，特别是在旅游业这种高度依赖客户满意度和口碑的行业中表现得尤为突出。组织开始主动收集顾客反馈和市场数据，不等问题出现便开始着手解决潜在隐患，从而在激烈的竞争环境中保持先机。

结合现实抗衡资源行业因素不确定性的要求、应对社会变迁挑战的需求，以及践行可持续旅游与本土发展战略的目标，旅游企业的主动式关系修复策略显得尤为重要。特别是涉及资源型地区的旅游目的地和企业之间的协同发展，以及顾客满意度与重游率的增强，更多关注预见未来变动，采取前瞻性行动与策略，这一新型关系修复理念和实践方法将成为转型时期的催化剂。在行动研究和社会工作界的普遍认同下，本书主张通过主动嵌入和介入建立起强而有力的社区治理关系，将宏观战略与微观行动紧密结合，以促进社会、生态和经济的和谐可持续发展。

综上所述，本书将主动式关系修复定义为：旅游企业以积极的姿态，通过识别和利用内外部资源，推动与客户、社区及其他利益相关者的亲密度和依赖性，以主导和构造正向的互动氛围，最终促进企业和目的地的共赢发展。同时，本书特别关注旅游企业在文化和旅游深度融合发展中，如何通过主动性行为转化资源型地区的特殊诉求，实现旅游目的地与企业形象重塑。主动式关系修复策略则是指旅游企业预见性地、主动性地与各利益相关者建立及恢复正向的关系。这种策略强调对未来的前瞻与计划，而非仅对已经发生的矛盾和问题作出反应。它要求企业从行为模式、行为过程及绩效特征等多个维度入手，强化对顾客参与的启发和引导。

如今，在企业尤其是旅游服务行业的运营中，主动式关系修复及其策略正逐渐成为关键的运营和竞争策略。随着对其重要性和有效性认识的深入，主动式关系修复已从一个初步的概念转变为一套成熟的实务操作，不仅促进了组织与客户间的信任与合作，也为企业带来了可观的长期收益和品牌价值的提升。因此，未来的研究与实践应更加聚焦如何精细化地落实主动式关系修复策略，以及如何在全球化和数字化的大背景下对这些策略进行调整和优化，以驾驭新兴的商业环境和挑战。

3.1.2 主动式关系修复原则

（1）主动性原则

主动性原则强调企业主动出击，积极主动地采取行动来修复受损关系，其在主动式关系修复中至关重要，是最为核心的原则。通过运用主动性原则，企业可以以积极主动的态度来修复受损的关系，有助于树立企业的积极形象，提升顾客满意度，并在竞争激烈的市场中取得优势。主动性原则在主动式关系修复中运用具体表现如下。

第一，及时回应并主动寻求反馈。主动性意味着企业及时回应顾客的问题、投诉和需求，当顾客质疑或存在不满情绪时，企业应立即采取行动，认真倾听并回应，以寻求快速、有效的解决问题的方案，赢得顾客的尊重和信任。同时，企业可以主动地邀请顾客提供反馈和意见。通过线上线下调查问卷、访谈等形式实现双向沟通，主动寻求顾客反馈有助于企业进一步了解顾客需求，并及时作出相应的调整和改进。

第二，采取补救措施，提供创造性的解决方案。当双方关系出现破裂时，企业应主动采取补救措施，通过积极主动地解决问题并提供补救措施，企业可以明确表达对顾客的重视和关心，从而修复双方关系；同时，主动性还包括创造性地寻找解决方案，企业可以主动寻找创新的方法来满足顾客的需求，通过创造性地解决问题和提供新颖的解决方案，赢得顾客好感，维护忠诚度。

第三，提供个性化关怀。个性化关怀能够让顾客感受到被重视和重要，从而促进关系修复。企业可以主动了解顾客的偏好、喜好和需求，并提供个性化的关怀和服务，通过建立客户档案、记录顾客历史交互信息、发送定制化的推荐和优惠等方式，从而帮助企业更好地了解顾客的需求，赢得顾客的信任，实现双方关系的顺利修复。

（2）顾客导向原则

顾客导向是一种管理理念，旨在将顾客的需求和满意度置于企业运营的核心位置。旅游企业在实施主动式关系修复策略时，将顾客导向原则作为核心，可以更好地了解和满足顾客的需求，建立积极的关系，并提升顾客的满意度和忠诚度，有助于企业打造良好的声誉和品牌形象，同时强化企业在市场竞争中的优势地位。顾客导向原则在主动式关系修复中运用具体表现如下。

第一，深入了解顾客需求、积极倾听和关注顾客反馈。旅游企业通过市场调研，可以了解顾客的需求、偏好和期望，深入分析旅游动机、需求背后的驱动力，有助于企业创造性地提供个性化的解决方案。同时，企业应积极倾听顾客的反馈和意见，及时采取措施解决问题。

第二，注重培养员工的顾客导向意识。员工应认识到顾客是最重要的资产，员工自身的行为和服务态度对于顾客体验具有重要的影响作用。因此，企业应通过培训和教育，培养员工对顾客导向的意识和能力，鼓励员工主动接触顾客，了解顾客需求，并提供协助和支持。

第三，持续改进和创新。顾客导向的关键在于不断地改进和创新，旅游企业应该持续关注市场趋势、顾客反馈和竞争环境，并据此改进和调整旅游产品与服务，以适应环境变化。

（3）创新原则

创新可以帮助企业找到新的解决方案，与顾客建立更紧密的关系，旅游企业运用创新原则可以在关系修复中找到新的方式和机会，为顾客提供独特的体验和解决方案。同时，创新也可以帮助企业重新塑造形象、提升顾客满意度并增强企业在市场中的竞争力。通过持续创新，企业获得持久的竞争优势并实现可持续发展。创新原则在主动式关系修复中运用具体表现如下。

第一，提供独特的产品和服务。创新所独有的新鲜感和吸引力有助于修复关系并赢得顾客的满意度。旅游企业可以通过创新独特的产品和服务来吸引顾客的注意，如开发独特的旅游线路、推出创新的活动和体验、设计个性化的服务等。

第二，新技术的应用。企业可以利用科技和数字化工具创新关系修复策略。利用新技术，如在线聊天和社交媒体平台，提供实时客户支持；开发移动应用程序，为顾客提供个性化的旅游服务和信息等。通过这些渠道，顾客可以随时与企业联系，咨询问题、提出投诉或寻求帮助，企业可以利用自动回复和智能化客服系统快速响应并解决顾客的问题，增加顾客满意度。通过移动应用程序，顾客可以进行预订、查看行程、获取导航指引等，同时企业也可以利用移动应用程序推送定制化的旅游推荐和优惠活动，增加顾客参与度和忠诚度，与顾客建立更紧密的联系。

第三，持续学习和改进。持续学习和改进是创新的核心，企业应鼓励员工进行持续学习和专业培训，不断提升创新能力和知识水平。同时，企业也要不断总结反思和评估关系修复策略的效果，并根据顾客的反馈和市场的变化进行必要的调整与改进。

（4）可持续发展原则

可持续发展强调在满足当前需求的同时，保护和改善未来世世代代人类的生存环境和社会资源。通过将可持续发展原则纳入关系修复策略，旅游企业可以在满足顾客需求的同时，保护环境、回应社会期望，为当地社区和自然环境的可持续发展作出积极贡献，履行社会义务，承担社会责任。这有助于企业树立良好的企业形象，建立长期的合作关系，赢得品牌忠诚。可持续发展原则在主动式关系修复中运用，具体表现如下。

第一，自觉履行环保义务。企业在关系修复过程中应重视环境保护，通过采取环保措施，向顾客展示其对环境的关注，传递企业对环境保护的承诺，增强顾客对企业的认同感。提供环保体验和提升环境意识也可以增加顾客的满意度，并为企业赢得更持久和良好的关系。

第二，积极承担社会责任。企业在关系修复中应承担社会责任，关心并回应社会的关切。通过展示社会责任意识，企业可以赢得顾客的认可和支持，促进双方关系的修复。

第三，引导利益相关者参与。可持续发展强调利益相关者参与决策和行动，在关系修复中，企业应积极倾听并回应利益相关者的需求和意见，与其建立合作关系，促进共同发展。同时，可持续发展需要公众的理解和参与，需要强化教育和群众意识，提升顾客的可持续发展观念，并积极鼓励顾客参与到可持续实践中来。

3.2　主动式关系修复模型及理论框架

3.2.1　主动式关系修复策略总体模型

　　资源型地区旅游企业与旅游者之间的关系修复对于推动行业的可持续发展至关重要。针对这一问题，本节将介绍本书所构建的主动式关系修复策略总体框架（图 3-1）。通过明确资源型地区旅游企业面临的挑战和压力，以及旅游者对旅游目的地的期望，该框架旨在提供有效的关系修复策略，以改善旅游企业形象、社会形象，并促进旅游业的发展。

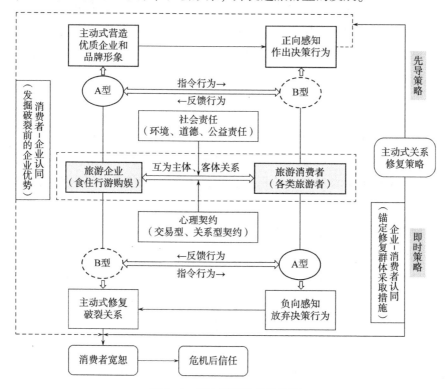

图 3-1　概念模型及理论框架

注：A 型是发出指令方（主动方）；B 型是接收反馈方（次主动方）。

（1）主体（互为主客体关系）

① 旅游企业：作为 A 型主动式关系修复策略的发起者，旅游企业在该模型中承担着构筑并维护与旅游消费者之间关系的关键角色。它负责识别并分析消费者需要与期望，制定并实施相应的策略来提升企业形象和消费者的信赖度，以促进关系的持续改善与深化。

② 旅游消费者：在模型中担任 B 型次主动方的旅游消费者则是对企业采取的主动式策略进行反馈的重要主体。消费者的感知、决策和行为直接影响企业修复策略的有效性，因此，旅游企业必须熟知其心理预期，满足其要求以实现双方关系的和谐发展。

相关概念：消费者反应是指消费者在确定品牌、购买率和购买数量时所采取的决策，即消费者在购买某种产品或服务或是有过某段经历后，形成的对提供产品或服务的企业的忠诚程度与印象评价，就是指对企业的认同感进而产生的购买意愿。它不仅包括对外部刺激进行感官上的编码，还包括根据个人情况产生多感觉的想象，包括心理和行为上的响应（周延风等，2007）。

（2）介质

① 社会责任：旅游企业的社会责任在主动式关系修复策略中扮演了枢纽的角色。当企业在执行其业务活动中体现出高度的社会责任感时，它可以有效地提高消费者对企业的积极感知，从而强化信任，促进关系的修复与恢复。

相关概念：企业社会责任是指企业自身能够意识到并且承担对社会应负的责任的自身定位与行为模式。这不仅是一种自发的对社会责任响应的意识，而且对企业的持续成长是一种潜在的投资。企业社会责任是指企业对政府、公司股东、员工、消费者、环境等与企业利益相关的群体所负的责任（李立清 等，2005）。企业社会责任行为是指企业在谋求利润最大化的同时，为了承担起维护和增进社会利益的义务所采取的行为。它是对企业在利润最大化目标之外所负义务的概括与表达，直接意图是为他人解决社会问题、促销产品，或是为品牌树立良好的形象。具体行为是本着对社会、环境及消费者负责任的态度所采取的一系列的社会活动（顾浩东 等，2009）。

汉纳等（Hannan et al.，1984）指出，企业要想生存和发展，必须处理好与其有利益往来的方方面面的相关者，因为他们或多或少地都会对企业投入金钱或精力，离开了他们的合作和奉献，企业将承担全部的经营风险，这对生存在社会经济大环境中的组织显然是极为不利的。因此，这些利益相关者对整个企业的生存与发展至关重要。

卡罗尔（Carroll，1979）最早将企业社会责任划分为"社会对组织的经济、法律、伦理和慈善方面的期待"，1991 年进一步提出企业社会责任包括企业自愿承担的、高于法律要求的、有益于社会的活动，涵盖公益慈善、环境保护、相关顾客和组织员工四个责任维度。企业在环境维度上履行社会责任活动的主要驱动力是政府的立法政策，而企业管理者希望看到国家政府发挥更积极的领导作用，鼓励甚至推动更大的环境责任。

通过对相关文献的进一步梳理和总结，当前企业社会责任通常划分为能为企业带来经济效益的经济维度、兼具双重含义的环境维度、与利益相关者相连的道德维度及与社会福利相关的公益维度。

② 心理契约：心理契约是指在消费者与企业之间形成的非正式、未明确陈述的期望。它是基于一定的信任和承诺而存在的，旅游企业可以通过了解并满足这些未言明的心理期待，促进旅游消费者对企业的信任与忠诚。

麦克尼尔（MacNeil，1985）认为心理契约包括交易和关系两个维度。交易维度（transactional dimension）是建立在短期回报基础上的，主要关注具体的、短期的和经济的交互关系；关系维度（relational dimension）以社会情感交换为基础，更多关注广泛的、长期的、开放的情感交换关系。

③ 消费者-企业认同（企业-消费者认同）：此介质体现了消费者对旅游企业的共鸣和认同感。旅游企业通过建立和加强与消费者的情感联系，促使消费者与自己的价值观和品牌形象产生对齐，从而加强信任和忠诚，有利于实现关系修复。

（3）先导模式

本模型的上半部分即 A 型旅游企业通过展现自身的优质品牌形象，引导 B 型旅游消费者产生正向感知并为之导向决策行为。在此过程中，旅游企业充分理解构成消费者信任的核心因素，并有针对性地优化自身优势，不止于修补，而是做到真正有效地沟通与深度互动，强化消费者的信任程度，以此完成一次主动式关系修复策略的先导行为。

（4）即时模式

本模型的下半部分即呈现了在消费者对旅游企业产生负面判断时发生的关系破裂情境。在这一阶段，B 型旅游企业必须及时采取主动行动，利用主动式关系修复策略与消费者沟通，针对负面事件提供合理的解释、赔偿或改进措施，赢得消费者宽恕与理解。这一过程不仅缓解了危机，同样重建了企业与消费者之间的信任匹配关系，并把这种关系转化为行动支持，以此完成一次主动式关系修复策略的及时修复行为。

3.2.2 主动式关系修复策略具体模型

本书涉及 7 个具体的主动式关系修复策略模型，以解决资源型地区旅游企业与旅游者之间的矛盾和冲突（图 3-2）。每个模型都基于扎实的理论基础和实证研究，通过具体的步骤和操作流程，为旅游企业提供可行的修复方案。通过深入案例分析和实证分析，在第 4~6 章将展示每个模型在实践中的应用和预期效果。这些模型的成功实施将有助于改善旅游者的满意度、提高旅游企业形象，并为资源型地区旅游业的转型发展提供具体的指导和建议。

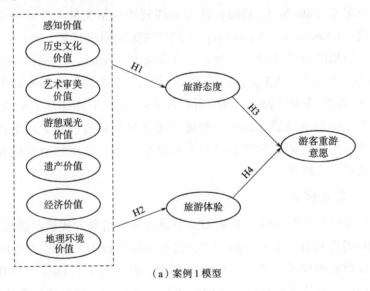

（a）案例 1 模型

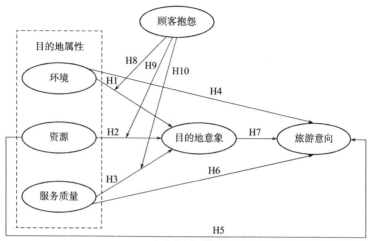

（b）案例 2 模型

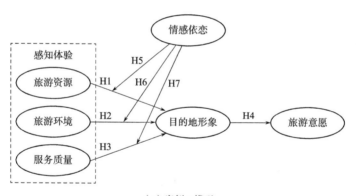

（c）案例 3 模型

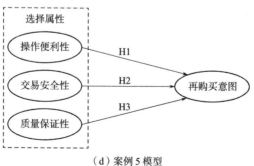

（d）案例 5 模型

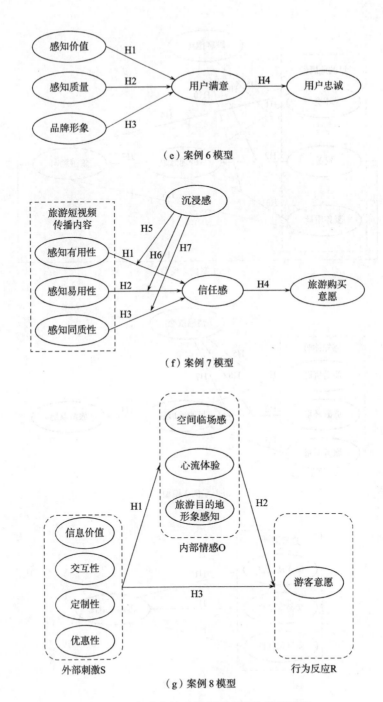

（e）案例 6 模型

（f）案例 7 模型

（g）案例 8 模型

图 3-2 主动式关系修复策略具体模型示例

3.3　主动式关系修复策略综述

旅游行业的成功高度依赖于牢固的品牌形象和深厚的消费者信任。在这个高度互动和经验驱动的行业中，维护和修复与客户的正面关系对于企业管理至关重要。服务失误、负面评价或如自然灾难和健康危机等不可预见事件都可能对客户关系造成损害。周筱莲、孙峻、庄贵军（2016）强调，这类危机不仅动摇了品牌与客户之间的关系，而且其负面影响对企业而言是巨大且长远的。企业在危机情境下的应对方式，无论是否认、消极响应还是主动承担责任，都直接影响消费者的感知和行为。

在信任断裂引起的危机中，企业如何实行有效的关系修复战略成为一项重要课题。谢等（Xie et al.，2009）提出企业可以从情感、功能和信息三个维度出发实行策略，不同策略对品牌关系修复的效果各异。周筱莲、孙峻、庄贵军（2016）进一步提出，品牌关系修复策略应细分为口头和行动两个维度。这些研究归纳表明，了解并能有效运用这些关系修复策略，对于缓和或逆转危机的负面影响具有至关重要的作用，不仅能保护品牌资产免受损害，有时甚至还能够加深消费者对品牌的信任。

在探索如何在危机后进行有效修复的问题上，学者们提供了多角度的见解。周筱莲、孙峻、庄贵军（2016）的研究表明，品牌关系的可修复性不但有其经济价值，同时，企业社会责任（CSR）的履行也成为修复品牌信任的关键手段。博宁（Bonine，2013）认为，通过执行 CSR，企业能够弥补过去的不当行为，改善与消费者的关系，并降低感知风险。CSR 行为被视为一种应对社会期望并强化企业持续增长与竞争优势的策略。随着时间的推移，CSR 在品牌关系修复中的角色变得日益重要，并可通过降低风险感和增强顾客安全感来实现其效果。施瓦兹等（Schwartz et al.，2003）指出，企业社会责任行为涵盖社会、环境和消费者责任等多个方面，其动因可归纳为道德、经济和制度三个层面。在这些理论和实施策略背后，消费者如何反映企业的 CSR 行为是一个值得探讨的问题。消费者可能对企业的 CSR 行为有积极响应，认为企业是在为社会的利益而行动，如布朗等（Brown et al.，

1997）及森等（Sen et al., 2001）的研究所示。然而，森等（Sen et al., 2006）提出，消费者可能由于对企业动机的怀疑、评估企业能力及感知到动机差异等因素，对 CSR 行为产生负面或中立的反应。因此，理解消费者对企业社会责任行为的复杂反应对于策划有效的 CSR 策略具有关键意义。

在消费者对企业信任修复方面，里昂等（Lyon et al., 2004）将修复方法分类为情感修复、功能修复和信息修复。帕夫洛等（Pavlou et al., 2005）提出，误解、延迟、违约和欺诈等行为会损害消费者的信任。此外，派克等（Park et al., 2004）认为，面对负面宣传时，企业的目标应是引导消费者的信任观念和倾向向更加积极的方向转变，而能否成功重建信任，关键在于选择正确的信任修复策略及其执行的时机。吉莱斯皮等（Gillespie et al., 2009）强调，当企业违背信任后，首先主动承认差劲的结果并真诚地道歉是极为重要的；此外，还强调了修复过程中控制消费者不信任感和提升企业可信度的重要性。通过实证研究评估信任修复策略，博顿等（Bottom et al., 2002）指出，口头沟通有助于缓和信任损害后的关系紧张，尤其当其与适当的补偿措施结合时，修复效果更佳。谢等（Xie et al., 2009）认为，在消费者信任受损时澄清事实，公开且及时地追踪和报道事件进展是恢复信任的一种有效方式，并提倡当信任受损时，受信方的积极且主动的经济补偿是有效修复信任关系的方法之一。此外，学者们还研究了如何促进宽恕与和解（Tomlinson et al., 2009），以及如何重建合作关系（Bottom et al., 2002）。这些研究不仅丰富了关系修复领域的理论基础，也为企业提供了实践中处理信任危机的指导。

已有文献提供了主动式关系修复策略的多种框架和实证研究结果，但旅游行业背景下的深入研究仍相对有限。未来研究可以在不同文化、不同类型的旅游企业（如酒店、旅行社和在线旅游平台）的背景下，探讨这些策略的有效性。此外，随着社交媒体和在线评价平台的兴起，未来研究同样应关注这些渠道的主动式关系修复策略的应用及效果。

第 4 章　山西省文化遗产地旅游企业主动式关系修复策略案例实证分析

本章通过实证分析，探讨山西省文化遗产地旅游企业主动式关系修复策略的具体应用。本章重点介绍山西省 4 个著名文化遗产地案例，并结合相关论文的研究成果，深入探讨针对这些案例的关系修复策略，案例实证分析结果将在第 6~7 章展开具体讨论。

4.1　山西省文化遗产地概述

山西是中华文明发祥地之一，是我国旅游资源最为富集的省份。"华夏古文明，山西好风光"是对山西旅游的高度概括。截至 2024 年 8 月，山西省现存国家级重点文物保护单位 531 处，位居全国第一。这片土地孕育了众多国家级和省级文化遗产地，其深厚的历史积淀和独特的文化传承为这里增添了独特的魅力和价值。其中，大同云冈石窟、平遥古城、五台山为世界文化遗产。

平遥古城是中国保存最完整的古代县城之一，被联合国教科文组织列为世界文化遗产，并有"龟城"之称。古城规划独特，街道呈"土"字形，遵循八卦方位，展现了明清时期的城市规划和形态。城内外有 300 多处各类遗址和古建筑，包括近 4000 座保存完整的明清民宅和历史原貌的街道商铺，使其成为研究中国古代城市的重要资源。古城墙建于 1370 年，周长 6.4 千米，高约 12 米，采用砖砌，外有护城河。城墙上有 3000 个垛口和 72 座敌楼，代表孔子的三千弟子和七十二贤士。平遥城墙至今仍呈现壮丽的风貌，是中国保存完整的古城墙之一，也是世界文化遗产平遥古城的核心部分。

在清代晚期，平遥成为金融中心，其中日升昌票号更是中国第一家票号，被视为中国现代银行的奠基者。日升昌票号不仅在国内设有分支机构，还在19世纪40年代进军国际市场。2015年，平遥古城成为国家5A级景区，再次彰显其在中国历史和文化遗产保护中的重要地位。平遥古城展现了明清时期汉民族城市的典范，并完整呈现了文化、社会、经济和宗教发展的画卷。

云冈石窟位于山西省大同市城西16千米的武州山南麓，是中国三大石窟之一，被誉为"中国佛教艺术的巅峰之作"。自1961年被列为国家重点文物保护单位以来，云冈石窟的重要性和价值得到了充分的认可。2001年，云冈石窟被联合国教科文组织列入《世界遗产名录》，在2007年成为中国首批5A级旅游景区。云冈石窟开凿于北魏建都平城时代，已有大约1600年的历史，是一处古老而神秘的地方。石窟群中现存大小窟龛254个，主要洞窟45座，共有59000余座造像。这些造像是中国佛教艺术的巅峰之作，也代表了5世纪世界雕刻艺术的最高水平，被誉为"东方雕塑艺术的明珠"。云冈石窟景区可分为石窟群和景观区两部分。石窟群包括现存规模最大、造像最多的主要洞窟，以及分布于山体间的大小窟龛。每个洞窟都展示了精湛的雕刻技艺和绚丽的彩绘，提供了全方位的历史文化体验。

五台山位于山西省忻州市，是中国历史上著名的"康乾盛世"时期三位帝王亲临的圣地，是中国最早、最大的国际性佛教道场之一。作为世界文化遗产，五台山以"佛国"之名闻名，并保留了仅存的音乐绝响梵乐。这里保存着许多佛教建筑，构成了世界现存最大的佛教古建筑群。五台山是中国最早寺庙显通寺的诞生地，南禅寺和佛光寺作为中国最早的木结构建筑，见证了唐代文明的宝贵历史。作为世界上最早浮出地面的陆地之一，五台山拥有罕见的地层地貌，其历史可以追溯到26亿年前，成为全球气候变化的重要观测地点。五台山被世界遗产委员会评为中国四大佛教名山之首。它巧妙地将自然地貌和佛教文化融合在一起，将佛教信仰融入对自然山体的崇敬之中，形成独特而充满生机的组合文化景观。其中，东台顶的日出是五台山不可错过的自然景观，当旭日初升，霞光万道，宁静的望海寺仿佛置身于云雾缭绕的仙境。五台山以其独特的自然景观和佛教文化吸引了大批游客和信众，将人们带入一个神奇而宁静的世界，让人们感受到世界佛教的博大精深和壮丽的自然山水。

除了上述代表性文化遗产地外，山西省还有许多其他的文化遗产地，如晋祠、恒山等，这些地方各具特色，展示了山西丰富多样的文化遗产。总体而言，山西省的文化遗产地以其丰富的历史内涵、独特的建筑风格和壮丽的自然景观吸引了世界目光。这些文化遗产地的存在不仅展示了中国古代文明的辉煌，也为人们了解和传承这一宝贵的文化财富提供了重要的物质基础和历史经验。

4.2　文化遗产案例 1：五台山

在文旅融合发展的新时代背景下，文化遗产地作为重要的旅游目的地，已成为满足人民美好生活需要和推动高质量发展的有力支撑。在资源型地区旅游企业与环境的关系中，保护和发展文化遗产地旅游具有重要的战略意义。本案例以五台山为研究对象，通过对旅游体验和旅游态度的研究，找出影响游客重游意愿的关键因素，探讨如何通过旅游策略和资源型地区旅游企业的主动式关系修复，提出相应的修复策略，推动五台山文化遗产地旅游的可持续发展。

案例正文

摘要：随着文化和旅游的深度融合，文化遗产地作为文化旅游的重要载体，已成为重要的旅游目的地。我国文化遗产地旅游已逐渐成为满足人民美好生活需要、推动高质量发展的有力支撑。其通过加强对游客的旅游感知价值，从而使游客获得更好的旅游体验，进一步提高游客重游率及市场竞争能力。本文以五台山作为研究对象，基于游客感知视角，通过对旅游体验和旅游态度的研究，从而找出影响游客重游意愿的关键因素，在对感知价值指标分析的基础上得出相应的旅游策略，进而推动五台山文化遗产地旅游的可持续发展。研究表明，游客的感知价值与旅游体验、旅游态度都有很强的相关性，游客的旅游体验和旅游态度会有效地影响游客重游意愿，因此旅游经营者可以从提升游客的感知价值来提高五台山的游客重游意愿。

关键词：游客感知价值；文化遗产地；旅游体验；旅游态度；游客重游意愿

1 引言

在"文旅融合"和国家"十四五"文化事业与文化产业发展背景下，文化遗产地旅游发挥了非常重要的作用，文化与旅游的深度融合满足了游客的精神文化需求，因此旅游者对于文化遗产地旅游的热衷度与日俱增。文化遗产作为一种由历史遗留下来的精神财富和物质财富，它不仅承载着民族归属感、认同感和自豪感，同时也是一种源远流长的历史文化资源。党的十九大报告提出要"加强文物保护利用和文化遗产保护传承"，展现出对文化遗产的保护及对文化遗产的重视程度。习近平总书记曾指出，历史文化遗产是不可再生、不可替代的宝贵资源，要始终把保护放在第一位。随着我国旅游业的发展，游客的消费倾向发生了变化，文化遗产地旅游已经成了旅游市场中的一个新热点。文化遗产地旅游不仅能够让旅游者接触和了解传统文化，还能够传播和发展传统文化，从而推动区域经济发展，在构建社会经济体系方面有着积极的作用。

目前，我国文化遗产地旅游行业的发展规模已经逐步扩大。然而，在发展的过程中，仍然存在一些问题，如公共服务体系不完善、文化遗产地缺乏文化特色等，这些都对文化遗产地旅游业的可持续发展造成了很大的影响。为了进一步提升世界文化遗产所在地的旅游市场竞争力，充分发挥文化遗产的价值，促进旅游业的健康发展，五台山必须加强以旅游资源为主导方面的旅游价值研究，了解游客所重视的旅游价值体验后的感知情况，研究和剖析游客对文化遗产地旅游价值的认知及其影响，从而提升其旅游价值来促进经济的发展。

对于文化遗产地五台山来说，更需要了解游客对其旅游价值的感知分析情况，以此来制定新的旅游体验活动方式、完善服务设施设备等，从而满足游客对五台山更高层次的需求，提高游客的满意度，提高重游率，为景区带来更多的收益。因此，为了充分利用好文化遗产资源价值，使五台山旅游可持续发展，必须大力推进五台山对旅游资源为主的旅游价值的开发研究。在此基础上，进一步挖掘旅游者对五台山的旅游偏好，对五台山特有的旅游产品进行精准定位与开发，为提升五台山的旅游品质与竞争能力提供重要的科学依据。

国外学者对于文化遗产地旅游的研究多以大量的案例为基础，通过实证与量化相结合的方式进行研究。虽然对于游客感知模型、游客感知价值、影响因素研究已相对成熟，理论系统也比较完备，但是国外对文化遗产地旅游研究时间尚短。国内有关旅游价值的研究相对比较滞后，旅游价值理论和实践应用尚不够详尽和透彻，主要以定性研究为主，涉及范围比较狭窄，更加侧重理论方面，其相关研究也逐渐向多学科交叉的方向发展。例如，采用定性和定量相结合的评估方法，就某一特定的主体或景点进行旅游价值评估。虽然目前国内已有大量的相关文献与研究方法，对于旅游价值的研究已形成一套初步的理论体系或研究思路，但关于文化遗产的价值探讨、游客的感知评估，特别是对于文化遗产地的旅游价值方面的研究还不够详尽。从总体来看，国内外有关文化遗产的旅游资源都以其整体的经济利益为重点进行保护、管理、设计开发模式等。现有的文献对文化遗产资源的评估大多是一概而论，基本都是对某个著名的文化遗产进行全面的评估。另外，在过去对文化遗产地旅游的考察研究中，遗产旅游保护与开发、遗产旅游地利益相关者、社区居民权益等"客体"角度始终是主要的。而游客作为最直观感受和最权威的消费评估者，却没有受到应有的关注。对于游客的感知评估，特别是在文化遗产地的认知评估方面的研究还是比较薄弱的。

本文以山西五台山为研究案例地，以游客感知和感知价值理论为基础，对五台山的旅游价值进行探讨。通过对游客在旅游中感知到的五台山旅游价值，体现到价值评价体系上，以获得旅游价值的基本情况，从而提出五台山旅游发展中所存在的问题，有针对性地提出改进文化遗产地五台山旅游发展策略。随着国家对文化遗产的重视，对于文化遗产地五台山来说，更需要获取游客对其旅游价值的感知分析情况，以此制定新的旅游体验活动方式、完善服务设施设备等，从而满足游客对五台山更高层次的需求，提高游客的满意度，使五台山与游客和谐相处。同时，这也为五台山旅游价值的相关研究提供丰富的资料和参考借鉴。

2　研究相关理论

文化遗产地旅游是一种有价值的遗产旅游，文化遗产地要做到可持续发展，必须深化游客对文化遗产地旅游价值的认知，以扩大游客对旅游价值的感知范围，并设计文化遗产地综合旅游价值。遗产旅游是指将遗产资源，尤其是世界级遗产资源作为旅游吸引物，去遗产地点观赏遗产景观，使游客获得一种文化上的体验，这是一种通过遗产文化营造特定氛围的旅游活动。

张镇洪（2014）认为游客感知价值是游客旅游过程中对旅游产品、消费、体验及情感偏好等综合性的评价。武永红、范秀成（2004）认为游客感知价值是指顾客在感受到市场上提供的商品满足了他们的需求时，对能够获得的各种利益总值和为获得这些利益付出的代价总值的总体评价。因而，游客感知是影响景区可持续发展的一个关键要素。在世界文化遗产日益受关注的背景下，作为世界文化遗产的五台山，更需要通过对其旅游价值的认知和分析来完善相关的服务设施与装备，制定新的旅游体验活动方式，以满足游客对五台山更高水平的需求，增加其重游率。在此基础上，进一步挖掘旅游者对五台山的旅游偏好，对五台山特有的旅游产品进行精准定位与开发，为提升我国五台山的旅游品质与竞争能力提供重要的科学依据。

历史文化价值是在历史文化遗产和宗教信仰中所表现出来的价值，其中蕴含着独特的、丰富的文化信息，文化遗产地的历史文化形态、宗教习俗、地方风貌及具有地域特色的建筑、服饰、娱乐、民间工艺等都有很高的文化价值。由于五台山具有独特的文化内涵和遗址特性，选择其来研究游客对文化遗产地的体验价值有很强的代表性，所以对其进行旅游体验与旅游态度研究具有较强的典型意义。文化遗产地旅游是以历史与人文相结合的特殊文化遗产为外源动力，具有文化内涵，彰显出其文化特色。高明（2011）提出历史文化价值可以从历史底蕴丰厚、源远流长方面分析；张荣天、管晶（2016）提出五台山有悠久的宗教文化渊源，同时它也是中国著名的风景名胜区。基于此，列出五台山历史文化价值的四个题项：历史悠久，源远流长；历史底蕴丰厚；是著名的佛教圣地；佛教文化色彩浓厚。

艺术审美价值，即文化遗产地的旅游资源能够满足旅游者的观赏、审美和娱乐需求，其设计构造、建筑格调所表现出来的风格和艺术都能够带给旅游者一种感官上的享受，或是一种精神上的感染。美观性、奇特性和完整性是衡量文化遗产地旅游资源艺术审美价值的主要指标，而游客对这三个维度的评价越高，则其艺术审美价值越高。

本文选取崔海亭（2003）和张荣天、管晶（2016）的研究成果，提取以下六个题项研究艺术审美价值对游客重游意愿的影响：佛教建筑技艺精湛；佛教建筑丰富多样；佛教建筑完整度高；壁画艺术精美，独具观赏性；植被景观差异明显，可观赏；日落云海景观优美。

2020 年 4 月，五台山入选 "2020 世界避暑名山榜"，是著名的避暑山庄、清凉圣地。五台山是中国佛教四大名山之一，是世界著名遗产地，五台山以优美的风景和独特的佛教文化景观吸引了大量游客观光和佛教徒前来旅游朝拜。

本文参考邬东璠、庄优波、杨锐（2012）对感知价值的研究，提取了游憩观光价值中的四个维度进行研究：休闲娱乐设施多，游客可参与性高；祈福；佛教徒旅游朝拜；气候适宜，夏季避暑，清凉圣地。

五台山是中国唯一一个青庙（汉传佛教）、黄庙（藏传佛教）交相辉映的佛教道场，意义重大，遗产价值丰厚。五台山有浩如烟海的佛像，数量多达 3 万余尊，不仅有佛、菩萨、罗汉、胁侍、供养人、护法神，而且有儒教、道教、地方宗教、帝王将相、僧侣居士等。本文选取茅娜飒（2012）和张荣天、管晶（2016）研究文化遗产地的遗产价值的维度列出以下四个题项进行分析：美誉度高；知名度广；遗产众多；遗产历史悠久，价值高。

从文化遗产地可以产生经济效益的角度对其进行评价，主要包括门票收入、纪念品收入和休闲娱乐收入等。门票收入是指从遗产地直接展示旅游资源所得到的经济收益，如游客到五台山游览时，向景区支付门票；旅游纪念品收益是指文化遗产地对旅游资源进行加工复制，再将其出售给游客，从而产生的收益，如利用五台山的图片制成明信片；休闲娱乐性收益是指由遗产地的旅游资源所吸引的游客，使其参与到和遗产地有关的娱乐活动中，从而产生的收益。经济价值指标是选取郭娟（2010）和刘智兴、马耀峰、高楠等（2013）研究中的经济价值，列出了以下五个题项进行研究：景区餐饮种类丰富，价格合理；周边民宿、酒店价格合理；景区容量大，旅游接待能力好；景区门票价格合理；旅游纪念品种类多样、特色鲜明。

五台山地处山西省忻州市，地处北纬 38°55′～39°66′，东经 113°29′～113°39′，风景区规划总面积 607 平方千米，其中行政区划 436 平方千米。五台山景区覆盖面积广，规模宏大，景区交通通达性强，可选择的交通方式安全性高，停车场位置显著，区域面积大，游客容量大。基于此，本文选取高明（2011）和张荣天、管晶（2016）对文化遗产地的旅游价值分析研究，提取了五个维度分析五台山的地理环境价值：交通通达性好、便利性高；停车场位置显著，便于停车；停车场数量多、容量大；自驾游方便，可直达景区；可选择交通方式的安全性高。

旅游作为一种服务产品，它的无形性和不可存储性决定了它是一种精神产品，旅游产品的满意体验使旅游者感到赏心悦目、心情舒畅。但这些指标都不能对旅游产品进行直接的评估。多元化的社会环境中，旅游者的情感态度、价值观、阶层地位、受教育程度、职业领域千差万别，在这种情况下，不同的旅游者有着不同的需求和动机，而且会产生不同的态度。这种差异化对旅游行为、旅游生活、旅游消费都产生了一定的影响，理解游客的态度并转变游客的态度，对于游客的重游意愿具有十分重要的意义。

本文提取张圆刚、余向洋、程静静等（2019）和弗雷德里卡等（Fleischer et al.，2002）的旅游态度研究题项，列出以下四个题项来研究：本次旅游活动很愉悦；本次旅游让我收获新知识，增长见闻；参加这次旅游活动是有意义的；这次旅游活动让我留下很多美好回忆。

游客具有较好的旅游体验，会提升其满意度，并进一步提升其再次游览的意愿。旅游体验是旅游者对景区的一种认知和情感的体现。本文提取谢彦君、屈册（2014）和王亮伟、周芳（2010）研究中的旅游体验，列出以下四个题项来分析研究：获得不错的体验；能收获很多知识，增长知识面；有非凡的审美体验；本次旅游很有价值。

查阅资料参考国内外学者对游客重游意愿的研究，在旅游业竞争激烈的今天，了解游客的感知价值，使景区更好地把握游客需求，适时推出适应市场的旅游项目，是景区核心竞争的体现。而游客在旅游过程中所付出的成本和所获得的感受之间的价值权衡，必然会对其再次旅游的意愿产生一定的影响。

侯艳军、董琳琳、刘俊（2022）认为游客重游意愿是指游客在某一旅游目的地旅游消费后在态度上有了对该地的倾向性，并由此对旅游地及周边景点产生了一种高度的信任感，进而愿意再次游览。张圆刚、余向洋、程静静等（2019）认为重游意愿是指旅游者对某个旅游地进行一次及以上体验后，愿意再次到访的主观意愿。重游意愿相当于商品营销中的再次购买，有利于景区直接增加旅游收入。基于此，提出四个维度来研究：会再次前往五台山旅游；会和朋友推荐景区；会主动在网络平台宣传；会和别人分享这次旅游经历。

3　数据设计

根据本文的研究内容，通过信息检索收集相关文献，并将所收集的文献进行整理，从中挑选出与本文相关的文献。主要是利用中国知网（CNKI）等学术网站以"文化遗产地""旅游感知"等关键词多次检索，以核心重点期刊发表的成果为主要参考来源，同时借助搜索引擎来收集和阅读国内外关于游客感知、文化遗产地旅游、旅游态度等方面的研究文献和理论知识，为本文的研究积累丰富的文献资料、提供良好的理论依据，从而使文章结构科学严谨、有理有据。

本研究采用问卷调研法收集相关数据并进行统计分析。在设计问卷时，将游客感知价值、旅游体验、旅游态度和游客重游意愿这四个概念变成可以实际测量的显性变量及相关指标。在调查游客感知价值时，通过借鉴以往感知价值的研究从给游客带来的历史文化价值、艺术审美价值、游憩观光价值、遗产价值、经济价值和地理环境价值六个方面进行变量的测量，所有题项均采用5分制李克特量表法进行设计，共设计了28个题项来测量游客感知价值并进行分析。

本文以五台山游客为研究对象，通过"问卷星"线上的方式对到访过五台山的游客进行问卷调查，于2023年2—3月发放为期一个月的问卷，共收回了700份问卷，筛选无效问卷后，最终得到654份有效问卷。通过SPSS软件对数据进行了描述性统计分析，而且还进行了信度和效度分析及回归分析，从而深入研究变量之间的关系，找出影响游客重游意愿的关键因素来提升景区的游客重游率。

本文以五台山为研究案例地、游客感知为出发点、感知价值理论为基础来分析游客对文化遗产地五台山旅游价值的感知，从而有针对性地提出提升五台山旅游价值的策略，使五台山旅游实现可持续发展。

五台山具有悠久的历史和丰富的人文资源。《名山志》中说，五台山有五峰，高耸入云，山顶上没有树木，就像是一座土丘，所以被称为五台。五台山是中国佛教圣地，青庙与黄庙并存，共有86个宗教活动场所，著名的有显通寺、塔院寺、菩萨顶、南山寺、黛螺顶、金阁寺、万佛阁、碧山寺等，多为诏书修建，多为帝王朝圣之地。五台山被誉为中国四大佛教圣地之一，2009年6月被列为世界文化遗产地，2007年被评定为国家5A级旅游景区。1982年，五台山景区以山西五台山风景名胜区为名义，经国务院批准列为首批国家级风景区，历年来荣获"国家重点风景名胜区""中华十大名山""国家地质公园""国家自然与文化双遗产""国家5A级旅游景区""世界文化景观遗产"等多项荣誉。

梅拉比安等（Mehrabian et al.，1974）首次从环境心理学的观点提出了"环境-机体-反应"的概念模型，即S-O-R模型。该模型指出，外部环境的刺激可以影响人类的内部情绪，进而影响到个人的行为。另外，S-O-R模型的应用比较广泛，近来也被应用于旅游方面。本研究中S是指游客感知价值，O是指游客的旅游体验和旅游态度，R是指游客重游意愿。基于S-O-R模型来建立六个感知价值与旅游体验、旅游态度及游客重游意愿之间的关系模型图，如图4-1所示。

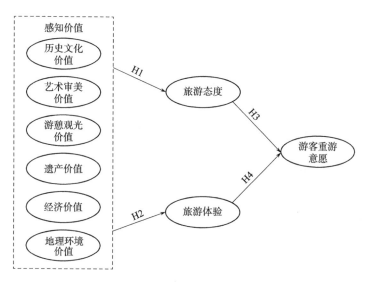

图 4-1　五台山感知价值概念模型

依据文献资料的分析，提出变量之间的假设关系。在运用成熟量表的基础上对数据进行收集整理，之后通过数据分析方法对研究假设进行验证，对假设的成立或不成立进行详细解释，保证数据结论的合理性。

感知价值是游客对旅游景区的旅游感知所对应的价值评价，是对景区旅游态度的体现。感知价值越好，游客的旅游态度越高。夏赞才、陈双兰（2015）提出良好的感知价值能够引发游客的积极情绪反应。苏勤、钱树伟（2012）通过理论与实践相结合，分析文化遗产地的游客感知价值现状，并基于游客感知价值角度对旅游态度的影响进行研究。基于此分析，提出以下假设：

H1：感知价值对旅游态度有显著的正向影响；

H1-1：历史文化价值对旅游态度有显著的正向影响；

H1-2：艺术审美价值对旅游态度有显著的正向影响；

H1-3：游憩观光价值对旅游态度有显著的正向影响；

H1-4：遗产价值对旅游态度有显著的正向影响；

H1-5：经济价值对旅游态度有显著的正向影响；

H1-6：地理环境价值对旅游态度有显著的正向影响。

在查阅了相关文献后发现，游客在游览过程中对旅游产品的总体感知在一定程度上会影响体验后的心情与精神需求的满足。李满、安国山（2008）在对顾客感知价值与顾客体验的关系简析中指出，顾客对产品或服务的内容设计、服务设施布局等方面的感知都极大地影响消费者对消费体验的评价。刘娟、方世敏、宁志丹（2017）提出可以通过对文化遗产地旅游的游客感知价值来制定新的旅游体验活动方式、完善服务设施设备等，从而满足游客更高层次的需求。这说明感知价值对旅游体验有影响，当游客获得良好的旅游感知时，会增加他们的旅游体验度。基于此分析，提出以下假设：

H2：感知价值对旅游体验有显著的正向影响；

H2-1：历史文化价值对旅游体验有显著的正向影响；

H2-2：艺术审美价值对旅游体验有显著的正向影响；

H2-3：游憩观光价值对旅游体验有显著的正向影响；

H2-4：遗产价值对旅游体验有显著的正向影响；

H2-5：经济价值对旅游体验有显著的正向影响；

H2-6：地理环境价值对旅游体验有显著的正向影响。

白凯、马耀峰、李天顺等（2010）运用结构方程模型对游客态度进行了实证分析，认为游客的态度是影响游客重游意愿的重要因素。基于此理论，提出以下假设：

H3：旅游态度对游客重游意愿有显著的正向影响。

从有关文献中可以整理发现，游客对旅行的体验价值是旅游者形成推荐、重游等行为的一项关键因素。在相关研究中，洪学婷、张宏梅、黄震方等（2019）和陈等（Chen et al.，2020）也证实了旅游体验是游客产生重游等行为的重要预测性变量。基于此，提出以下假设：

H4：旅游体验对游客重游意愿有显著的正向影响。

量表是问卷设计的重要组成部分，在设计量表上，本文借鉴了S-O-R理论，通过查阅有关文献资料，整理总结了以下量表。该量表是由感知价值的六个维度（历史文化价值、艺术审美价值、游憩观光价值、遗产价值、经济价值、地理环境价值）、旅游体验、旅游态度、游客重游意愿构成。共设计了28个题项来测量游客感知价值，4个题项来测量旅游体验，4个题项来测量旅游态度，4个题项来测量游客重游意愿。所有问卷题项均采用5分制李克特量表法进行设计。具体题项见表4-1。

表 4-1　五台山问卷题项量表

变量	题项描述	题项来源
历史文化价值	1. 历史悠久，源远流长	高明（2011） 张荣天、管晶（2016）
	2. 历史底蕴丰厚	
	3. 是著名的佛教圣地	
	4. 佛教文化色彩浓厚	
艺术审美价值	1. 佛教建筑技艺精湛	崔海亭（2003） 张荣天、管晶（2016）
	2. 佛教建筑丰富多样	
	3. 佛教建筑完整度高	
	4. 壁画艺术精美，独具观赏性	
	5. 植被景观差异明显，可观赏	
	6. 日落云海景观优美	
游憩观光价值	1. 休闲娱乐设施多，游客可参与性高	邬东璠、庄优波、杨锐（2012）
	2. 祈福	
	3. 佛教徒旅游朝拜	
	4. 气候适宜，夏季避暑，清凉圣地	
遗产价值	1. 美誉度高	芽娜沨（2012） 张荣天、管晶（2016）
	2. 知名度广	
	3. 遗产众多	
	4. 遗产历史悠久，价值高	
经济价值	1. 景区餐饮种类丰富，价格合理	郭娟（2010） 刘智兴、马耀峰、高楠等（2013）
	2. 周边民宿、酒店价格合理	
	3. 景区容量大，旅游接待能力好	
	4. 景区门票价格合理	
	5. 旅游纪念品种类多样、特色鲜明	
地理环境价值	1. 交通通达性好、便利性高	高明（2011） 张荣天、管晶（2016）
	2. 停车场位置显著，便于停车	
	3. 停车场数量多、容量大	
	4. 自驾游方便，可直达景区	
	5. 可选择交通方式的安全性高	

续表

变量	题项描述	题项来源
旅游体验	1. 获得不错的体验 2. 能收获很多知识，增长知识面 3. 有非凡的审美体验 4. 本次旅游很有价值	谢彦君、屈册（2014） 王亮伟、周芳（2010）
旅游态度	1. 本次旅游活动很愉悦 2. 本次旅游让我收获新知识，增长见闻 3. 参加这次旅游活动是有意义的 4. 这次旅游活动让我留下很多美好回忆	张圆刚、余向洋、程静静等（2019） 弗雷德里卡等（Fleischer et al.，2002）
游客重游意愿	1. 会再次前往五台山旅游 2. 会和朋友推荐景区 3. 会主动在网络平台宣传 4. 会和别人分享这次旅游经历	侯艳军、董琳琳、刘俊（2022） 张圆刚、余向洋、程静静等（2019）

本文通过问卷调查的数据收集方式在"问卷星"上制作问卷，运用各种社交平台如微信、QQ 等发放并推广，从而获取样本数据。共收集问卷 700 份，剔除无效问卷，最终得到有效问卷 654 份，问卷有效率为 93.4%。问卷详见附录 1。

本文以山西五台山为研究案例地，在阅读和分析文献资料的基础上，借鉴现有的国内外文化遗产地等旅游价值分类，综合构建五台山旅游价值指标体系，从而设计五台山旅游价值感知调查问卷，通过发放问卷、收集问卷来收集调研数据。本研究以问卷调查的方式收集数据，并加以统计分析，在设计问卷时，将游客感知价值、旅游体验、旅游态度和游客重游意愿这四个概念作为可测量的显性变量及相关指标。在对游客感知价值进行调查时，根据过去的感知价值研究，对其给游客带来的历史文化价值、艺术审美价值、游憩观光价值、遗产价值、经济价值和地理环境价值六个方面进行了变量的测量。所有题项均采用 5 分制李克特量表法进行设计，一共设计了 28 个题项，用来对游客感知价值进行测量。

4　数据分析

本文主要使用 SPSS 软件作为分析工具，对数据进行描述性统计分析（表4-2）、信度和效度分析、相关性分析及回归分析来研究变量之间的关系。假设因子变量之间的关系，通过回归分析研究各因子之间的相关关系。

表4-2　五台山调研人口统计学特征

指标	项目	频数/人	占比/%
性别	男	227	34.7
	女	427	65.3
年龄	18 岁以下	61	9.3
	18~25 岁	500	76.5
	26~35 岁	55	8.4
	36~50 岁	17	2.6
	50 岁以上	21	3.2
学历	初中及以下	47	7.2
	高中或职高、中专	50	7.6
	大专	35	5.4
	本科	489	74.8
	硕士及以上	33	5.0
职业	公司或企业职员	58	8.9
	公务员	26	3.9
	教师、医生等事业单位	64	9.8
	学生	433	66.2
	私营业主或个体工商户	15	2.3
	自由职业者	23	3.5
	退休人员	5	0.8
	其他	30	4.6
月收入	1000 元以下	289	44.2
	1000~3000 元	185	28.3

续表

指标	项目	频数/人	占比/%
月收入	3001~5000 元	79	12.1
	5001~8000 元	60	9.2
	8001~10000 元	17	2.6
	10001~20000 元	9	1.4
	20000 元以上	15	2.2
旅游次数	1 次	511	78.1
	2 次	88	13.5
	3 次及以上	55	8.4

　　从性别上来看，男性游客有 227 人，占总体的 34.7%；女性游客有 427 人，占总体的 65.3%。总体来说，女性游客的样本比例高于男性游客，这可能是因为女生比男生的出游意愿更强烈。

　　在调查对象的样本中，年龄在 18 岁以下的游客有 61 人，占总样本的 9.3%；年龄在 18~25 岁的游客有 500 人，占总样本的 76.5%；年龄在 26~35 岁的游客有 55 人，占总样本的 8.4%；年龄在 36~50 岁的游客有 17 人，占总样本的 2.6%；年龄在 50 岁以上的游客有 21 人，占总样本的 3.2%。这说明在调研样本中，18~25 岁的样本群体是旅游的主力人群，反映出山西五台山文化遗产地市场的消费者以青年为主，年龄在 18~25 岁的游客偏多。

　　从受教育程度来看，初中及以下的游客有 47 人，占总体的 7.2%；高中或职高、中专的游客有 50 人，占总体的 7.6%；大专的游客有 35 人，占总体的 5.4%；本科的游客有 489 人，占总体的 74.8%；硕士及以上的游客有 33 人，占总体的 5.0%。这说明总体样本文化程度是较高的，其中本科学历的游客偏多，其更青睐于五台山旅游。

　　从样本游客职业分布情况来看，职业为公司或企业职员的游客有 58 人，占总体的 8.9%；公务员游客为 26 人，占总体的 3.9%；教师、医生等事业单位游客为 64 人，占 9.8%；学生游客为 433 人，占 66.2%；私营业主或个体工商户游客为 15 人，占 2.3%；自由职业者游客为 23 人，占 3.5%；退休人员游客为 5 人，占 0.8%；其他游客为 30 人，占 4.6%。可以看出学生占比重最大，可能因为学生更有时间和精力去旅游，其他的职业类别人数比较分散。

从游客月收入分布上来看，月收入为1000元以下的游客有289人，占44.2%；月收入为1000~3000元的游客有185人，占28.3%；月收入为3001~5000元的游客有79人，占12.1%；月收入为5001~8000元的游客有60人，占9.2%；月收入为8001~10000元的游客有17人，占2.6%；月收入为10001~20000元的游客有9人，占1.4%；月收入为20000元以上的游客有15人，占2.2%。这表明五台山的主要游客是以中低等收入群体和少数中等收入者为主。因此，五台山发展的重点应当是兼顾低收入人群的需求，同时适当开发中、高档产品，以满足不同收入阶层的需求。

从旅游次数来看，去五台山旅游过1次的游客有511人，占总体的78.1%；去五台山旅游过2次的游客有88人，占总体的13.5%；去五台山旅游过3次及以上的游客有55人，占总体的8.4%。这说明五台山文化遗产地知名度高，吸引游客前来旅游，但是重游率有待提升。

调查问卷收集游客对调查对象的主观意见，问卷的质量关系到是否可以从实证研究中得到可信的结论。因此，在进行研究前，必须对收集到的数据进行评估，以判断其可信度。在进行数据样本的信度分析时，常常要借助统计与测量手段。本问卷信度检验采用的是克隆巴赫系数，克隆巴赫系数越接近1，信度越高。本文对感知价值28个动机题项、旅游体验4个动机题项、旅游态度4个动机题项、游客重游意愿4个动机题项进行检测，运用SPSS检测问卷信度。由表4-3~表4-6可以看出，问卷中历史文化价值四项的整体克隆巴赫系数为0.944，艺术审美价值六项的整体克隆巴赫系数为0.954，游憩观光价值四项的整体克隆巴赫系数为0.920，遗产价值四项的整体克隆巴赫系数为0.934，经济价值五项的整体克隆巴赫系数为0.951，地理环境价值五项的整体克隆巴赫系数为0.955，旅游体验四项的整体克隆巴赫系数为0.941，旅游态度四项的整体克隆巴赫系数为0.946，游客重游意愿四项的整体克隆巴赫系数为0.934。它们的整体克隆巴赫系数都高于0.800，说明问卷的数据信度高。

在因子分析之前，必须通过KMO和巴特利特（Bartlett）检验来检测原始变量是否适合作因子分析。据表4-3~表4-6得出，KMO值分别为 0.853、0.939、0.852、0.866、0.916、0.917、0.865、0.858、0.853，都大于 0.600，满足因子分析的前提要求，意味着数据可用于因子分析；巴特利特检验显著性都为 0.000（P<0.05），能够进一步说明研究数据可以进行因子分析。本研究数据采用最大方差旋转方法来进行分析，以找出各因子与所测量题项的对应关系。从旋转后因子载荷系数表格（表4-3~表4-6）可以看出，各测量题项的共同度值均高于 0.4，这表明测量题项和因子之间有着较强的关联性，信息可以通过因子来有效提取，并且表明 40 个测量题项按最初假设的 9 个维度聚得较好。因此，根据假设，单个抽取的 9 个公因子可以命名为历史文化价值、艺术审美价值、游憩观光价值、遗产价值、经济价值、地理环境价值、旅游体验、旅游态度、游客重游意愿。

表4-3　五台山感知价值的因子和信度分析

感知价值	测量题项	成分	克隆巴赫系数
历史文化价值	五台山的历史底蕴丰厚	0.937	0.944
	五台山的佛教文化色彩浓厚	0.929	
	五台山的历史文化悠久	0.924	
	五台山的地域文化特色鲜明	0.913	
KMO=0.853，巴特利特球形度=2483.661，df=6，P=0.000			
艺术审美价值	五台山壁画艺术精美，独具观赏性	0.910	0.954
	五台山的建筑完整度高	0.910	
	五台山佛教建筑丰富多样	0.907	
	五台山的佛教建筑技艺精湛	0.904	
	五台山植被景观差异明显，可观赏	0.890	
	五台山日落云海景观优美	0.887	
KMO=0.939，巴特利特球形度=3857.221，df=15，P=0.000			
游憩观光价值	五台山祈福很受欢迎	0.916	0.920
	五台山的旅游朝拜具有特色	0.913	
	五台山气候适宜，是夏季避暑的清凉圣地	0.897	
	五台山休闲娱乐项目丰富多样，游客参与性高	0.868	
KMO=0.852，巴特利特球形度=1942.454，df=6，P=0.000			

续表

感知价值	测量题项	成分	克隆巴赫系数
遗产价值	五台山的遗产众多	0.923	0.934
	五台山的知名度广	0.922	
	五台山的遗产历史悠久，价值高	0.919	
	五台山的美誉度高、好评多	0.894	
KMO=0.866，巴特利特球形度=2203.546，df=6，P=0.000			
经济价值	五台山周边酒店、民宿价格合理	0.922	0.951
	五台山旅游纪念品种类多样、特色鲜明	0.919	
	五台山景区餐饮种类丰富，价格合理	0.913	
	五台山景区容量大，旅游接待能力好	0.912	
	五台山景区门票价格合理	0.908	
KMO=0.916，巴特利特球形度=3220.971，df=10，P=0.000			
地理环境价值	五台山的交通通达性好、便利性高	0.930	0.955
	五台山旅游可选择交通方式安全性高	0.922	
	五台山的停车场位置显著，便于停车	0.920	
	五台山的停车场数量多、容量大	0.914	
	五台山的自驾游方便，可直达景区	0.913	
KMO=0.917，巴特利特球形度=3373.612，df=10，P=0.000			

表4-4 五台山旅游体验因子和信度分析

	测量题项	成分	克隆巴赫系数
旅游体验	本次旅游让我获得不错的体验	0.938	0.941
	本次旅游很有价值	0.936	
	本次旅游有非凡的审美体验	0.921	
	本次旅游可以让我获得很多知识，增长知识面	0.895	
KMO=0.865，巴特利特球形度=2418.061，df=6，P=0.000			

表4-5　五台山旅游态度因子和信度分析

测量题项		成分	克隆巴赫系数
旅游态度	本次旅游活动让我感到很愉悦	0.945	0.946
	本次旅游活动让我留下很多美好的回忆	0.941	
	本次旅游活动很有意义	0.919	
	本次旅游活动让我增长很多新知识	0.907	
KMO=0.858，巴特利特球形度=2572.303，df=6，P=0.000			

表4-6　五台山游客重游意愿因子和信度分析

测量题项		成分	克隆巴赫系数
游客重游意愿	会和别人分享这次旅游经历	0.933	0.934
	会再次前往五台山旅游	0.924	
	会向朋友推荐景区	0.911	
	会主动在网络平台宣传景区	0.887	
KMO=0.853，巴特利特球形度=2238.811，df=6，P=0.000			

　　相关性分析主要用于判断各变量间的相关程度大小。本文利用皮尔森相关系数对各变量的相关性程度进行了分析，当相关系数的绝对值越接近1时，表明相关程度越强；若越接近0，则相关程度越弱。根据表4-7可以看出，在$P<0.01$的显著水平上，历史文化价值、艺术审美价值、游憩观光价值、遗产价值、经济价值、地理环境价值、旅游体验、旅游态度、游客重游意愿呈正相关关系，各变量之间呈显著相关性，为进一步假设检验提供良好的统计学依据。

　　根据表4-8可得，R^2=0.722，说明历史文化价值、艺术审美价值、游憩观光价值、遗产价值、经济价值、地理环境价值可以解释旅游态度的72.2%的变化原因。F=147.308，P=0.000，说明历史文化价值、艺术审美价值、游憩观光价值、遗产价值、经济价值、地理环境价值中至少一项会对旅游态度产生影响。在显著性水平为0.05的情况下，只有历史文化价值和经济价值对旅游态度没有显著的正向影响，其他四个感知价值对旅游态度均有显著的正向影响。所以，假设 H1-2、H1-3、H1-4、H1-6成立。

表 4-7　五台山相关性分析

	历史文化价值	艺术审美价值	游憩观光价值	遗产价值	经济价值	地理环境价值	旅游体验	旅游态度	游客重游意愿
历史文化价值	1								
艺术审美价值	0.817**	1							
游憩观光价值	0.790**	0.919**	1						
遗产价值	0.798**	0.895**	0.905**	1					
经济价值	0.664**	0.798**	0.821**	0.806**	1				
地理环境价值	0.671**	0.806**	0.828**	0.817**	0.904**	1			
旅游体验	0.346**	0.390**	0.424**	0.402**	0.390**	0.397**	1		
旅游态度	0.341**	0.384**	0.415**	0.392**	0.372**	0.382**	0.935**	1	
游客重游意愿	0.331**	0.369**	0.413**	0.372**	0.373**	0.374**	0.916**	0.916**	1

**表示在 0.01 级别（双尾）相关性显著。

表4-8　五台山回归分析表1

项目		未标准化系数		标准化系数	t	显著性
		B	标准误差	β		
（常量）		0.583	0.127		4.578	0.000
自变量	历史文化价值	-0.008	0.063	-0.008	-0.133	0.895
	艺术审美价值	0.187	0.082	0.187	2.268	0.024
	游憩观光价值	0.226	0.077	0.234	2.928	0.004
	遗产价值	0.201	0.070	0.200	2.860	0.004
	经济价值	0.063	0.064	0.071	0.988	0.324
	地理环境价值	0.208	0.063	0.230	3.283	0.001
因变量：旅游态度，$R^2=0.722$，adj$R^2=0.717$，$F=147.308$，df=6，$P=0.000$						

　　根据表4-9可得，$R^2=0.765$，说明历史文化价值、艺术审美价值、游憩观光价值、遗产价值、经济价值、地理环境价值可以解释旅游体验的76.5%的变化原因。$F=184.460$，$P=0.000$，说明历史文化价值、艺术审美价值、游憩观光价值、遗产价值、经济价值、地理环境价值中至少一项会对旅游体验产生影响。在显著性水平为0.05的情况下，其中游憩观光价值、遗产价值、地理环境价值对旅游体验有显著的正向影响。所以，假设H2-3、H2-4、H2-6成立。

表4-9　五台山回归分析表2

项目		未标准化系数		标准化系数	t	显著性
		B	标准误差	β		
（常量）		0.468	0.116		4.024	0.000
自变量	历史文化价值	-0.031	0.058	-0.032	-0.539	0.590
	艺术审美价值	0.145	0.075	0.147	1.937	0.054
	游憩观光价值	0.220	0.070	0.230	3.129	0.002
	遗产价值	0.263	0.064	0.265	4.113	0.000
	经济价值	0.096	0.058	0.109	1.644	0.101
	地理环境价值	0.197	0.058	0.220	3.416	0.001
因变量：旅游体验，$R^2=0.765$，adj$R^2=0.761$，$F=184.460$，df=6，$P=0.000$						

根据表 4-10 可得，$R^2 = 0.819$，说明旅游态度可以解释游客重游意愿的 81.9% 的变化原因。$F = 1557.868$，$P = 0.000$，说明旅游态度会对游客重游意愿产生影响。在显著性水平为 0.05 的情况下，旅游态度对游客重游意愿有显著的正向影响。所以，假设 H3 成立。

表 4-10　五台山回归分析表 3

项目	未标准化系数		标准化系数	t	显著性
	B	标准误差	β		
（常量）	0.280	0.099		2.841	0.005
自变量：旅游态度	0.920	0.023	0.905	39.470	0.000
因变量：游客重游意愿，$R^2 = 0.819$，$\mathrm{adj}R^2 = 0.818$，$F = 1557.868$，df=1，$P = 0.000$					

根据表 4-11 可得，$R^2 = 0.800$，说明旅游体验可以解释游客重游意愿的 80.0% 的变化原因。$F = 1376.551$，$P = 0.000$，说明旅游体验会对游客重游意愿产生影响。在显著性水平为 0.05 的情况下，旅游体验对游客重游意愿有显著的正向影响。所以，假设 H4 成立。

表 4-11　五台山回归分析表 4

项目	未标准化系数		标准化系数	t	显著性
	B	标准误差	β		
（常量）	0.347	0.103		3.364	0.001
自变量：旅游体验	0.916	0.025	0.894	37.102	0.000
因变量：游客重游意愿，$R^2 = 0.800$，$\mathrm{adj}R^2 = 0.799$，$F = 1376.551$，df=1，$P = 0.000$					

4.3　文化遗产案例 2：平遥古城

在资源型地区旅游企业的主动式关系修复策略研究中，可以将游客感知对文化遗产地旅游意向的影响机制与旅游企业的关系修复策略进行联系。本案例以世界文化遗产地平遥古城为研究对象，在刺激-反应模型理论的基础上，构建潜在游客旅游意向的预测模型，深入分析游客感知对文化遗产地旅游意向的影响机制，进而讨论资源型地区旅游企业的主动式关系修复策略，为改善游客对文化遗产地的感知、提高旅游意向和推动可持续发展提供指导性案例。

案例正文

摘要： 游客感知是关乎文化遗产地可持续发展的关键因素，对推动文化遗产地旅游意向具有重要意义。本文以世界文化遗产地平遥古城为研究对象，在刺激–反应模型理论的基础上，构建潜在游客旅游意向的预测模型，深入分析游客感知对文化遗产地旅游意向的影响机制。研究结果表明：①目的地属性，即文化遗产地环境、资源和服务质量，对文化遗产地潜在游客形成的认知意象具有正向影响，同时也与旅游意向呈正相关，从而对到访文化遗产地游客的旅游意向产生正向影响。②游客抱怨在目的地属性与目的地意象之间起调节作用，即潜在游客在对文化遗产地资源和服务质量形成感知的基础上，游客抱怨的程度越高，对旅游意向的影响越强，而潜在游客目的地环境感知对旅游意向的影响不显著。③游客对目的地意象感知越差，旅游意向就越低。研究结果不仅全面揭示了游客感知对文化遗产地游客旅游意向的影响机制，为文化遗产地创新及可持续发展研究提供了新的视角，还推动了文化遗产旅游地的相关理论研究与实践发展，为文化遗产地的营销管理提供参考建议。

关键词： 文化遗产地；目的地意向；旅游意向；游客抱怨

1 引言

文化是民族的魂，是人类发展智慧的结晶。中华传统文化不仅体现了中华民族五千年文明的积淀，随着时间的演进，它还促进了每个时代的进步。历久弥新，传承至今，文化已经成为社会资源中最宝贵的财富之一，并继续发挥其不可替代的作用，推动党和国家事业的高质量发展。文化遗产作为人类认识文化、探索历史足迹的载体，在人类物质文明与精神文明发展史上起着至关重要的作用，是国家建立身份认同及调节国家、群体与个体之间社会关系的重要工具。党和国家历来高度重视文化遗产的价值和作用，党的十九大报告明确提出要"加强文物保护利用和文化遗产保护传承"。习近平总书记曾多次在地方考察期间，深入调研当地的特色文化、历史古迹，殷切关心地方历史文化遗产的保护传承，强调历史文化遗产是不可再生、不可替代的宝贵资源，要始终把保护放在第一位。文化遗产资源以各种不同的形式保存在城乡之中，根据所处地方背景的差异性，保存着它独特的记忆与标识，让人们得以重温逸事、依恋故土；历史文化遗产制度化的保存，不仅可以增强国民的文化自信，还能提升对地方文化的认同感。然而现有研究表明，文化遗产资源具有不可再生性和稀缺性，意味着在保护的同时，也应注重对资源的开发，因此合理配置文化遗产资源，实现资源的高效利用与开发尤为重要。

在新时代背景下，随着国民经济高速增长与人民对美好生活的向往的迫切需求，旅游业已经成为国民经济的战略性支柱产业，"文旅融合"成为新时代背景下发展的主流趋势。党的二十大报告明确指出"坚持以文塑旅、以旅彰文，推进文化和旅游深度融合发展"。作为中华文明的发祥地，同时冠以"中国古代文化博物馆"美称的山西省，历史积淀深厚，流传时间悠久，资源储备丰富，世界文化遗产中有三处位于山西，这奠定了其在文化遗产领域的重要地位，为山西省由第一产业向第三产业的转型发展提供了良好的发展动力，打下了坚实的基础。美中不足的是山西省旅游业起步较晚，当地旅游业发展与资源的绝对优势呈极端不平衡的发展态势，难以有效发挥资源价值的最大优势。主要体现在：第一，在对资源进行开发利用时，对资源的文化内涵挖掘程度不够深入，还未真正把握资源的核心部分，导致旅游产品同质化严重、内容雷同、形式单一，难以引起游客二次消费；第二，旅游产品创新度较低，呈现出"一点引爆流量"、各地纷纷效仿的趋势，山西的大院和古城文化就是这一趋势下的典型代表；第三，旅游景区基础设施、管理能力及服务水平低下，难以满足游客的基本需求。

对于文化遗产地而言，打造明确的文化主题、浓厚的文化氛围及良好的目的地形象，既是目的地营销和管理的重点，也是潜在游客向现实游客转化的先决条件。因此，探究目的地对景区形象建设是否符合游客心目中的感知这一问题，对当地旅游业发展有着重要的意义。同时，这也意味着文化遗产地旅游业的发展要与消费者日益增长的需求相匹配。本文从游客需求的视角出发，探寻其对旅游目的地的认知意象及评价，可以更为直观地发现旅游目的地的现存问题，进一步提出改进措施。

通过梳理文献可知，以往文献中有关游客感知目的地意象的构成研究大多采用文本分析和扎根理论、符号学理论、量表开发等方法获取游客角度的目的地意象，但是以三要素理论为基础，从游客对目的地属性角度去感知目的地意象的研究还不够充分，同时，利用游客抱怨因素对游客旅游决策进行预测的研究也较为有限。因此，本文将通过游客对目的地属性的感知意象推测其旅游意向，这样不仅为目的地形象的研究提供了新方法、新思路，具有丰富的理论意义，同时还可以更好地了解游客需求，对提升目的地的形象也具有积极的实践意义。

综上所述，本文将游客的心理感知作为切入点，围绕目的地的意象展开研究，在刺激-反应理论的基础上构建游客对文化遗产地——平遥古城旅游意向的评价模型，以此来预测游客到访的可能性。通过查阅资料，依据三要素说拟定目的地环境、目的地资源及目的地服务质量三个属性作为评价指标，即衡量游客感知意象好坏的标准，进一步探究处于收集旅游信息阶段的潜在游客，在受到顾客抱怨因素的干扰下仍选择前往目的地的可能性。本文将采取问卷调查的形式获取数据，运用 SPSS 软件进行分析处理并得出结论，为平遥古城的旅游业发展提出建议。

2 文献综述

刺激-机体-反应理论作为心理学范畴的概念，是指在外界环境的刺激下，人类产生相应的行为反应。最初，该理论来源于刺激-反应理论（stimuli-response theory，SR 理论），SR 理论分成"刺激"和"反应"两部分去解释人类复杂的行为；伍德沃思（Woodworth，1926）在此基础上加入了对人的内心状态的探索，提出了 SOR 理论，即"刺激-机体-反应"理论。刺激是指对个体心理产生影响的外部环境；机体是指人脑内部接收到刺激后的加工过程，包括人的情绪和认知反应；

反应则是指个体内化信息后产生的最终行为结果。基于前人的理论基础，梅拉比安等（Mehrabian et al.，1974）从环境心理学的角度进一步完善 SOR 理论，针对最终的反应提出两种维度，分别是趋近和回避。此后，SOR 作为一种研究人类行为的理论，在一定程度上可解析消费者购买行为产生的内在机制，使研究者清晰地了解消费者作出购买决策时的心理因素，更好地为企业提出有针对性的营销建议。当然，该理论也在旅游消费领域中得到广泛的拓展，用以研究游客的购买行为和重游意愿。如秦俊丽（2022）依据 SOR 理论构建模型以分析社交媒体的影响力、信任度和偏向度三种营销刺激，在感知价值的中介作用下对消费者乡村旅游意愿的影响，最终为社交媒体提出营销建议；宋蒙蒙、乔琳、胡涛（2019）的研究基于 SOR 模型框架下探究出感知互动需要在沉浸与感知价值的中介作用下才能刺激游客产生购买行为；纪颖超和殷杰（2021）则借助 SOR 理论构建乡村重游意愿的条件过程模型，发现在乡村旅游中当地居民的不规范行为对游客的重游意愿具有正向影响。鉴于此，本文将在 SOR 理论框架下，分析文化遗产目的地意象对游客旅游意向的影响机制，以及在顾客抱怨的调节作用下，游客的旅游意向是否会因此发生改变，进而发现目的地各属性中存在的问题，据此提出相应的解决方案。

　　文化遗产是指具有较高的历史价值、艺术价值、科学价值和社会价值，融合了历史和文化有形和无形的文化形态。随着游客文化诉求的不断提升，人们在进行旅游活动时更加注重其文化内涵。因此，文化遗产地旅游已成为时下最吸引游客的旅游方式之一，在国家政策的推动下，游客对文化遗产地旅游的需求将呈现持续增长的趋势。文化遗产型旅游目的地则是以文化遗产或仿文化遗产（包括物质文化遗产和非物质文化遗产）作为主要吸引物，以旅游设施为依托、旅游服务为保障，向游客提供文化旅游体验的旅游景区类型。打造文化遗产旅游目的地的重中之重是为了吸引游客前来游览，旅游目的地相关因素在其中发挥着至关重要的作用，游客通过各种信息渠道了解目的地的具体情况，从而作出旅游决策。因此，研究游客决策时对具体因素的重视程度才是旅游管理者亟待解决的问题。依据目的地三要素说，将旅游目的地要素划分为以下三个层次：景区的"第一产品"是吸引要素，即旅游吸引物；"第二产品"为服务要素，是指各类旅游综合服务，它与吸引物共同构成目的地吸引力的整体来源；"附加产品"则是环境要素，包括目的地的基础设施及当地居民的态度，既是吸引要素的组成部分，又是服务要素的组成部分，与前两者共同构成目的地的发展条件。对于文化遗产旅游目的地而言，"第一产品"是丰富的文化资源，既是旅游者关注的重点，也是文化遗产地的核心要素，资源本身具有特殊价值，可以通过某些方式进行不断挖掘和创造。"第二产品"是服务质量。对旅游目的地的经营企业、游客而言，顾客服务质量感知及其满意程度是非常重要的，服务质量对游客的重复购买和推荐意愿具有正向影响，它与愿意支付更高的价格和在价格上涨时继续保持忠诚呈正相关。在旅游行业中，游客感知的旅游服务质量也是衡量目的地绩效的关键指标。因此，服务质量是目的地发展的重要保障。"附加产品"则是环境，文化遗产地的资源及当地提供的旅游服务两者都包含环境因素。例如，文化遗产地营造出的古色古香的文化氛围将文化遗产地"活化"，高水平的服务质量则意味着当地的交通治安状况良好、基础设施完善及当地居民热情好客。因此，环境是目的地的基础。

鉴于此，本文依据三要素说选取以下三点作为指标：目的地环境、资源和服务质量，三者共同构成衡量平遥古城地方性、对游客目的地意象感知产生刺激的要素指标。

早在1956年，博尔丁（Boulding，1956）就提出"意象"（image）一词，它是指人通过大脑对信息进行加工处理产生的主观体验。这一概念的提出成为学术界在众多领域探究人类行为的有效工具。由其衍生的跨学科概念"旅游目的地意象"最早兴起于20世纪70年代，克罗普（Crompton，1979）将其定义为：旅游者对旅游目的地的观念、想法和印象的总和，对旅游者感知目的地并作出旅游决策起重要作用。自此，有关目的地意象的理论，学者们进一步将心理认知角度作为切入点进行研究，国外学者的研究多集中于旅游目的地意象的概念、构成及形成过程。其中，学者们并未对目的地意象的概念达成共识，学科定义大多集中表达"印象""态度"及"想法"等含义。例如，

1979 年克罗普给出的定义为"个体对某一目的地的信仰、想法和印象";威特等（WITT et al.，1989）将其总结为"个人基于其知识水平和自我感觉而产生的对目的地的态度";卡兰托恩等（Calantone et al.，1989）认为旅游意象是个体对于目的地的潜在认知。旅游目的地意象基本上被认同为个体对旅游目的地的整体印象，但对于其构成方面学者们持不同的观点。例如，法考伊等（Fakeye et al.，1991）提出了复合意象的概念，用来描述游客在旅游活动结束后形成的整体目的地意象;加特纳（Gartner，1993）进一步优化了旅游目的地意象构成的理论基础，把目的地意象划分为三个相互关联的部分：认知意象、情感意象和意动意象。艾特纳等（Echtner et al.，1993）则认为旅游目的地意象包括属性—整体、功能—心理及共同性—独特性三个连续维度。而国内有关旅游地意象的研究起步较晚，在 20 世纪 90 年代才真正进入旅游学界的关注视域。通过文献梳理，国内学者早期多以借鉴国外的研究成果，从心理学视角入手研究旅游目的地意象。在概念界定上，学者白凯（2009）认为目的地意象是指潜在或者现实的游客通过个人的社会知觉对目的地的相关信息进行加工产生的结果，并随着个人的经验、价值观等发生阶段性的变化。学者赵建昌则指出，"旅游意象是指旅游者对目的地属性感知后形成的一种心理感受"。在研究内容上，主要集中于以下几个方面，白凯（2009）基于心理学视角论述了旅游地意象的概念和形成过程;乌铁红、张捷、张宏磊（2008）在旅游地意象基础上提出基本框架和策略;白凯、陈楠、赵安周（2012）分析了以韩国潜在游客为对象的意象认知与行为意图之间的关系;赵安周、白凯、卫海燕（2011）采取极小极大离差法构建了入境目的地城市的旅游意象的评价指标体系;李瑞、王茂强、吴孟珊等（2018）通过语义差别方法测度游客对目的地意象功能感知和心理感知等。在研究方法上，学者们对于旅游目的地意象的测度方法大多采用质性方法，如网络文本分析法、内容分析法及访谈法，即从有过旅游经历游客的评价中提取关键词，进而了解其对目的地的感知意象。同时，也有部分采用量化的测度方法，包括李克特量表、语义差量表等，该测度方法在本领域研究中运用较少。因此，本文将目的地意象定义为：潜在游客在收集目的地信息过程中，经过加工处理形成的一种主观印象，该印象代表游客对目的地的态度，且态度不会一成不变，它会随着时间和信息的摄入而改变。

旅游意向是指游客前往某一旅游目的地的内在驱动力。这种内驱力可以预示游客对目的地的向往程度，旅游意向程度越强，意味着旅游者越可能产生某种旅游行为，表明旅游意向在一定程度上可以预测游客的旅游决策，通过对意向的测量，可以增加对游客后续行为的预测。旅游行为意图作为一个重要的结果变量，与实际旅游行为明显具有相关性。基于此项假设，相关性被划分为正向相关和负向相关两类，正向相关即旅游意向促使游客对某一目的地的购买行为；反之则为负向相关，即旅游意向阻碍游客的购买行为。潜在游客由于旅游前无法亲身体验当地的旅游产品，承担较大的购买风险，影响游客决定前往实际目的地的可能性，同时，游客也会受到目的地的形象（熟悉度、心理吸引）、目的地的多种选择性等诸多因素的干扰。因此，本文将旅游意向定义为：潜在游客在形成对目的地的态度后，到访实际旅游目的地的可能性。

顾客抱怨是指消费者在购买产品或体验产品时，与期望产生差异而感受到不满意状态下采取的一系列行为或者非行动反应，是消费者为了改变这种不平衡状态而作出的努力。20世纪70年代，顾客抱怨在国外学者中掀起了一波研究热潮，该领域探究主要集中于顾客抱怨的内涵、行为表现、原因及策略等方面。近几年以研究预测顾客抱怨行为的模型为主，如G-D逻辑下的顾客抱怨模型：辛格（Singh，1988）顾客抱怨评估模型。这些理论为后期相关研究打下基础。国内的研究则始于21世纪初，主要体现在以下几个方面。在研究对象上，从个体抱怨行为逐步扩展至研究群体因素下的影响，个体以范秀成、赵先德、庄贺均（2002）的研究为例，通过借鉴抱怨规划理论分析顾客价值取向对抱怨倾向的影响，结果表明对于不同价值取向的人，影响抱怨因素要依照具体情况而定。群体以陈可、张剑辉（2014）的研究为例，通过关键事件法发现顾客在群体中采取的抱怨行为有两种倾向：其一，顾客感受到群体压力易产生"搭便车心理"，从而弱化抱怨行为；其二，顾客受到群体情绪感染，展现出更强的能力和责任，从而强化抱怨行为。在研究主题上，以影响因素和服务补救为主，宋竞、郭贤达、邹绍明（2010）依据退出-抱怨-忠诚理论模型搭建理论框架，证实了前置因素在行为结果中的相对作用、相互关系及关系之间如何受到调节变量的影响。王伟（2009）论述了在了解顾客抱怨的原因后，旅游企业为了挽回顾客信任需要实施服务补救，即产品服务提供者对服务失误所采取的反应和行动。李业、曾忻（2002）调查发现顾客发生抱怨的主要原因是产品和服务的问题，并提出化解顾客抱怨的相关策略，如耐心倾听、诚恳交谈等。综上所述，大部分研究都集中在理论描述、抱怨因果关系及处理策略上，现有研究中几乎没有将顾客抱怨作为中介变量进行的研究。

3　研究方法

平遥古城位于山西省晋中市平遥县内，始建于西周宣王时期，是一座拥有 2800 多年历史的古县城。平遥古城于 1986 年被列入国家历史文化名城，1997 年同周边的双林寺、镇国寺一同被列入《世界遗产名录》，是中国仅有的以整座古城申报世界文化遗产成功的两座古城之一，被誉为"保存最完好的四大古城"之一，2015 年成为国家 5A 级旅游景点。平遥古城不仅拥有世界驰名的特色旅游产品，如平遥牛肉、平遥剪纸、推光漆器等，还大力发展文化创意产业，新型的文创产品如纸雕灯、平遥红彩妆、合吾情系列银饰及《又见平遥》特色情景剧等，吸引了更多的海内外游客驻足平遥。此外，2020 年平遥当地政府与中国联通沃动漫联手打造了《古城小镖师》动画片，讲述古城故事，演绎平遥文化，塑造生动的 IP 形象，积极弘扬山西优秀传统文化，将"山西"这张优质名片推向世界。

本文根据 SOR 理论构建概念模型，该模型在一定程度上可以有效分析游客作出旅游行为的内在机制，了解目的地属性在游客心中的重要性。学界相关学者在该领域进行了大量的理论研究，在此基础上，本文以环境、资源和服务质量三个目的地属性作为刺激变量，以旅游者的认知意象作为中间变量，以游客的旅游意向作为结果变量，考察游客在顾客抱怨因素的调节下形成的目的地意象，从而对个体最终的决策行为产生的影响。本文构建的理论模型如图 4-2 所示。

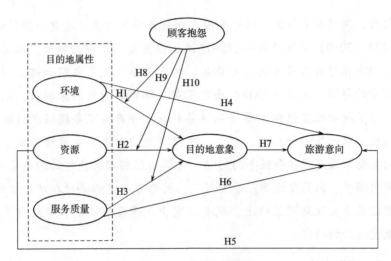

图 4-2　平遥古城模型

良好的旅游目的地意象是旅游目的地成功的关键，其对游客感知内容、行为意向及最终决策有重大影响。潜在游客对旅游目的地的信息了解甚少，因此目的地的属性便成为游客出游时进行目的地决策的重要指标。目的地的相关信息不仅影响游客对该目的地旅游意象的感知，同时也会影响游客对目的地的选择，从而对游客的旅游行为产生促进或抑制作用。李萌、陈钢华、胡宪洋（2022）在景观感知理论的基础上提出的游客感知的目的地浪漫属性的理论框架中包含资源与环境因素这一范畴；余意峰、刘美华、张春燕（2014）从目的地属性感知角度构建游客忠诚度模型，其中目的地吸引力和服务质量对忠诚度均产生正向影响。本文基于上述研究中关于文化遗产地的指标进行合理选取，提出以下假设：

H1：目的地环境正向影响游客对当地的认知形象；

H2：目的地资源正向影响游客对当地的认知形象；

H3：目的地服务质量正向影响游客对当地的认知形象。

旅游意向的产生有赖于旅游目的地信息的收集。研究证明，旅游者对目的地的认知评价可以有效预测旅游者的行为意向。白凯、陈楠、赵安周（2012）分析了韩国潜在旅游者对中国旅游目的地意象认知与行为意向的关系，结果表明目的地的意象认知与游客行为意向呈正相关，其中和平、愉悦特征对游客旅游意向呈显著的正向影响。黄元豪、赖启福、林菲菲（2018）研究游客感知目的地意象时，聚焦社交媒体对游客旅游意向的影响，发现社交媒体对目的地的认知意象具有显著影响。本文基于上述文献，提出以下假设：

H4：目的地环境正向影响游客对当地的旅游目的地意向；

H5：目的地资源正向影响游客对当地的旅游目的地意向；

H6：目的地服务质量正向影响游客对当地的旅游目的地意向；

H7：目的地认知意象正向影响游客对当地的旅游目的地意向。

旅游企业在服务失败的情境下，会引发游客的负面情绪，继而使游客作出抱怨的行为，如负面评价、投诉等，这对于有意向前往目的地的潜在游客来说，无疑会产生不利的"首因效应"。朱金悦、李振环、杨珊等（2021）分析了网络负面口碑下，游客目的地形象感知及风险感知对旅游意向的影响机制，研究发现网络负面口碑会直接负向影响游客的旅游意向，同时会通过目的地形象感知和旅游风险感知间接影响旅游意向，其中，形象感知相较于旅游风险感知而言发挥的中介作用更强；马轶男和常小艳（2019）在关于目的地品牌形象影响因素的研究中表明，游客抱怨对旅游目的地品牌形象具有显著的负向影响，并且在数值方面，游客抱怨对品牌形象的影响程度最大。本文基于以上文献，提出以下假设：

H8：顾客抱怨在环境和认知形象中产生调节；

H9：顾客抱怨在资源和认知形象中产生调节；

H10：顾客抱怨在服务质量和认知形象中产生调节。

量表是问卷设计的重要组成部分，本文在大量阅读相关文献的基础上，经过梳理总结了以下量表。该量表是由目的地意象的三个维度环境、资源和服务质量，以及旅游意向和顾客抱怨构成。具体测量题项见表 4-12。

表 4-12　平遥古城量表来源

变量	题项描述	题项来源
目的地环境	原真性保护	蔡溢、殷红梅、杨洋等（2018） 陶长江、程道品、王颖梅（2013）
	基础设施完备	
	当地居民热情好客	
	社会治安状况良好	
	整洁卫生的旅游环境	

续表

变量	题项描述	题项来源
目的地旅游资源	历史文化底蕴深厚、内涵丰富	李茜、王东红、李士娟（2013） 许峰、李帅帅（2018） 陶长江、程道品、王颖梅（2013） 杨杰（2008）
	平遥古城的文化节事活动丰富多彩	
	平遥古城的民俗彰显特色化、多元化	
	平遥古城的引人入胜的大型实景演出	
	平遥古城有很多历史古建筑和古迹	
目的地服务质量	住宿服务质量（卫生整洁程度、价格合理、舒适程度、服务态度）	李有绪、陈秋华（2015） 包珺玮、王晓峰、宋光飞等（2015） 付丽、姚毅（2023）
	餐饮服务质量（餐厅卫生条件、菜肴多样性、菜肴特色性、菜品质量、价位）	
	接待服务质量（导游服务、路标指示、游览秩序、游客中心设置合理性）	
	交通服务质量（景区可进入性、停车方便性、交通安全性、交通工具舒适度）	
	基础设施质量（景区环境维护、厕所数量及卫生、垃圾箱环保状况、环保人员数量）	
目的地意象	平遥古城可以提高游客对文化遗产的认知	黄元豪、赖启福、林菲菲（2018） 张宏梅、陆林、章锦河（2006）
	平遥古城具有较好的配套服务和旅游设施	
	平遥古城具有较好的人文景观和民俗文化	
	平遥古城的物价合理	
	平遥古城是休息和放松的好地方	
旅游意向	您是否认为平遥古城是一个值得出行的旅游目的地	黄元豪、赖启福、林菲菲（2018） 胡宪洋、白凯、汪丽（2013）
	将来选择平遥古城作为旅游目的地的可能性有多大	
	您主动收集平遥古城目的地信息的意愿有多大	
	推荐该目的地	
	优先选择	

续表

变量	题项描述	题项来源
游客抱怨	旅游投诉渠道通畅	陈炜（2016） 黄细嘉、席思伟、王佳（2018）
	补救措施及时	
	向旅游管理部门投诉的可能性	
	向景区投诉的可能性	
	游客对本景区作负面口碑宣传的可能性	

问卷内容包括人口统计学特征的题项，以及假设模型中目的地环境、资源、服务质量和目的地意象、旅游意向等题项。问卷对假设模型中各变量的测量均采用5分制李克特量表法，量表通过借鉴已有文献中的成熟量表，并结合平遥古城的实际情况进行适当修改，问题的回答设置5个等级，1代表非常不同意，5代表非常同意。其中，旅游意向通过4个问题进行测量。

调查问卷的内容主要分为三个部分：①社会人口特征，包括被访者的性别、年龄、学历、职业、月收入、来源地等。②目的地意象对旅游意向的影响机制，调查潜在游客对目的地各属性的感知评价及形成整体的目的地意象之后的旅游意愿。③游客抱怨的调节作用下对旅游意向的影响。问卷内容详见附录2。

此次问卷调查的对象是潜在游客，由于本文选取的案例地平遥古城是世界文化遗产地，受研究地点的现实情况限制，在案例地只能调查省内及当地游客意愿，范围较小，受众面狭窄。因此，要想了解潜在游客真正的需求和想法，确保数据的有效性，须采取线上随机抽样方式发放问卷，收回外省游客的意见。随着时间的推移和游客经验的变化，游客对于目的地意象的认知也随之发生改变，外省游客在了解到同类型目的地之后，会与案例地进行比较，其意见可以为当地的旅游发展提供有效建议。本次调查收回问卷525份，其中有效问卷共504份，有效率为96.0%。

4　数据分析与假设检验

本次调研采用在线问卷调研的方式，调研时间为2023年1—2月，共收集问卷525份，其中有效问卷504份。调研样本的统计结果显示，在性别方面，女性样本占比较大，为77.8%；男性样本则为22.2%。

从年龄方面看，青年比例较大，18 岁以下仅占 1.8%，18~30 岁占 77.8%，31~40 岁占 7.9%，41~50 岁占 3.2%，51~60 岁占 3.0%，60 岁以上占 6.3%。在学历方面，本科（69.6%，$n=351$）样本数最多，其次是大专（11.7%，$n=59$），接下来是高中、中专及以下（9.8%，$n=49$），硕士及以上学历（8.9%，$n=45$）的样本量最少。职业以学生样本比例最多，占 65.5%；其次是企业技术人员，占 13.5%；接下来是退休人员，占 6.7%；其他职业样本共占 14.3%。月收入在 1500 元以下的人数最多，占 37.5%；其次为 1500~3000 元收入群体，占 30.1%；占比最少为 15001~20000 元收入群体。从来源地方面来看，省外占比最多，为 52.0%；山西省其他地级市次之，占比为 30.6%；接下来是来自平遥县的人群，占比 10.7%。具体数据见表 4-13。

表 4-13　平遥古城人口统计学特征

指标	项目	频数/人	占比/%
性别	男	112	22.2
	女	392	77.8
年龄	18 岁以下	9	1.8
	18~30 岁	392	77.8
	31~40 岁	40	7.9
	41~50 岁	16	3.2
	51~60 岁	15	3.0
	60 岁以上	32	6.3
学历	高中、中专及以下	49	9.8
	大专	59	11.7
	本科	351	69.6
	硕士及以上学历	45	8.9
职业	学生	330	65.5
	公务员	21	4.2
	企业技术人员	68	13.5
	专业技术人员（教师、医生、作家等）	25	4.9

续表

指标	项目	频数/人	占比/%
职业	自由职业	26	5.2
	退休人员	34	6.7
月收入	1500 元以下	189	37.5
	1500~3000 元	152	30.1
	3001~5000 元	86	17.1
	5001~10000 元	59	11.7
	10001~15000 元	11	2.2
	15001~20000 元	1	0.2
	20000 元以上	6	1.2
来源地	平遥县	54	10.7
	晋中市其他地区	34	6.7
	山西省其他地级市	154	30.6
	省外	262	52.0

量表是对人们的感受和想法的量化。为了验证问卷数据是否可用，就要对问卷的可靠性和有效性（即信度和效度）进行检验。

信度的检验最常用的是克隆巴赫信度系数，该系数区间为 0~1，信度系数在 0.8 以上说明问卷的信度可靠，信度系数越高，表示问卷调查结果就越可信。本文采用 SPSS 23.0 软件对收集的 504 份问卷内部的一致性进行分析，得到总体量表的克隆巴赫系数为 0.960，表明问卷整体的信度可靠性较高。量表中的各个维度的克隆巴赫系数见表 4-14，均处于 0.8 以上，说明量表内部一致性较好。

效度的检验是为了考察题项的有效性，常见的统计学方法有两种，分别是探索性因子分析和验证性因子分析。本文采用前一种方法，利用 SPSS 23.0 软件对数据进行分析，表 4-14 的结果显示，目的地资源、目的地服务质量、目的地环境与游客抱怨的 KMO 值为 0.951，目的地意象的 KMO 值为 0.845，旅游意向的 KMO 值为 0.792，这三部分的 KMO 值均大于 0.600，同时三者的巴特利特球形度检验的显著性均为 0.000（$P<$0.05），表明问卷数据可以进行因子分析。本次数据采用最大方差旋转方法来进行分析，以便验证各因子与所测量题项的对应关系。从旋转后因

子载荷系数表格（表4-14）可以看出，各测量题项的共同度值均高于0.5，这表明测量题项和因子之间有较强的关联性，信息可以通过因子来有效提取，并且表明29个测量题项按最初假设的6个维度聚合得较好。因此，根据假设，抽取的6个公因子可以命名为目的地资源、目的地服务质量、游客抱怨、目的地环境、目的地意象、旅游意向。

表4-14 平遥古城各因子信效度分析

测量题项		成分				克隆巴赫系数
		1	2	3	4	
目的地环境	基础设施完备	0.762	0.193	0.115	0.195	0.860
	环境整洁卫生	0.722	0.199	0.189	0.221	
	治安状况良好	0.709	0.279	0.172	0.101	
	当地居民热情好客	0.707	0.200	0.166	0.260	
	注重原真性保护	0.673	0.201	0.104	0.373	
目的地服务质量	住宿服务质量	0.209	0.736	0.278	0.223	0.864
	接待服务质量	0.204	0.698	0.156	0.298	
	餐饮服务质量	0.360	0.633	0.224	0.193	
	交通服务质量	0.392	0.620	0.252	0.206	
	基础设施质量	0.306	0.587	0.246	0.330	
游客抱怨	负面口碑宣传	0.224	0.162	0.815	0.217	0.867
	向景区投诉	0.267	0.145	0.807	0.188	
	向旅游管理部门投诉的可能性	0.072	0.255	0.695	0.283	
	旅游投诉渠道通畅	0.057	0.464	0.574	0.231	
	补救措施及时	0.215	0.454	0.573	0.185	
目的地资源	实景演出多样	0.229	0.247	0.314	0.705	0.860
	节事活动丰富	0.220	0.280	0.225	0.675	
	古建遗迹丰富	0.249	0.368	0.243	0.643	
	文化底蕴深厚	0.369	0.230	0.249	0.636	
	民俗特色深厚	0.439	0.173	0.214	0.568	

KMO=0.951，巴特利特球形度=5850.434，df=190，P=0.000

续表

测量题项		成分				克隆巴赫系数
		1	2	3	4	
目的地意象	适宜休闲放松		0.844			0.838
	易于提高游客认知		0.814			
	自然人文景观丰富		0.814			
	相关配套设施完备		0.770			
	景区物价合理		0.673			
KMO=0.845，巴特利特球形度=980.662，df=10，P=0.000						
旅游意向	推荐意向		0.860			0.825
	选择意愿		0.823			
	出行意向		0.782			
	信息收集意向		0.778			
KMO=0.792，巴特利特球形度=727.934，df=6，P=0.000						

根据表 4-15 可以看出，目的地环境与目的地资源（$r=0.698$）、目的地服务（$r=0.738$）、目的地意象（$r=0.753$）、旅游意向（$r=0.685$）、游客抱怨（$r=0.678$）有较强的相关关系；目的地资源与目的地服务（$r=0.672$）、目的地意象（$r=0.746$）、旅游意向（$r=0.619$）、游客抱怨（$r=0.528$）有较强的相关关系；目的地服务与目的地意象（$r=0.746$）、旅游意向（$r=0.693$）、游客抱怨（$r=0.690$）有较强的相关关系；目的地意象与旅游意向（$r=0.760$）、游客抱怨（$r=0.678$）有较强的相关关系；旅游意向与游客抱怨（$r=0.672$）有较强的相关关系，并且它们的显著性水平均为 0.01，因此说明六个变量之间都有较强的相关关系，为进一步的假设检验提供统计学依据。

表 4-15　平遥古城相关性分析

	目的地环境	目的地资源	目的地服务	目的地意象	旅游意向	游客抱怨
目的地环境	1					
目的地资源	0.698**	1				
目的地服务	0.738**	0.672**	1			

	目的地环境	目的地资源	目的地服务	目的地意象	旅游意向	游客抱怨
目的地意象	0.753**	0.746**	0.746**	1		
旅游意向	0.685**	0.619**	0.693**	0.760**	1	
游客抱怨	0.678**	0.528**	0.690**	0.678**	0.672**	1

**表示在 0.01 级别（双尾）相关性显著。

潜在游客对文化遗产地评价因子的回归分析能够揭示出目的地属性的 20 个评价因子对目的地意象及旅游意向的影响程度，依据问卷调查收集到的数据，利用 SPSS 23.0 软件进行多元回归分析，构建回归模型。

由表 4-16 可以得出，将目的地属性（环境、资源、服务质量）作为自变量，将目的地意象作为因变量进行线性回归分析，$R^2 = 0.699$，说明目的地环境、目的地资源、目的地服务可以解释目的地意象的 69.9% 的变化原因。$F = 386.245$，$P = 0.000$，说明目的地环境、目的地资源、目的地服务中至少一项会对目的地意象产生影响。目的地环境、目的地资源、目的地服务的显著性均为 0.000（$P < 0.05$），与目的地意象呈显著正向相关关系。回归方程式为：目的地意象 = 0.351 + 0.296（目的地环境）+ 0.340（目的地资源）+ 0.288（目的地服务）。其中，目的地资源的系数最大，最能影响游客对目的地意象认知。因此，证明假设 H1、H2、H3 成立。

表 4-16 平遥古城回归分析表 1

项目		未标准化系数		标准化系数	t	显著性	共线性统计	
		B	标准误差	β			容差	VIF
（常量）		0.351	0.111		3.164	0.002		
自变量	目的地环境	0.296	0.040	0.296	7.446	0.000	0.380	2.629
	目的地资源	0.340	0.037	0.337	9.279	0.000	0.458	2.181
	目的地服务	0.288	0.037	0.301	7.812	0.000	0.407	2.457
因变量：目的地意象，$R^2 = 0.699$，adj$R^2 = 0.697$，$F = 386.245$，df = 3，$P = 0.000$								

由表 4-17 可知，将目的地属性（环境、资源、服务质量）作为自变量，而将旅游意向作为因变量进行线性回归分析，得出 $R^2 = 0.559$，

说明目的地环境、目的地资源、目的地服务可以解释旅游意向的 55.9% 的变化原因。$F=211.426$，$P=0.000$，说明目的地环境、目的地资源、目的地服务中至少一项会对旅游意向产生影响。目的地环境、目的地资源、目的地服务的显著性均为 0.000（$P<0.05$），与旅游意向呈显著正向相关关系。回归方程式为：旅游意向 = 0.478 + 0.330（目的地环境）+ 0.182（目的地资源）+ 0.368（目的地服务）。其中，目的地服务的系数最高，最能影响游客前往目的地的旅游意向。因此，证明假设 H4、H5、H6 成立。

表 4-17　平遥古城回归分析表 2

项目		未标准化系数		标准化系数	t	显著性	共线性统计	
		B	标准误差	β			容差	VIF
（常量）		0.478	0.145		3.298	0.001		
自变量	目的地环境	0.330	0.052	0.306	6.353	0.000	0.380	2.629
	目的地资源	0.182	0.048	0.167	3.797	0.000	0.458	2.181
	目的地服务	0.368	0.048	0.356	7.641	0.000	0.407	2.457
因变量：旅游意向，$R^2=0.559$，adj$R^2=0.557$，$F=211.426$，df=3，$P=0.000$								

根据表 4-18 可知，将目的地意象作为自变量，而将旅游意向作为因变量进行线性回归分析，得出 $R^2=0.577$，说明目的地意象可以解释旅游意向的 57.7% 的变化原因。$F=685.851$，$P=0.000$，说明目的地意象与旅游意向呈正向相关关系。目的地意象的显著性为 0.000（$P<0.05$），对旅游意向有显著的正向影响。回归方程式为：旅游意向 = 0.648 + 0.821（目的地意象）。因此，证明假设 H7 成立。

表 4-18　平遥古城回归分析表 3

项目	未标准化系数		标准化系数	t	显著性	共线性统计	
	B	标准误差	β			容差	VIF
（常量）	0.648	0.129		5.034	0.000		
自变量：目的地意象	0.821	0.031	0.760	26.189	0.000	1.000	1.000
因变量：旅游意向，$R^2=0.577$，adj$R^2=0.577$，$F=685.851$，df=1，$P=0.000$							

5 调节效应

由表4-19可知,在游客抱怨调节作用下,可以发现目的地环境与游客抱怨的交互作用对游客的目的地意象影响不显著(P>0.05),目的地资源与游客抱怨的交互作用显著影响游客的目的地意象(B=-0.245,t=-5.476,P<0.05),目的地服务质量与游客抱怨的交互作用同样显著影响游客的认知意象(B=0.123,t=3.072,P<0.05);其中,游客抱怨对目的地资源起缓冲调节作用,而对目的地服务质量起正向调节作用。因此,假设H9、H10得到验证,而假设H8不成立。

表4-19 平遥古城的调节作用分析

模型		未标准化系数		标准化系数	t	显著性	共线性统计	
		B	标准误差	β			容差	VIF
1	(常量)	0.351	0.111		3.164	0.002		
	环境 AVE	0.296	0.040	0.296	7.446	0.000	0.380	2.629
	资源 AVE	0.340	0.037	0.337	9.279	0.000	0.458	2.181
	服务 AVE	0.288	0.037	0.301	7.812	0.000	0.407	2.457
	因变量:意象 AVE,R^2=0.699,adjR^2=0.697,F=386.245,df=3,P=0.000							
2	(常量)	0.248	0.109		2.271	0.024		
	环境 AVE	0.220	0.041	0.220	5.394	0.000	0.340	2.943
	资源 AVE	0.345	0.036	0.341	9.697	0.000	0.458	2.183
	服务 AVE	0.206	0.038	0.216	5.366	0.000	0.351	2.849
	抱怨 AVE	0.183	0.032	0.200	5.699	0.000	0.461	2.169
	因变量:意象 AVE,R^2=0.717,adjR^2=0.715,F=32.477,df=1,P=0.000							
3	(常量)	-0.812	0.294		-2.765	0.006		
	环境 AVE	0.054	0.108	0.054	0.500	0.617	0.045	22.100
	资源 AVE	1.179	0.157	1.168	7.517	0.000	0.022	45.133
	服务 AVE	-0.249	0.144	-0.260	-1.725	0.085	0.024	42.451
	抱怨 AVE	0.514	0.090	0.560	5.712	0.000	0.056	17.959
	环境和抱怨	0.054	0.031	0.381	1.726	0.085	0.011	91.150
	资源和抱怨	-0.245	0.045	-1.706	-5.476	0.000	0.006	181.447
	服务和抱怨	0.123	0.040	0.900	3.072	0.002	0.006	160.692
	因变量:意象 AVE,R^2=0.735,adjR^2=0.731,F=11.148,df=3,P=0.000							

注:AVE表示平均值,以下同。

4.4　文化遗产案例 3：云冈石窟

资源型地区旅游企业的主动式关系修复策略是促进云冈石窟的可持续发展和提升竞争力的关键因素之一。如今，旅游市场竞争激烈，为了使云冈石窟在全球范围内脱颖而出，必须与资源型地区及相关企业建立紧密良好的合作关系。本案例将云冈石窟作为研究对象，以鲜卑文化为切入点，从游客感知角度出发，着重从旅游资源、旅游环境和服务质量三个层面展开调研，将情感依恋作为调节变量，深入探究旅游者对云冈石窟的旅游意愿，并在研究过程中着眼于旅游策略和资源型地区旅游企业的主动式关系修复，探讨如何通过这些策略和修复来增强云冈石窟的竞争力和可持续发展。本案例通过深入调研和分析，提出相应的修复策略，旨在促进云冈石窟与资源型地区旅游企业之间的合作共赢，并进一步提升游客体验、服务质量和地区知名度。

案例正文

　　摘要： 在全球化背景下，为推动地方经济发展和增进地域特色的文化交流，各地区通过大力开展地域特色文化旅游活动，不仅成功发扬了地域特色文化，吸引了国内外大量游客前来观光游览，还提升了当地的知名度、美誉度。作为中国独具特色的文化遗产代表之一，云冈石窟拥有极高的艺术价值、文化价值和历史价值。其中，鲜卑文化是云冈石窟的主要特色和核心竞争力，为其发展注入了独特的魅力和文化底蕴。因此，如何将鲜卑文化融入云冈石窟的发展，并转化为极具吸引力的旅游产品，是云冈石窟景区目前所面临的关键挑战。本文选取云冈石窟作为研究对象，以鲜卑文化为切入点，从游客感知角度出发，着重从旅游资源、旅游环境和服务质量三个层面展开调研，将情感依恋作为调节变量，深入探究旅游者对云冈石窟的旅游意愿，为云冈石窟的文化传承和"云冈石窟+特色文化"旅游发展提供借鉴和启示。研究结果表明，旅游资源、旅游环境和服务质量均对目的地形象产生正向影响，其中服务质量的影响最为显著，对目的地形象的构建至关重要。此外，目的地形象也在旅游者出游意愿方面发挥作用，情感依恋对旅游资源和目的地形象的感知具有调节作用，即情感依恋正向影响旅游者对旅游资源的感知，进而对目的地形象产生积极影响。

关键词：地域文化；目的地形象；旅游意愿；云冈石窟；鲜卑文化

1 引言

随着新时代下旅游业的蓬勃发展，旅游者不再拘泥于传统的观光游览，而是更加期望在旅途中获得更深刻、独特和丰富的文化体验。在此需求推动下，各地旅游业开始更加重视融入本地特色的地域文化，以满足游客多元化的旅游需求，为其提供更为丰富多彩的旅游体验。

中国作为一个拥有五千年历史文明的国度，各个疆域版图上都散发着独特的文化气息，拥有独特的文化魅力。山西大同大学寇福明（2021）教授曾在《山西日报》中指出，云冈石窟具有悠久的历史文化和鲜明的民族特色，是北方地区民族大融合背景下文化遗产的重要代表。作为佛教石窟艺术第二次繁荣期的经典之作，云冈石窟融合了各民族独有的元素，画面栩栩如生，多角度阐释着中国魏晋南北朝石窟艺术风格，还将长江以北中原地区宗教信仰发展变化表现到了极致。云冈石窟的石窟龛形建筑中，可以清晰地看到鲜卑族和汉族之间民族往来交流融合的痕迹，而各种风格迥异的造像则反映了民族融合过程中文化、礼仪和习惯等差异的结果。因此，鲜卑文化作为民族大融合的产物，既是云冈石窟历史发展过程中形成的重要精神财富，也是中国各族人民共同创造和发展起来的重要物质财富，在地方旅游发展中占据着重要的地位。

在此背景下，本文以云冈石窟及鲜卑文化为着眼点，从游客感知角度出发，深度关注云冈石窟鲜卑文化的文化遗产价值，挖掘云冈石窟鲜卑文化的特色，探索特色民族文化资源转化为具有吸引力的旅游产品的有效途径，为民族文化旅游产品开发提供新的策略，进一步拓展民族文化旅游产品相关理论研究。同时，本文也期待促进地方民族地区经济、旅游业的发展，满足旅游者对文化体验的多元化需求，扩大中华文化的国际影响力，提升国民的文化自信，达到保护和传承中国优秀文化的目的，并对文化多样性保护、可持续发展和生态旅游等方面提供一定的现实意义和启示。

2 文献综述

关于民族文化旅游的研究，国外学者的研究起步较早，并且与人类学的联系较为密切，目前已有比较成熟的研究体系。国外研究领域，学者们更多地将民族文化旅游作为"文化旅游"来看待，最早见于美国学者麦金托什等（1985）共同编著的《旅游学——要素·实践·基本原理》一书中，他们将文化旅游概括为游客可以从中学到别人的历史和文化，以及他们的当代生活和思想。通过对相关文献进行回顾，发现目前关于"民族文化旅游"尚无权威和统一界定。国内研究领域，吴必虎和余青（2000）提出有关的两个术语群，分别为"民族文化旅游"和"民俗旅游"。金毅（2004）提出了一系列以少数民族文化为载体的旅游活动，这些旅游活动被称为民族文化旅游，旨在弘扬和传承少数民族文化。根据罗宇（2013）的观点，民族文化旅游业是以少数民族地区的文化旅游资源为基础，通过推动住宿、餐饮、娱乐和交通等行业的配套发展，形成了一个以民族文化和民族历史为主题的文化产业集群。孙丽坤（2011）在《民族地区文化旅游产业可持续发展：理论与案例》中，紧紧围绕少数民族地区文化旅游的可持续发展这一主题，以民族文化旅游资源的开发为主线，对文化旅游产业进行了深入分析。宋章海（2000）提出了一种建立旅游地形象的方法，该方法基于旅游者的心理感知，并通过建立理论模型进行了验证，证明了其可行性。近年来，随着我国旅游业的迅速发展，许多旅游目的地都在不断进行着品牌化经营。旅游地品牌的涌现不仅限于其本身，而且延伸到了品牌价值、品牌识别等多个层面，形成了一个多元化的品牌生态系统。在此背景下，旅游者对旅游目的地产生吸引力，更会因为品牌化而产生情感依恋。在少数民族地区旅游发展中，马晟坤和汪威（2007）提出了建立品牌形象的现实意义，这将有助于推动该地区旅游业的发展。综上所述，本文以云冈石窟为研究对象，以民族文化为出发点，选取"感知体验""目的地形象""旅游意愿""情感依恋"四个维度来探索旅游者对云冈石窟的形象感知，分析旅游者对云冈石窟的旅游意愿。

关于游客服务质量的感知研究，对于进一步研究游客行为及旅游市场营销具有重要意义。国外研究领域，主要采用 SERVQUAL 量表对游客服务质量的感知进行测度研究；国内研究领域，学者们普遍认为游客感知体验的影响因素主要包括六项旅游要素（吃、住、行、游、购、娱）和整体旅游环境。王钦安和孙根年（2016）的研究表明传统景区的游客感知包括设施、服务和资源三个维度。目前，我国针对民族文化旅游景区的研究主要侧重于具体案例景区，例如，张文杰（2015）通过对百色起义纪念公园的研究得出景区主题、硬件呈现、辅助设施、服务人员、景区环境和景区区位六个影响景区旅游者服务质量感知的主要因素。同时，针对灵渠风景区，学者杨姗姗（2016）从旅游资源、旅游设施、旅游服务和旅游环境四个维度构建了游客感知量表。综合上述学者对维度的建构，景区设施与配套服务两大维度对于衡量大多数类型景区旅游者感知体验是适合的，同样适合于衡量民族文化旅游景区旅游者感知体验。民族文化旅游既是一种经济活动，也是一种社会文化活动。在该旅游类型中，游客希望旅游地拥有良好的生态环境、优美的自然风景及丰富的民族风情，期望在游览的过程中更好地了解和体验当地文化。因此，基于对民族文化旅游特性及游客服务质量的感知的文献回顾，本文认为，对于民族文化旅游地而言，人文资源和自然资源同样会对旅游者的服务质量感知产生影响，并将民族文化旅游地旅游者的感知体验分为三个主要维度进行研究，即旅游资源、环境和服务质量。

关于旅游目的地形象的研究，已成为当今旅游领域研究的热门话题。学者汉特（Hunt, 1975）最早对"旅游目的地形象"下定义，即人们对于非居住地所产生的印象。目前，国内外有关目的地形象的研究多从影响因素、目的地形象维度、目的地形象测量和目的地形象管理等方面展开。然而，对于目的地形象的构成，学者们尚未形成一致的定论，部分学者认为旅游目的地形象反映出游客对某一旅游目的地的整体感知和评价，是认知形象、情感形象、整体形象反复融合的过程。学者张宏梅、陆林（2010）提出旅游目的地形象感知是游客在体验旅游目的地的旅游景点、社会文化环境、设施和服务质量后形成的综合形象。学者钟等（Chung et al., 2015）通过实证研究发现旅游地形象可以对游客的态度和行为倾向产生一定的作用。因此，本文认为旅游目的地形象是指人们对非居住地的印象，是旅游者对旅游质量的感知、价值和满意度的综合反映，将"旅游资源""旅游环境"和"服务质量"作为衡量旅游目的地形象的三项指标。

关于旅游意愿的研究，是学界的热点话题，其研究成果较为成熟，旅游意愿被定义为人们进行或参与某种旅游活动的意愿。在旅游领域内，学者们主要对旅游意愿的概念、构成、影响因素等方面进行了相关研究。其中，在旅游意愿构成上，学界通常认为，旅游意愿包括基础旅游意愿、目的地旅游意愿和替代性旅游意愿等。在旅游意愿影响因素上，早期大量研究揭示了旅游者旅游意愿的形成受各种因素的影响。司莉娜（2016）通过研究旅游形象和游客行为意愿影响关系，实证分析出旅游形象、满意度及行为意愿三者的关系。龚大鑫、杜小燕（2019）以甘肃省会宁县乡村旅游为例，从个人、信息、环境、服务、景点五方面分析了对旅游意愿的影响。因此，本文认为旅游者产生旅游意向受多方因素影响，并选取旅游资源、旅游环境、服务质量及目的地形象等维度对旅游意向的影响因素展开进一步研究。

关于情感依恋的研究，最早可追溯至 20 世纪 60 年代末。通过梳理文献发现，对于情感依恋涉及领域的研究可划分为两个方面，一方面是探究情感依恋的生成机制，另一方面是深入研究情感依恋的作用机制。心理学依恋理论深入研究揭示了个体依恋的本质。这一理论认为，个体倾向于将情感依恋与自身有关的事物建立联系，并对其寄予厚望以支持自我意识的发展。在管理学领域中，消费者依恋是指消费者与特定对象之间所形成的一种心理纽带和行为反应，这种依恋关系蕴含着认知和情感特征。消费者依恋可以在多个层面发生，并涉及消费者与企业、产品与品牌等消费对象之间的关系。综上所述，情感依恋可以理解为一种精神归属和情感寄托的过程，涉及个体在情感上与他人或整体融合的感受和经历。情感依恋是人生来就带有那种基于生物根源的情感纽带，可以被一些历史、文化和国家符号唤醒，这样一种本能的反应可能会持续一个人的一生。历史记忆、民族文化、国家建构共同构建了中华民族共同体意识的基本框架。中华民族共同体意识是民族团结的基石，也是民族团结的保障。在中华民族的背景下，共同体意识意味着中华民族成员之间的情感依恋和归属感。情感依恋在旅游领域的作用也是至关重要的，旅游地可以通过传承、展示和推广民族文化激发旅游者对目的地的情感依恋和认同感，当旅游者对蕴含民族文化的旅游目的地产生情感依恋时，选择访问此目的地的可能性增加，从而可以带动当地经济的发展。因此，本文将情感依恋作为调节变量，并充分利用当地民族文化和历史记忆等因素，为旅游目的地的发展提供有效的策略，在促进当地经济发展的同时，吸引更多的旅游者和潜在游客。

3　模型构建与研究假设

根据旅游行为理论可知，旅游行为是指旅游者在旅游目的地的旅游活动。旅游行为由两部分构成：一是旅游者作出旅游决策的过程；二是旅游者作出旅游决策之前的心理与行为倾向。因此，通过合理有效的措施提升目的地的服务质量与形象感知，能够促进游客作出旅游决策。综上所述，本文基于旅游行为理论，结合相关学者研究及文献回顾，将旅游资源、旅游环境、服务质量作为刺激变量，以目的地形象作为中间变量，以旅游意愿作为结果变量，考察游客在情感依恋因素的调节下形成的目的地意象，从而对旅游者旅游意愿产生影响，构建出感知体验与目的地形象、旅游意愿的模型（图4-3）。

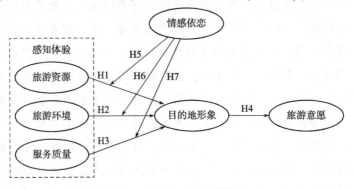

图4-3　云冈石窟研究模型

　　旅游资源、旅游环境和服务质量是塑造旅游目的地形象的关键要素，它们直接影响游客对目的地的感知和评价，一个旅游目的地的形象在吸引游客选择和访问该地方时起着至关重要的作用。其中，旅游资源是旅游目的地形象构成的核心要素，是旅游活动的依托和凭借；旅游环境是目的地形象塑造过程中的重要环节，优美、清洁、安全、便捷的旅游环境会给游客留下深刻的印象；服务质量是决定游客满意度的关键，旅游目的地提供优质服务不仅能够赢得游客的好评和口碑，同时也使游客留下美好的印象，提高重游率与推荐意愿。三者共同作用，促进旅游地的可持续发展。学者李晶博、钟永德、王怀採（2008）以游客满意度为中心，认为游客满意度就是游客对于景区内提供的景观、设施、环境及服务能满足游客旅游需求而进行的全面性评价，重点研究游客旅游动机、期望差异及体验感知对游客满意度产生的影响。学者刘福承、刘爱利、刘敏（2017）认为，游客满意度是由诸多因素共同决定的，游客期望、旅游动机、旅游地形象、感知价值、感知质量和价格是其主要的影响因素。本文基于上述文献，提出以下假设：

　　H1：旅游资源对目的地形象有显著的正向影响；

　　H2：旅游环境对目的地形象有显著的正向影响；

　　H3：服务质量对目的地形象有显著的正向影响。

　　在激烈竞争的旅游市场中，目的地形象塑造和提升是一种行之有效的策略。塑造和提升目的地形象有助于增加目的地对游客的吸引力，进而对旅游决策产生积极的影响。相关学者认为，目的地形象对于旅游者的目的地选择、服务质量感知、旅游满意度、回访意愿和推荐意愿等方面都会产生积极的影响。吕丽、王娟、贾垚焱等（2020）以武当山风景区为例，对宗教名山型旅游地形象感知和游客的行为意愿进行了研究，结果表明，旅游地形象感知和游客的行为意愿之间存在着显著的正相关关系。因此，本文认为，游客对目的地形象的感知程度是景区客源稳定的重要因素，直接影响游客对景区的选择、消费、重游和推荐，对景区的管理和可持续发展具有重要意义。本文基于上述文献，提出以下假设：

　　H4：目的地形象对旅游意愿有显著的正向影响。

情感依恋是指当游客与景区建立起情感共鸣并形成关联时，他们更容易对该目的地形成情感依恋。由于云冈石窟景区特殊的民族文化背景，本文在研究过程中不仅要展现云冈石窟的特色优势，更要挖掘其背后的鲜卑文化内涵，因此，需要"情感依恋"作为调节变量，根据个体差异，探究其形成的差异性感知，进一步研究不同旅游者产生旅游意愿的原因。本文基于上述内容，提出以下假设：

H5：情感依恋在旅游者感知旅游资源的情况下对目的地形象起正向调节作用；

H6：情感依恋在旅游者感知旅游环境的情况下对目的地形象起正向调节作用；

H7：情感依恋在旅游者感知服务质量的情况下对目的地形象起正向调节作用。

4　问卷设计与数据收集

为了提高测量的信度与效度，本研究参考国内外成熟的量表，设计出涉及旅游资源、旅游环境、服务质量、目的地形象、旅游意愿及情感依恋六个部分的综合量表，用于评估旅游体验中各个变量。

本文设计问卷部分是在参考国内外较为成熟量表的基础上，结合云冈石窟地区特色民族文化底蕴，对量表相关问题准确地加以修改，以确保其与研究目标相匹配并准确反映云冈石窟地区特色民族文化底蕴。最终确定调查问卷所包含的28个题项，采用5分制李克特量表法，1表示"非常不满意"，5表示"非常满意"。具体的测量指标题项的参考来源见表4-20。

表4-20　云冈石窟测量量表

变量	题项描述	题项来源
旅游资源	1. 云冈石窟的彩塑壁画精美、雕刻技艺高超	李茜、王东红、李士娟、(2013) 唐剑、贾秀兰 (2011) 高楠、王馨、马耀峰等 (2016)
	2. 云冈石窟佛教文化浓厚，"仿佛游走在佛国世界"	
	3. 北魏鲜卑民族风情文化多元化	
	4. 云冈石窟历史文化底蕴深厚、内涵丰富	

变量	题项描述	题项来源
旅游环境	1. 气候条件（干旱多风、温差大）是否适应	张高军、李君轶、张柳（2011）
	2. 生态环境是否脆弱、资源相对贫乏	
	3. 卫生面貌是否良好、有无乱丢弃垃圾	
	4. 交通是否便利、是否安全有秩序	
	5. 治安状况是否良好，有无财产、人身安全问题	
服务质量	1. 住宿服务质量（卫生整洁程度、室内装修状况、舒适程度）	李有绪、陈秋华（2015）
	2. 餐饮服务质量（餐厅卫生条件、菜肴多样性、菜肴特色性）	
	3. 接待服务质量（导游服务、路标指示、游览秩序）	
	4. 基础设施质量（景区环境维护、厕所数量及卫生、垃圾箱环保状况、环保人员数量）	
目的地形象	1. 来云冈石窟可以提高游客对历史文化遗产的认知，感受强烈的民族交融	高楠、王馨、马耀峰等（2016） 黄元豪、赖启福、林菲菲（2018） 张宏梅、陆林、章锦河（2006） 艾特纳等（Echtner et al.，1993）
	2. 具有丰富的自然景观、人文景观	
	3. 云冈石窟的配套服务和旅游设施较好	
	4. 云冈石窟美食特色鲜明、融合度高	
	5. 云冈石窟的物价合理	
	6. 来云冈石窟感受浓郁的异域风情	
旅游意愿	1. 重游云冈石窟的可能性	胡宪洋、白凯、汪丽（2013） 李中建、张建忠、罗芳（2014） 秦俊丽（2022） 刘力（2013） 刘卫梅、林德荣（2018a）
	2. 我会推荐他人来云冈石窟	
	3. 我会优先选择云冈石窟作为旅游目的地	
	4. 我会进一步了解云冈石窟的旅游信息	

续表

变量	题项描述	题项来源
情感依恋	1. 对我而言，来这里旅游的意义重大	周玮、黄震方、曹芳东（2013） 李中建、张建忠、罗芳（2014） 李志飞、聂心怡（2018） 钱树伟、苏勤、郑焕友（2010） 威廉姆斯等（Williams et al.，1992）
	2. 云冈石窟的石窟造像十分独特，让我流连忘返	
	3. 云冈石窟里的服务充满人性化，让我感到很舒适	
	4. 在云冈石窟游玩很幸福、很享受	
	5. 云冈石窟文化遗产保存完整性让我十分认同	

本研究针对云冈石窟的游客进行调查，采用线上线下相结合的形式发放问卷，于2023年3月29日—4月13日通过社交网络平台发布问卷。本研究将问卷发布于微信、QQ、抖音等各大热门社交平台，使用红包和小礼品作为奖励，以增加参与者的积极性和回应率。笔者于2023年4月10日前往大同云冈石窟，对游客进行线下随机调查。最终共计收回309份调查问卷，剔除填写不完整、打分高度一致、填写时间少于30秒的问卷后，剩余有效问卷288份。本次问卷调查有效率为93.2%，表明成功地吸引了参与者的注意和积极参与，收回问卷数据有较大研究价值。问卷内容详见附录3。

5 数据分析与检验

本研究运用SPSS 23.0软件对调查问卷数据进行处理与分析。

由表4-21可知，涉及性别方面的数据显示男女比例适中，具体而言，男性占总样本数的43.8%，女性占总样本数的56.2%。本次调查涉及的18~24岁年龄阶段的旅游者数量较多，占样本总数的58.7%，25~35岁的旅游者占样本总数的25.7%。游客学历分布以本科为主，占整体样本的72.6%；其次是大专学历，占比为11.5%。本次调查涉及的职业方面的数据显示，研究对象中大多数是学生，占总体样本的48.6%；其次是办公职员，占21.2%；自由职业者占8.7%；工人占6.3%。在月均收入方面，研究对象中收入为2000元及以下的人群占比最高，达到 41.7%；其次是 4001~6000 元的人群，占比为 21.2%；2001~4000 元的人群占比 11.1%；6001~8000 元的人群占比 16.0%。由样本月均收入分布可以发现，大多数被调查游客属于中等收入群体。从到访云冈石窟的次数可知，约 58.0% 的游客是第一次来云冈石窟，而 42.0% 的游客是多次重游。这表明云冈石窟具有一定的吸引力和重游价值，以及问卷调查具有有效性。这些数据可以为进一步研究云冈石窟的游客行为和满意度提供有用的线索，以及据此提出改进和优化旅游体验的建议。

表 4-21　云冈石窟样本人口统计特征

指标	项目	频数/人	占比/%
性别	男	126	43.8
	女	162	56.2
年龄	18 岁以下	5	1.7
	18~24 岁	169	58.7
	25~35 岁	74	25.7
	36~45 岁	28	9.7
	46~60 岁	11	3.8
	60 岁以上	1	0.4
学历	研究生及以上	24	8.3
	本科	209	72.6
	大专	33	11.5
	高中	15	5.2
	初中及以下	7	2.4
职业	在校学生	140	48.6
	工人	18	6.3
	办公职员	61	21.2
	自由职业者	25	8.7
	事业单位人员	13	4.5
	公务员	7	2.4
	专职技术人员	8	2.8

续表

指标	项目	频数/人	占比/%
职业	农民	6	2.1
	其他	10	3.4
月收入	2000元及以下	120	41.7
	2001~4000元	32	11.1
	4001~6000元	61	21.2
	6001~8000元	46	16.0
	8001~10000元	21	7.3
	10000元以上	8	2.7
到访次数	第一次	167	58.0
	第二次	85	29.5
	第三次	26	9.0
	第四次及以上	10	3.5
出游方式	亲朋好友结伴	155	53.8
	旅行社团体	58	20.1
	单位出游	51	17.7
	其他	24	8.4

本研究运用 SPSS 23.0 对总量表的测量题项进行信度与效度分析。

关于信度：一般认为克隆巴赫系数在 0.7 或以上为可接受的内部一致性水平。克隆巴赫系数越大，表明测量题项中各个结构间的内部一致性程度越高，所测量表的可信度与稳定性也就越高。由表 4-22 可知，表中大部分因子所代表的子量表的克隆巴赫系数在 0.7 以上，仅有一个接近 0.7，这表明总量表内部的一致性和信度良好。

关于效度：利用 SPSS 对每个测量变量进行探索性因子分析。根据分析结果可知，KMO 的值分别为 0.781、0.779、0.726、0.825、0.758，全部大于 0.600，Sig.=0.000<0.05，这表明每个变量之间具有一定的相关性，适合作因子分析。其中，目的地形象中的"物价合理"因子载荷量较低，因此被剔除。最终结果见表 4-22。

表 4-22　云冈石窟各维度的因子和信度分析

	测量题项	成分	克隆巴赫系数
旅游资源	历史文化底蕴深厚、有内涵	0.791	0.795
	佛教文化浓厚	0.787	
	彩塑壁画及雕刻技艺	0.786	
	鲜卑民族风情文化多元	0.785	
KMO=0.781，巴特利特球形度=328.811，df=6，P=0.000			
旅游环境	卫生面貌	0.718	0.721
	气候条件	0.700	
	生态环境	0.687	
	治安状况	0.685	
	交通状况	0.645	
KMO=0.779，巴特利特球形度=239.446，df=10，P=0.000			
服务质量	基础设施质量	0.764	0.685
	接待服务质量	0.732	
	住宿服务质量	0.732	
	餐饮服务质量	0.638	
KMO=0.726，巴特利特球形度=175.588，df=6，P=0.000			
目的地形象	历史文化深厚、民族化	0.728	0.704
	配套服务和旅游设施较好	0.713	
	浓郁的异域风情	0.701	
	丰富的自然景观、人文景观	0.689	
	美食特色鲜明、融合度高	0.661	
KMO=0.825，巴特利特球形度=328.113，df=15，P=0.000			
旅游意愿	进一步了解云冈石窟的信息	0.808	0.761
	旅游优先选择云冈石窟	0.765	
	重游云冈石窟的可能性	0.746	
	推荐他人来云冈石窟	0.731	
KMO=0.758，巴特利特球形度=269.898，df=6，P=0.000			

情感依恋作为调节变量单独做了因子分析，见表4-23，KMO值为0.776，显著性水平小于0.05，符合因子分析标准，且因子载荷值都在0.5以上，满足条件。

表4-23　云冈石窟情感依恋因子分析

测量题项		成分	克隆巴赫系数
情感依恋	在这游玩很幸福、很享受	0.765	0.733
	认同石窟文化遗产保存完整	0.720	
	来这旅游意义重大	0.718	
	服务充满人性化，感到舒适	0.649	
	石窟造像让人流连忘返	0.625	
KMO=0.776, 巴特利特球形度=272.871, df=10, P=0.000			

在进行线性回归分析前，首先需要对各个变量之间的相关性进行检测。这有助于了解变量之间的线性关系强度，并判断它们是否存在相关性，以及是正相关还是负相关。系数范围从-1到1，若相关系数为正，则表示为正相关；若相关系数为负，则表示为负相关；若变量的系数为零，那么它们之间并不存在明显的线性相关性。当相关系数 r 在0.8~1的绝对值范围内是高度相关，在0.5~0.8的绝对值范围内为中度相关，0.3~0.5是低度相关，低于0.3是不相关的；若显著性低于0.05，则可推断两者之间存在显著的相关性。分析结果见表4-24。

由表4-24可知，在0.000的显著性水平下，旅游资源、旅游环境、服务质量、目的地形象、旅游意愿和情感依恋呈正相关关系，而且各个变量之间的相关性系数均小于0.8，没有多重共线性的可能，问卷量表的一致性较高。

表4-24　云冈石窟相关性分析

	旅游资源 AVE	旅游环境 AVE	服务质量 AVE	目的地形象 AVE	旅游意愿 AVE	情感依恋 AVE
旅游资源 AVE	1					
旅游环境 AVE	0.506**	1				

续表

	旅游资源 AVE	旅游环境 AVE	服务质量 AVE	目的地形象 AVE	旅游意愿 AVE	情感依恋 AVE
服务质量 AVE	0.492**	0.722**	1			
目的地形象 AVE	0.631**	0.651**	0.719**	1		
旅游意愿 AVE	0.466**	0.695**	0.614**	0.598**	1	
情感依恋 AVE	0.488**	0.611**	0.686**	0.672**	0.702**	1

**表示在 0.01 级别（双尾）相关性显著。

　　回归分析用于研究一个或多个自变量和因变量之间的关系，用于探究自变量与因变量之间的线性关系。本文在相关性分析的基础上，利用 SPSS 23.0 通过线性回归方法分析各变量间的因果关系及影响大小。

　　将旅游资源、旅游环境、服务质量作为自变量，目的地形象作为因变量进行线性回归分析，得到表 4-25 的结果。$R^2 = 0.632$，表示旅游资源、旅游环境、服务质量三项可以解释目的地形象 63.2% 的变化原因。关于 P 值，如果小于 0.05，就表明自变量和因变量之间具有显著影响关系；反之，则自变量与因变量之间无影响。从表 4-25 可知，三项 P 值均小于 0.05。对数据进行 F 检验可知，$F = 162.419$，Sig. = 0.000<0.05，说明旅游资源、旅游环境、服务质量和目的地形象之间的关系是相互作用的，相互影响着彼此的发展和表现。

　　通过回归系数 B 值，对比分析 X（自变量）与 Y（因变量）的影响程度，回归分析中三个解释变量的 B 值分别为 0.293、0.167、0.419，研究表明旅游资源、旅游环境、服务质量对目的地形象均呈现出显著的正向影响，假设 H1、H2、H3 成立。模型回归式为：目的地形象 = 0.553+0.293（旅游资源）+0.167（旅游环境）+0.419（服务质量）。根据分析结果得知，服务质量的系数最高，这表明服务质量对目的地形象的影响最为显著。其次是旅游资源和旅游环境，这意味着这两个因素也对目的地形象有一定的影响，但相对于服务质量来说影响较小。

91

表4-25　云冈石窟旅游资源、旅游环境、服务质量与目的地形象之间的关系

项目		未标准化系数		标准化系数	t	显著性	共线性统计	
		B	标准误差	β			容差	VIF
（常量）		0.553	0.159		3.479	0.001		
自变量	旅游资源 AVE	0.293	0.038	0.333	7.786	0.000***	0.711	1.407
	旅游环境 AVE	0.167	0.053	0.170	3.154	0.002**	0.448	2.231
	服务质量 AVE	0.419	0.052	0.433	8.130	0.000***	0.457	2.189

因变量：目的地形象 AVE，$R^2 = 0.632$，$\mathrm{adj}R^2 = 0.628$，$F = 162.419$，df = 3，$P = 0.000$

*：$P<0.05$；**：$P<0.01$；***：$P<0.001$。

　　将目的地形象作为自变量，旅游意愿作为因变量进行线性回归分析，结果见表4-26。其中 $R^2 = 0.358$，意味着目的地形象可以解释旅游意愿的 35.8% 的变化。对数据进行 F 检验可知，$F = 159.307$，Sig. = 0.000<0.05，说明目的地形象和旅游意愿之间存在相互关系，可以相互影响，归入回归方程。因此，目的地形象对旅游意愿有正向作用，假设 H4 成立。模型回归式为：旅游意愿=1.211+0.664（目的地形象）。

表4-26　云冈石窟目的地形象与旅游意愿之间的关系

项目	未标准化系数		标准化系数	t	显著性	共线性统计	
	B	标准误差	β			容差	VIF
（常量）	1.211	0.213		5.686	0.000		
自变量：目的地形象 AVE	0.664	0.053	0.598	12.622	0.000***	1.000	1.000

因变量：旅游意愿 AVE，$R^2 = 0.358$，$\mathrm{adj}R^2 = 0.356$，$F = 159.307$，df = 1，$P = 0.000$

*：$P<0.05$；**：$P<0.01$；***：$P<0.001$。

　　以下主要研究情感依恋是否会强化旅游资源、旅游环境、服务质量与目的地形象之间的关系。将目的地形象作为因变量，旅游资源、旅游环境、服务质量及三者和情感依恋相乘的乘积为自变量，运用巴伦（Baron，1986）的三步骤检验法进行回归分析，检验情感依恋的调节效果。

　　见表4-27的数据，加入情感依恋自变量之后，旅游资源、旅游环境、服务质量三项的非标准化系数分别为-0.118、0.091、0.083，P 的值分别为 0.004、0.262、0.232，其中仅有旅游资源的显著性小于 0.05，所以情感依恋在旅游资源与目的地形象之间发挥着调节作用，而旅游环境、

服务质量与目的地形象之间无相关性，这意味着旅游环境和服务质量不会影响目的地形象对旅游意愿的作用，因此假设 H6、H7 不成立。

表 4-27　云冈石窟情感依恋调节作用

模型		未标准化系数		标准化系数	t	显著性	共线性统计	
		B	标准误差	β			容差	VIF
1	（常量）	0.553	0.159		3.479	0.001		
	旅游资源 AVE	0.293	0.038	0.333	7.786	0.000	0.711	1.407
	旅游环境 AVE	0.167	0.053	0.170	3.154	0.002	0.448	2.231
	服务质量 AVE	0.419	0.052	0.433	8.130	0.000	0.457	2.189
因变量：目的地形象 AVE，$R^2=0.632$，adj$R^2=0.628$，$F=162.419$，df=3，$P=0.000$								
2	（常量）	0.327	0.162		2.021	0.044		
	旅游资源 AVE	0.261	0.037	0.296	7.040	0.000	0.685	1.460
	旅游环境 AVE	0.125	0.052	0.127	2.397	0.017	0.434	2.306
	服务质量 AVE	0.316	0.055	0.327	5.770	0.000	0.378	2.647
	情感依恋 AVE	0.230	0.051	0.225	4.490	0.000	0.483	2.071
因变量：目的地形象 AVE，$R^2=0.656$，adj$R^2=0.651$，$F=135.070$，df=1，$P=0.000$								
3	（常量）	0.935	0.533		1.753	0.081		
	旅游资源 AVE	0.722	0.164	0.821	4.418	0.000	0.034	29.650
	旅游环境 AVE	−0.247	0.329	−0.251	−0.749	0.454	0.010	96.160
	服务质量 AVE	−0.008	0.280	−0.009	−0.030	0.976	0.014	72.230
	情感依恋 AVE	0.083	0.146	0.081	0.566	0.572	0.057	17.605
	旅游资源与情感依恋相乘项	−0.118	0.041	−0.834	−2.864	0.004	0.014	72.858
	旅游环境与情感依恋相乘项	0.091	0.081	0.611	1.123	0.262	0.004	254.233
	服务质量与情感依恋相乘项	0.083	0.069	0.574	1.199	0.232	0.005	196.803
因变量：目的地形象 AVE，$R^2=0.646$，adj$R^2=0.637$，$F=82.686$，df=3，$P=0.000$								

为了更加直观地表现情感依恋的调节作用，本文以情感依恋的均值加减一个标准差作为分组标准，分别对高情感依恋和低情感依恋条件下的旅游资源与目的地形象的关系进行描绘。从图4-4可见，在低情感依恋的条件下，旅游资源对目的地形象的正向影响较为显著，然而在高情感依恋的条件下，旅游资源对目的地形象的正向影响相对较弱。因此，假设H5成立。

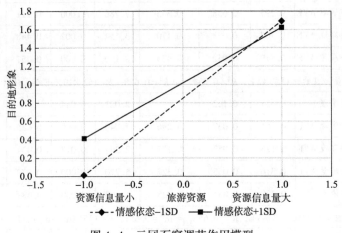

图4-4　云冈石窟调节作用模型

4.5　文化遗产案例4：晋祠

在旅游行业迅猛发展的背景下，晋祠成为山西省的重要文化地标，其形象的提升对于吸引客源、提高竞争力至关重要。在资源型地区旅游企业与环境的关系中，良好的形象不仅能够吸引大量游客，还能够提升旅游企业的知名度和美誉度。本案例以游客对晋祠旅游目的地形象的感知为例，选取餐饮住宿、景区设施、旅游资源、娱乐要素、服务管理五个维度，运用IPA分析法对数据进行实证分析，提出结论与建议，并进一步探讨资源型地区旅游企业在目的地形象方面应采取何种主动式关系修复策略，为同类型旅游景区提供参考指南。

案例正文

摘要： 随着旅游行业的迅猛发展，旅游市场的竞争也愈发激烈。在此背景下，旅游目的地形象的提升对于吸引客源、提升竞争力至关重要。形象好、知名度高、服务质量优秀的旅游目的地不仅能够吸引大量游客，还能够提升旅游目的地的知名度和美誉度，为旅游目的地的可持续发展提供更为有利的条件。因此，提升旅游目的地形象势在必行。本文以游客对晋祠旅游目的地形象的感知为例，选取餐饮住宿、景区设施、旅游资源、娱乐要素、服务管理五个维度（20 项测量指标）进行问卷调查，运用 IPA 分析法对数据进行了实证分析。结果表明，过去几年间晋祠旅游目的地在各方面均取得了显著的进步，但依然存在一些问题，与游客预期有一定的差距，这种差距反映了晋祠形象有待进一步提升，具有较大的改进空间。本案例通过对晋祠旅游目的地现存问题的深入分析，提出晋祠形象的提升策略，以期为推动景区的可持续发展、满足多样化的旅游市场需求作出贡献。

关键词： IPA 分析；旅游目的地；晋祠

1　引言

随着社会经济的迅速发展和民众生活水平的提高，旅游已经成为近年来最受人民欢迎的生活娱乐和度假消遣活动之一。旅游业的迅速发展促使大批旅游企业和公司如雨后春笋般涌现，客源市场竞争也日益加剧。为了在激烈的旅游市场竞争中提高自身的竞争力，各旅游目的地不断采取措施，旅游形象的提升则成为其中最为重要的战略举措之一。良好的旅游形象可以有效吸引客源，提升旅游目的地的口碑和知名度，从而促进当地旅游业的可持续发展。当代科技的不断发展，使人们可以通过互联网快速获取到世界各地旅游目的地的信息，于是各旅游目的地更加重视旅游形象的塑造；另外，供人们出行选择的交通方式日渐多样化和便捷化，使人们出行不再受时空限制。因此，独具特色的旅游目的地往往成为人们的首选。在激烈的国际竞争中，旅游目的地面临同质化景点竞争的问题，要想在其中脱颖而出，就要树立独具特色的旅游形象与品牌，吸引游客的兴趣，从而提高该旅游目的地的知名度，实现长足发展。

太原作为山西省的省会，是一座历史悠久的文化名城，拥有2500多年的悠久历史，并被誉为"锦绣太原城"。然而，在当前山西省旅游市场中，太原的旅游资源存在开发利用不足的问题，大多数访晋游客被大同、晋中、忻州等周边城市所吸引。为了更好地开发和利用太原的旅游资源，提升其在旅游市场中的竞争力，晋祠作为目前太原市最有望升级为5A级的景区，可以作为未来开发和推广的重点。同时，晋祠也是中国现存最早的古典宗祠园林建筑群之一，拥有丰富的历史文化内涵和独特的旅游价值，因此重视晋祠的旅游发展，促进晋祠景区旅游形象的提升势在必行。尽管晋祠在旅游形象塑造方面已经作出了诸多努力，但在实际发展过程中依旧存在许多问题。例如，周边景区的兴起（太原古县城、稻田公园、植物园等）吸引了一部分游客的注意力，晋祠的游客数量有所减少；此外，在同类型景区中晋祠的旅游形象和文化特色不够鲜明，存在知名度低、竞争力弱的问题，甚至存在被游客遗忘的现象。因此，晋祠的旅游形象提升亟待研究。本文将结合现有的文献资料和晋祠的发展现状，立足旅游目的地形象研究，构建晋祠旅游形象测量指标体系，运用IPA分析法挖掘晋祠旅游发展中的问题，探讨提升晋祠旅游目的地形象的策略，以期为晋祠旅游业的发展提供一定的借鉴。

随着人们生活质量的不断提高和旅游消费市场的不断扩大，以及全球旅游业的迅猛发展，消费者对旅游目的地的需求和期望也逐渐提高，旅游目的地形象成为竞争的核心要素之一，学者们日渐关注对旅游目的地的研究。晋祠作为一个拥有深厚历史文化底蕴和独特魅力的文化旅游景点，研究其形象的提升对于晋祠的旅游发展具有重要意义。在理论层面，国内外对晋祠旅游目的地的研究主要集中在定性分析方面，而定量分析的研究成果较少。因此，本文将运用IPA分析法对晋祠旅游形象进行研究，构建旅游目的地形象的测量指标体系，对目前存在的问题进行分析，并提出相应的策略和建议，为晋祠旅游目的地研究领域拓宽范围。在实践层面，本文采用 IPA 分析法对晋祠旅游目的地形象满意度和重要性进行分析，通过分析结果，为景区管理者提供提升旅游目的地形象的行动指南，从而促进晋祠旅游形象和知名度的提高；同时，知名度的提高也有助于提升景区服务质量，吸引更多的潜在游客，增加旅游收入并扩大客源市场，促进相关产业的发展，进一步提高旅游目的地的综合竞争力。

2　文献综述

国外对旅游目的地的研究较早，1971 年美国汉特（Hunt，1975）博士就率先提出了旅游目的地形象的理念，并将它与旅游发展联系起来。鲍德-博拉等（Baud-Bovy et al.，1980）把旅游目的地形象视为一种人们在某一时间、某一场合、某一环境中所产生的深刻认知。随后，冈恩（Gunn，2014）提出了原始形象和诱发形象的概念。在此基础上，法考伊等（Fakeye et al.，1991）进一步将非访问者、首次访问者和重复访问者所形成的目的地影像概括为有机、诱导和复杂形象三个阶段的演变。塔帕哈等（Tapachai et al.，2000）认为旅游目的地的形象是游客对该目的地的主观感受，这种感受会受到旅游者的期望和旅游经历的影响。马蒂拉等（Martilla et al.，1977）提出了 IPA 这一方法。

我国对旅游形象的研究始于 20 世纪 90 年代中后期，相较于西方起步较晚。邱焰美（1986）于 1986 年首次将"旅游形象"引入中国。廖卫华（2005）提出游客对目的地的认知主要来源于目的地形象，是对目的地各方面印象的总和。宋章海（2000）认为吸引游客的关键因素是旅游景区的形象，应将其作为旅游综合营销中的侧重点。李蕾蕾（1999）认为旅游地形象设计的前提是游客对目的地的印象，并对旅游地人 - 人感知形象设计进行了初步探讨。龙凌、刘德军、刘小敏（2022）以影视形象对旅游目的地的影响机制为中心为东极岛的影视旅游提供了依据。宋子斌、安应民、郑佩（2006）分析了旧有的旅游形象研究方法所存在的弊端，另辟蹊径向国内学者推介了 IPA 分析法。胡抚生（2018）指出新时代旅游形象提升的支撑点是优质旅游发展。李婷、武刚、梁丽芳等（2021）基于携程旅行网的评论，以网络评论的角度为切入点，对五台山旅游形象展开了研究。徐凤增和裘威

（2022）通过整理时下流行的社交软件小红书，对黄河的旅游形象进行了研究。吴江、李秋贝、胡忠义等（2023）以游客对旅游地的评论数据为基础，基于IPA模型建立游客满意度总体框架。王钦安、彭建、孙根年（2017）利用IPA分析法对传统型景区硬件设施设备和软件产品服务进行研究后，发现两者存在较为明显的差距。温煜华（2018）采用修正的IPA法，明确指出了各因子改进的主次顺序。余勇和田金霞（2011）运用IPA分析法对武陵源的形象进行了研究，经过分析发现还需要开展许多方面的形象建设。

通过文献梳理发现，现有文献中基于IPA分析法对旅游形象提升的研究主要集中于某个省市或地区，其中关于太原市各旅游目的地形象的研究相对较少。因此，本文采用IPA分析法对晋祠旅游目的地形象进行深入研究，以期为其形象优化提供参考。

3　研究区域概况与研究方法

晋祠坐落于太原市区西南方向的悬瓮山麓，地处晋水发源地，是为纪念唐叔虞及其母后邑姜而兴建的。晋祠历史文化悠久，保留着西周到明清时期的历史遗迹，同时它也是中国现存最古老的宫廷祭祀园林，是中国最具代表性的祠堂型园林建筑群实物孤例之一。晋祠不仅是人类建筑艺术宝库中的珍宝，更是中华民族智慧的结晶。1961年晋祠被国务院公布为全国首批重点文物保护单位，2001年被国家旅游局评为首批4A级旅游景区。晋祠内最具代表性的"三绝""三宝""三匾"，展现了中国封建统治时期的社会风貌，体现了古代文明的先进性。游客通过在晋祠参观游览，可以在领略中国古建筑魅力的同时，深入了解宝贵的历史文化遗迹，感受厚重的历史和丰富的文化底蕴。

千百年来，晋祠在历代的修缮、扩建和重修中不断得到优化和完善，拥有了殿堂楼阁、亭台轩榭俱全的建筑群。虽然晋祠在旅游开发方面已初获成效，但是相较于山西省其他著名景区（五台山、平遥古城等）仍有较大的发展空间。在"2023年山西省春节假期期间前十A级景区客流排行"中，晋祠未列入榜单之中，而平遥古城和五台山名列前茅，晋祠需要重视自身在发展中所面临的机遇与挑战。因此，晋祠必须深刻认识自身存在的不足，不断更新和改进，提升旅游形象，吸引更多游客，从而助力旅游业的可持续发展。近年来，随着太原市旅游业的快速发展，晋祠作为目前太原市最有望升级为 5A 级的景区，准确定位晋祠的形象，将其有效地传达给游客，已成为当前晋祠旅游发展的要务。

本文从旅游"六要素"（食、住、行、游、购、娱）的角度出发，结合国内外较为成熟的量表，设计出针对晋祠游客的调查问卷。该问卷采取线上线下相结合的方式进行发放，获取研究所需要的数据资料，并收回和保留有效问卷。为确保问卷收回的有效性，本文根据研究区域的现状对测量指标进行了合理的增加和删减。

通过研究相关文献，构建出晋祠旅游目的地形象的测量指标体系。该指标体系包括五个方面：餐饮住宿、景区设施、旅游资源、娱乐要素和服务管理，并在每个变量组下设 4~6 个细化的指标（共 24 个变量），见表 4-28。

表 4-28　晋祠问卷测量指标

变量	题项	题项描述	题项来源
餐饮住宿	CYZS1	特色美食	闫瑶瑶、郑群明（2020）包珺玮、王晓峰、宋光飞等（2015）周妮笛、李毅、徐新龙等（2018）
	CYZS2	食品安全	
	CYZS3	餐饮价格	
	CYZS4	住宿环境	
	CYZS5	住宿价格	
景区设施	JQSS1	停车场	蔡彩云、骆培聪、唐承财等（2011）陆杏梅、沙润、田逢军（2010）邓新芳、金海龙、秦燕等（2015）
	JQSS2	旅游交通状况（内部和外部）	
	JQSS3	标志和标识	
	JQSS4	公共厕所	
	JQSS5	公共休憩设施	
旅游资源	LYZY1	建筑特色	闫瑶瑶、郑群明（2020）邓新芳、金海龙、秦燕等（2015）林心影、赖鹏程、陈健翎等（2021）
	LYZY2	自然景观风貌	
	LYZY3	历史文化底蕴深厚	
	LYZY4	风俗表演	

续表

变量	题项	题项描述	题项来源
娱乐要素	YLYS1	地方特色	包珺玮、王晓峰、宋光飞等（2015） 程溪苹、孙虎（2012） 夏巧云、王朝辉（2012）
	YLYS2	项目多样性	
	YLYS3	可参与性	
	YLYS4	娱乐场所环境	
服务管理	FWGL1	合理的门票价格	余勇、田金霞（2011） 程溪苹、孙虎（2012） 安贺新、王乙臣（2013）
	FWGL2	工作人员态度	
	FWGL3	导游服务质量	
	FWGL4	旅游咨询服务	
	FWGL5	投诉处理	
	FWGL6	环境卫生	

  问卷第一部分为被调查者的基本资料，包含七方面内容，分别为性别、年龄、职业、受教育程度、月收入、当前居住地及对该景区的了解渠道。第二部分包含晋祠旅游目的地形象的观测变量，涵盖导游服务质量、环境卫生、建筑特色、可参与性等方面。每个测量指标都采用5分制李克特量表法进行评定计分，分别从重要性和满意度两个角度收集资料。在重要程度方面，自"非常不重要"至"非常重要"赋予"1"到"5"不同分值；在满意程度方面，自"非常不满意"至"非常满意"分别赋予"1"到"5"分进行评分。问卷详见附录4。

  该问卷于2023年2月通过线上和线下相结合的方式对晋祠旅游景区的游客进行随机抽样调查。其间共发放问卷405份，收回380份，剔除无效的问卷，最终收回有效问卷351份，有效收回率达92.4%。

  马蒂拉等（Martilla et al.，1977）提出了IPA这一方法。其核心理念在于将消费者对产品的期望和真实表现作为衡量其满意度的标准。假如产品的真实表现达到期望，消费者就会感到满意；反之，假如产品的真实表现低于期望，消费者就会感到不满意，最终通过不断改进产品的真实表现，企业可以提高客户的满意程度，进而赢得更多的市场份额。

  使用IPA分析法的第一步即要确定测量指标的分值范围。第二步将重要性和满意度数据置于二维坐标系中，将游客对指标的重视程度（重要性）列为 x 轴，将指标的实际表现（满意度）列为 y 轴，建立坐标系。第三步将坐标系划分为指标属性和发展思路均不同的四象限，分别计算出重要性、满意度的平均值并置于相应象限。第一象限为优势区，重要性和满意度皆高，应当继续保持并发扬创新；第二象限为维持区，重要性低但满意度高，在近期内无须过多地投入精力进行改进；第三象限重要性和满意度均不高，为机会区，需要维持其正常运转，无须将其作为重点发展因素；第四象限为改进区，重要性高而满意度低，针对这一象限，景区负责人应将象限内的指标作为战略发展的优先任务，集中精力改善这些指标的现状。

4　数据分析

表 4-29 的统计结果显示，在有效收回的 351 份问卷中，男性游客占样本总人数的 46.2%，女性游客占样本总人数的 53.8%，女性游客数略多于男性游客数。游客的年龄集中在 18~49 岁，以中、青年群体为主；18 岁以下和 60 岁及以上的样本最少，占比都为 1.4%。从职业构成来看，学生和企事业单位工作人员所占比例最多，为 65.8%；除此之外，自由职业者也占了较大比例，占总数的 18.5%；而退休人员所占比重最少，只有 0.9%。根据调研结果，可以看出晋祠景区的旅游人群拥有不同的文化素养，其中，拥有大专和本科文化素养的游客占比分别为 27.1% 和 48.1%，约为样本总人数的 3/4，说明晋祠景区的游客文化素养普遍较高；研究生及以上文化素养的游客占比较少，为 15.7%，说明晋祠景区应向更高层次的游客进行宣传招徕；而高中及以下文化素养的游客所占比重只有 9.1%。总体而言，晋祠景区的游客文化素养较高，并且能够理解晋祠所包含的历史文化。从月收入结构分析，2000 元及以下月收入的游客所占比例最多，达到 33.0%，8000 元以上的游客占比为 5.7%，游客以中低收入者为主。从当前居住地来看，以太原市本地游客为主，占比为 42.5%；山西省内其他城市游客占比为 25.1%；其他省份游客占比为 23.9%；周边邻近省份的游客最少，仅有 8.5%。根据研究结果可以看出，晋祠景区的游客了解晋祠景区的主要渠道是朋友推荐和网络，占比分别为 36.9% 和 25.4%；从宣

传手册及广告牌的渠道获取信息的游客占比最少，仅为 11.5%。景区应综合各方面资源提高其知名度，以最大效能推广景区形象。

表 4-29　晋祠人口统计学特征

指标	项目	频数/人	占比/%
性别	男	162	46.2
	女	189	53.8
年龄	18 岁以下	5	1.4
	18~29 岁	208	59.3
	30~39 岁	90	25.6
	40~49 岁	34	9.7
	50~59 岁	9	2.6
	60 岁及以上	5	1.4
职业	学生	153	43.6
	企事业单位工作人员	78	22.2
	军人	4	1.1
	农民	17	4.8
	自由职业者	65	18.5
	退休人员	3	0.9
	其他	31	8.9
受教育程度	高中及以下	32	9.1
	大专	95	27.1
	本科	169	48.1
	研究生及以上	55	15.7
月收入	2000 元及以下	116	33.0
	2001~4000 元	105	29.9
	4001~6000 元	74	21.1
	6001~8000 元	36	10.3
	8000 元以上	20	5.7

续表

指标	项目	频数/人	占比/%
当前居住地	太原市	149	42.5
	山西省内其他城市	88	25.1
	周边邻近省份	30	8.5
	其他省份	84	23.9
了解渠道（多选题）	朋友推荐	258	36.9
	旅行社	97	13.9
	网络	178	25.4
	电视	86	12.3
	宣传手册及广告牌	81	11.5

信度分析是对问卷的可靠性和一致性进行评估的过程。当克隆巴赫系数超过 0.8 时，表示其信度高；若该系数在 0.7~0.8 范围内，表示其信度较好；若该系数在 0.6~0.7 范围内，表示信度可以接受；如果该值低于 0.6，则表示信度不佳。本文使用 SPSS 26.0 对数据进行信度分析，根据表 4-30 可以得知，此次问卷调查的克隆巴赫系数均大于 0.8，证明数据具有较高的信度，内部一致性良好。根据综合数据分析结果，初步判断所采集到的数据具备一定的可靠性和有效性，可以进行进一步的数据分析处理。

效度分析即检验问卷有效性，用于分析题项是否合理、有效。本文使用了 SPSS 26.0 对数据进行 KMO 和巴特利特检验。通常情况下，KMO 的数值超过 0.8 时，即表示效度好；若该值在 0.7~0.8 范围内，则表示问卷效度较好；假如该值在 0.6~0.7 范围内时，表示问卷效度一般；如果该值低于 0.6，就表示问卷效度低。根据表 4-30 可以得知，此次问卷的 KMO 值是 0.930，高于 0.9，并且 Sig. 值为 0.000，通过了显著性水平为 0.05 的巴特利特球形度检验，证明问卷数据质量良好，适宜作因子分析。

通过因子分析，采用最大方差法提取公因子，得到旋转后的因子载荷矩阵（表 4-30），从表 4-30 可以得知量表的 20 项测量指标被归纳为 5 个公因子，且每一项的荷载值均大于 0.5，予以保留，对 5 个公因子进行命名：餐饮住宿（特色美食、食品安全、餐饮价格、住宿环境、住宿价格）；景区设施（停车场、公共休憩设施）；旅游资源（建筑特色、历史文化底蕴深厚、风俗表演）；娱乐要素（地方特色、项目多样性、可参与性、娱乐场所环境）；服务管理（合理的门票价格、工作人员态度、导游服务质量、旅游咨询服务、投诉处理、环境卫生）。在分析过程中，由于"旅游交通状况""标志和标识"两个题项在所有维度的共同因素负荷量均低于0.5，故应当删除；"公共厕所"和"自然景观风貌"两个题项在两个维度的共同因素负荷量均高于0.5，也需要删除。因此，最终本文采用了5个维度（20个指标）的综合评价指标体系。

表4-30　晋祠旋转后的因子载荷矩阵和信度分析

测量题项		成分					克隆巴赫系数
		1	2	3	4	5	
服务管理	导游服务质量	**0.832**	0.157	0.158	0.144	0.190	0.934
	工作人员态度	**0.785**	0.207	0.214	0.113	0.142	
	投诉处理	**0.688**	0.235	0.137	0.283	0.155	
	旅游咨询服务	**0.683**	0.225	0.240	0.405	-0.031	
	环境卫生	**0.638**	0.256	0.330	0.242	0.158	
	合理的门票价格	**0.612**	0.177	0.274	0.001	0.422	
娱乐要素	可参与性	0.187	**0.813**	0.198	0.197	0.222	0.905
	项目多样性	0.291	**0.735**	0.292	0.298	-0.036	
	地方特色	0.336	**0.726**	0.258	0.178	0.171	
	娱乐场所环境	0.200	**0.676**	0.307	0.173	0.180	
餐饮住宿	住宿价格	0.320	0.166	**0.777**	0.237	0.004	0.909
	住宿环境	0.174	0.284	**0.743**	0.283	0.112	
	食品安全	0.240	0.259	**0.649**	0.009	0.392	
	餐饮价格	0.270	0.315	**0.645**	0.127	0.235	
	特色美食	0.182	0.339	**0.557**	0.162	0.464	
旅游资源	风俗表演	0.224	0.246	0.109	**0.779**	0.140	0.869
	建筑特色	0.228	0.152	0.238	**0.766**	0.211	
	历史文化底蕴深厚	0.205	0.297	0.204	**0.573**	0.290	

续表

测量题项		成分					克隆巴赫系数
		1	2	3	4	5	
景区设施	停车场	0.115	0.067	0.175	0.267	**0.764**	0.807
	公共休憩设施	0.345	0.243	0.141	0.202	**0.640**	
KMO=0.930，巴特利特球形度=4612.760，df=190，Sig.=0.000							

　　为进一步检测每组配对项的重要性和满意度间是否存在显著差异，本文使用了配对样本 t 检验（95% 的置信度）的方法进行分析。根据表 4-31 中重要性的均值来看，游客认为 20 项评价指标都重要，其中"食品安全""环境卫生""工作人员态度""投诉处理"和"历史文化底蕴深厚"等 17 项指标得分均值皆在 4.0 以上，表明这些指标对游客来说非常重要，游览前期待值很高；从满意度均值看，均值在 3.8 以上的指标有"历史文化底蕴深厚""建筑特色""食品安全""地方特色"4 项，说明游客对景区的这些指标较为满意；从 P-I 的均值差来看，满意度均值和重要性均值之差均为负值，说明景区游客实际感知与游客期待值具有一定差异，其中，"环境卫生""投诉处理""工作人员态度""导游服务质量"和"合理的门票价格"5 项最为突出，均值差小于 -0.5，表明景区在这些项目的旅游发展中仍然需要不断提升改进。

表 4-31　晋祠配对样本 t 检验

测量指标		重要性（I）均值	满意度（P）均值	P-I 均值差	t 值	Sig.
餐饮住宿	特色美食	4.10	3.80	-0.30	-5.499	0.000
	食品安全	4.35	3.89	-0.46	-8.158	0.000
	餐饮价格	4.01	3.65	-0.36	-6.076	0.000
	住宿环境	4.17	3.72	-0.44	-7.632	0.000
	住宿价格	4.07	3.71	-0.37	-6.098	0.000
景区设施	停车场	3.96	3.68	-0.28	-4.61	0.000
	公共休憩设施	4.11	3.73	-0.39	-6.68	0.000

续表

测量指标		重要性（*I*）均值	满意度（*P*）均值	*P–I* 均值差	*t* 值	Sig.
旅游资源	建筑特色	4.14	3.90	-0.24	-4.86	0.000
	历史文化底蕴深厚	4.20	3.92	-0.28	-5.43	0.000
	风俗表演	3.98	3.71	-0.27	-4.712	0.000
娱乐要素	地方特色	4.08	3.81	-0.28	-4.725	0.000
	项目多样性	3.99	3.66	-0.34	-5.388	0.000
	可参与性	4.03	3.72	-0.31	-4.898	0.000
	娱乐场所环境	4.04	3.76	-0.28	-4.759	0.000
服务管理	合理的门票价格	4.24	3.74	-0.51	-8.718	0.000
	工作人员态度	4.30	3.74	-0.56	-9.228	0.000
	导游服务质量	4.23	3.68	-0.55	-8.844	0.000
	旅游咨询服务	4.13	3.72	-0.41	-6.964	0.000
	投诉处理	4.25	3.66	-0.60	-10.352	0.000
	环境卫生	4.34	3.71	-0.63	-10.138	0.000

　　基于上述数据，采用 IPA 分析图进行深入的分析，以 20 项测量指标重要性的平均值（4.136）和满意度的平均值（3.7455）为划分依据，以重要性为横轴，以满意度为纵轴，绘制矩阵图（图 4-5）。

　　由图 4-5 可知，第一象限（优势区）为重要性和满意度均较高的区域，包含的指标为"历史文化底蕴深厚""建筑特色"和"食品安全"。位于这一象限，表明在旅游地形象管理和旅游发展规划中，需要特别关注这些要素。"历史文化底蕴深厚"和"建筑特色"是晋祠的核心竞争力，其为景区的品牌形象的营造提供了有力的支持，因此需要加强对这些资源在保护和管理方面的工作，以确保游客可以充分地欣赏和体验晋祠独特的文化和艺术资源。另外，"食品安全"问题一直备受关注，其重要性不言而喻。因此，在日常运营管理中，应配备专业人员对餐饮业进行监管和管理，提高食品安全和卫生水平，从而提高游客的满意度。

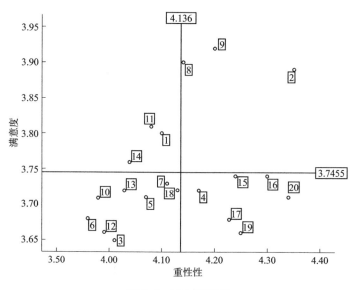

图 4-5　IPA 矩阵图

1—特色美食；2—食品安全；3—餐饮价格；4—住宿环境；5—住宿价格；
6—停车场；7—公共休憩设施；8—建筑特色；9—历史文化底蕴深厚；10—风俗表演；
11—地方特色；12—项目多样性；13—可参与性；14—娱乐场所环境；15—合理的门票价格；
16—工作人员态度；17—导游服务质量；18—旅游咨询服务；19—投诉处理；20—环境卫生

　　第二象限（维持区）即重要性低而满意度高的区域，该区域包含
了"特色美食""地方特色"和"娱乐场所环境"三项指标，位于这
一象限，表明这三项指标都得到了游客一定程度上的肯定。尽管这些
指标在游客心目中重要程度（期望值）并不高，但实际却获得了较高
的满意度，超出了游客预期，为游客提供了独特的旅游体验，从而带
来较高的满意度。因此，景区在未来的旅游发展中要维持现有状态，
在不耗费过多经费和人力的情况下持续改进。

　　第三象限（机会区）为重要性和满意度均低的区域，这一象限分
布有 8 个指标，分别是"餐饮价格""住宿价格""停车场""公共休
憩设施""风俗表演""项目多样性""可参与性"和"旅游咨询服
务"。游客对于上述指标的重视程度较低，但游客实际感知情况仍低于
他们的期望值，这表明这些指标内容并未得到有效的关注和改进。然
而，相较于其他更为重要的指标，可以将这些次要指标视为晋祠景区

的"二级"劣势，将其视为次重点内容。其中游客对于"餐饮价格""项目多样性"和"停车场"等与自身密切相关的指标持有的满意度相对较低，针对这些问题可优先改进。

第四象限（改进区）为重要性高而满意度低的区域，位于这一象限的指标为"住宿环境""合理的门票价格""工作人员态度""导游服务质量""投诉处理""环境卫生"。调查数据表明，游客对于这些指标的重视程度较高，而实际满意度却明显低于重要性，反映出景区在这些方面存在一定的问题和短板，需要进一步改进和提升。具体问题如下：景区对附近旅馆的重视程度不够；门票价格与游客预期不符，未使游客感到物超所值；部分工作人员态度强硬；导游服务存在一定争议；景区投诉渠道不够完善，且有部分投诉不能被实时处理；池水未能及时净化处理，有异味。针对以上问题，旅游政府部门和旅游企业应当加大改善力度，全面提升景区形象。

第 5 章 新技术背景下山西省旅游企业主动式关系修复策略案例实证分析

本章将通过实证分析，探讨新技术背景下山西省旅游企业主动式关系修复策略的具体应用。本章重点介绍山西省在新技术应用下的 4 个案例，探讨新技术背景下旅游发展的趋势和影响，深入研究新技术在旅游业中的应用，并结合相关论文的研究成果，深入探讨针对这些案例的关系修复策略，案例实证分析结果将在第 6~7 章展开具体讨论。

5.1 新技术背景下旅游发展概述

在当代社会，新技术的迅猛发展已经对各行各业产生了深远的影响，旅游业也不例外。随着人工智能、大数据分析、虚拟现实、直播旅游等技术的日益成熟，旅游业正处于新的发展机遇中，这些新技术为旅游业带来了前所未有的创新和变革，从旅游业的供给端到消费端，都呈现出全新的面貌。数字化转型正在加速，传统的旅游模式正在被重新定义，旅游者的需求和体验也发生了巨大的变化，其发展大致经历以下阶段。

第一，初创阶段（2010 年左右）。

在本阶段，新技术开始渗透旅游业，为其带来新的发展机遇。线上 OTA 平台（在线旅行社）的兴起，如 Booking. com、Expedia 等，使得游客可以通过互联网方便地预订机票、酒店、旅游套餐等，无须使用传统的线下预订方式。同时，智能手机的普及也催生了小程序的诞生，如携程旅行、去哪儿网等，游客可以通过小程序获取即时的旅游信息、行程规划、景点介绍及在线预订服务。

第二，成熟阶段（2010—2018 年）。

进入成熟阶段后，新技术在旅游业中得到更广泛的应用，推动了旅游业的创新和发展。线上 OTA 平台已经成为旅游市场的重要参与者，通过这些平台，游客可以快速、方便地搜索、比价和预订各类旅游产品。此外，小程序为旅游业带来了更加个性化和定制化的体验。通过小程序，游客可以获取个性化的旅游推荐、行程规划和实时客服等服务，提升旅游体验的便利性和个性化。

第三，稳定阶段（2018 年至今）。

稳定阶段是新技术在旅游业中更加成熟和稳定的阶段。在线旅行社平台已经成为旅游市场的主要渠道，游客可以通过这些平台预订各类旅游产品，并享受个性化的行程规划和定制化的服务。小程序进一步成为旅游业者常用的工具，通过小程序提供的功能和服务，游客可以更便捷地查询景点信息、预订门票和酒店、导航导览等。同时，短视频和直播旅游的兴起为旅游推广带来了全新的方式。短视频平台（如抖音、快手）为游客提供了更直观和生动的旅游内容，通过短时的视频片段展示景点的美丽和魅力，由此吸引游客的兴趣和注意。直播旅游则为游客提供了虚拟体验的机会。游客可以通过直播平台（如直播间、社交媒体）实时参与景点导览、文化体验、购物推荐等直播活动互动，增强旅游的参与度和互动性。

科技让旅游业实现了全方位的数字化转型和创新。游客可以通过在线旅行社平台进行快捷方便的旅游产品预订，同时借助小程序获取个性化的旅游推荐和定制化服务；O2O 模式则将线上预订与线下实际旅游服务相结合，为游客提供更全面的旅游体验；短视频成为吸引游客的营销工具，展示景点的魅力和特色；而直播旅游通过实时互动，让游客能够虚拟参与旅游活动，提前感受旅游目的地的风情和独特魅力。新技术的综合应用，使旅游业更方便，个性化、互动化和参与性增强。游客可以更便捷地规划行程、获取信息，享受到更加个性化和定制化的旅游服务。同时，旅游业者也能通过这些技术更精准地推广自己的产品和服务，吸引更多的游客。整个旅游生态系统得以优化，促进旅游产业的可持续发展和提升旅游体验的质量。

5.2　新技术背景下的旅游案例 5：
旅游+O2O 模式

O2O 模式的出现为旅游产业带来了全新的机遇和挑战。针对资源型地区旅游企业而言，如何解决消费者与企业之间的主动式关系问题，提升消费者对旅游产品的认知和购买欲望，成了一个关键的研究点。本案例旨在探讨 O2O 模式下我国消费者对旅游产品购买行为的影响因素，并以资源型地区旅游企业的主动式关系修复策略为背景，从文献研究出发，通过收集数据和分析，找出影响消费者对 O2O 旅游产品再购买意图的关键因素，通过问卷调查和数据收集，分析这些因素对再购买意图的影响程度。最后，针对资源型地区旅游企业的主动式关系修复策略提出相关建议，使 O2O 营销模式更好地应用于旅游产业，为资源型地区旅游企业的主动式关系修复策略提供实践指导。

案例正文

摘要： 研究 O2O 模式下我国消费者对旅游产品购买行为的影响因素，有助于企业深入了解消费者的需求，有利于企业适时引导消费者做好网络购物，从而提高消费者对旅游服务产品的认知程度和购买欲。本文通过文献研究找出影响消费者对 O2O 旅游产品再购买意图的关键因素，在问卷中设置有关产品质量、交易安全、操作便利等变量，在先行研究的基础上建立模型，通过收集数据分析出这三个选择属性对再购买意图的影响程度，并提出相关建议，使 O2O 营销模式能够更好地应用在旅游产业中。

关键词： O2O；旅游产品；选择属性；再购买意图；携程

1　引言
随着智能手机的普及和智能技术的进步，人们在线上购物的方式由电脑端转变为移动端，加速了线上线下旅游结合的发展。在这个经济全球化的时代，O2O（online to offline，线上线下）旅游逐渐成为一种趋势，O2O 模式个性化服务程度高，可以满足消费者多样化与更高标准的旅游需求，随时定位和搜索、随时支付，并且旅游消费者可以通过该类平台获得实惠的价格和优质的旅游服务。人们获取旅游信息的渠道可以是线上或线下等多种方式，自主灵活性大，消费者可以提前安排自己在目的地的具体行程，随后前往旅游目的地进行消费，享受优质的旅游服务，节省了成本。研究 O2O 模式下我国消费者对旅游产品购买行为的影响因素，有助于企业深入了解消费者关于线上购买的需求，从而制定提高消费者购买欲的策略，有助于 O2O 旅游企业开发出符合消费者价值诉求的产品和服务，为企业带来新的发展机遇。

2　文献综述

目前关于 O2O 的定义还比较模糊，雷扬（2018）把 O2O 模式定义为将线上的消费者引导到线下实体店中去支出消费。卢益清、李忱（2013）定义 O2O 模式就是把线上的销售平台与线下的实体店销售结合在一起，在线上进行下单支付行为，在线下进行实际使用或体验，通过技术把两者紧密地连接在一起。谢礼珊、关新华（2013）则认为 O2O 的实质是运用移动互联网，把线上消费者和线下商家之间构建成可连接的系统，该系统是完全可以追踪、衡量、预计的，而实现对数据的追踪、衡量、预计，在线支付尤为关键。关于 O2O 市场研究的文献有很多，但在旅游业中应用的相关研究却不足。潘虹（2021）指出，O2O 模式的旅游就是在线上支付，去线下消费，服务行业为消费者提供的是体验，并非触手可及的实物，因而这种模式比较适用于服务业，消费者必须亲自在旅游中体验消费，而不是像其他电子商务模式在家中等待企业送货上门。在旅游业迅速发展、消费者品位的提升、政府的鼎力支持及互联网技术日益发展的助力下，O2O 旅游模式备受青睐。谭春桥、吴欣、崔春生（2021）的研究指出，在互联网发展的背景下，在线旅游产业为顾客提供产品信息查询、咨询、预订及售后等类型众多的服务，比如有客房预订、门票预订、火车票预订及综合旅游服务平台等，在线旅游模式和传统旅行社有很大差异。

3 模型假设

安德森等（Anderson et al.，2000）认为，消费者在未购买某种商品或服务时，将会对产品质量产生预估，当购买或使用以后，又会对产品质量产生评价，期待和实际之间往往具有差距，当实际超出期待时，满意度比较高，消费者再购买的意愿也比较强；而当实际低于期待时，满意度水平低，消费者再次购买的意愿将会下降很多。克里斯丁等（Christian et al.，2015）研究指出产品质量、消费者忠诚、转换成本、消费者信任和感知价值5个因素显著影响用户的再购买意向。帕夫洛（Pavlou，2003）认为抑制积极的购买意愿产生的原因有：个人隐私信息被盗取的风险、在线支付经济受损的风险、产品或服务质量差的风险等。宫崎骏等（Miyazaki et al.，2001）认为线上平台的设计样式、操作的便利性、交易安全性等对消费者购买意愿呈正向影响作用，线上平台越易于操作、设计越美观、越安全，越有强烈的购买意愿。李等（Lee et al.，2011）讨论了网上消费者重复购买产品或服务的影响因素，得出了感知易用性、顾客的隐私权、顾客信任、网站的可信度等分别与网上顾客重购意愿有显著的正向关系。奇尔德斯等（Childers et al.，2001）认为电子商务网站导航有较高的清晰度会使购买时比较简单便捷，顾客的易用性感知会受到影响，顾客的购买意向进而也会受到影响。在前人研究的理论基础上，本文构建以下模型（图5-1），并提出假设H1：操作便利性对再购买意图有正向影响；假设H2：交易安全性对再购买意图有正向影响；假设H3：质量保证性对再购买意图有正向影响，探究O2O旅游产品的选择属性对再购买意图的影响。

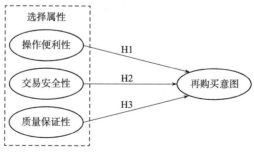

图 5-1 旅游+O2O 模式研究模型

4 数据分析

本研究在 2021 年 4 月 5 日—30 日，在线上和线下发放问卷 350 份，对山西景区购买过携程旅游产品的用户进行了问卷调查（问卷详见附录 5），350 份问卷全部收回，收回率为 100%，排除无效和瑕疵问卷后，得到 273 份有效问卷，有效率为 78.0%。经过描述性统计，样本男女比例分别为 40.2% 和 59.8%；年龄方面，调查样本大多为 18~35 岁，年轻群体占比很大；学历方面，64.2% 的群体为本科以上学历，受教育水平较高。

表 5-1 是因子分析旋转后的成分矩阵和信度值的整理，问卷信度分析是指如果问卷设计合理，那么多次测量，所得结果会有高度的相关性，在论文研究中分析问卷信度最常运用的信度系数是克隆巴赫系数，因此使用克隆巴赫系数对本文研究的问卷数据进行一致性的检验。一般而言，调查样本信度系数区间为 0~1，0.8 以上信度最好，0.7 以上信度较好，若低于 0.6，则考虑要剔除一部分变量或修改问卷。表 5-1 是本次研究样本信度检验的结果，可以发现各构成概念系数都大于 0.9，并且"再购买意图"的信度值经过检验后也大于 0.9，可以认为收回样本数据可靠程度较高。

表 5-1 旅游+O2O 模式旋转后的成分矩阵和信度值

测量题项		成分			克隆巴赫系数
		1	2	3	
操作便利性	随时随地查阅产品信息，节省了时间	**0.837**	0.305	0.275	0.956
	操作简便，易上手	**0.832**	0.276	0.309	
	各类旅游产品分类清晰，便于查找	**0.807**	0.247	0.346	
	携程的旅游产品让我的旅行变得很便捷	**0.800**	0.313	0.345	
	携程旅行交易方式简单，支付方式多样	**0.789**	0.301	0.346	

续表

测量题项		成分			克隆巴赫系数
		1	2	3	
交易安全性	确保在线交易的安全	0.321	**0.839**	0.268	0.940
	有足够的技术能正确处理相关数据	0.272	**0.835**	0.273	
	会对用户的个人信息隐私进行保护	0.207	**0.752**	0.360	
	支付方式很安全（比如通过支付宝、微信支付）	0.408	**0.700**	0.331	
质量保证性	产品或服务的质量进行严格监控	0.365	0.347	**0.762**	0.914
	能提供丰富全面的产品	0.438	0.344	**0.746**	
	产品信息更新迅速准确	0.406	0.377	**0.742**	
	产品或服务能够准确地被提供	0.389	0.418	**0.714**	

　　收集到的样本 KMO 的值如果越接近 1，那么证明变量之间存在的相关性越高，越适合进行因子分析且出来的效果较好，多数学者的 KMO 统计量允许在 0.7 以上的范围。经过检验，本样本数据的 KMO 值结果为 0.954，大于我们允许的 0.7 以上的判定标准，并且巴特利特球形度检验的检验值为 3770.499，显著性水平是 0.000，因此检验的变量间存在很强的相关性，适合用因子分析的方法进行检验。表 5-2 可以清楚地看到这三个因子对应的项目，我们将这三个因子命名为"操作便利性""质量保证性""交易安全性"，并且包括"再购买意图"在旋转后因子的值都大于 0.6，没有需要剔除的变量。

表 5-2　旅游+O2O 模式回归分析

项目	未标准化系数		标准化系数	t	显著性	共线性统计	
	B	标准误差	β		P 值	容差	VIF
（常量）	0.625	0.178		3.519	0.001		

续表

项目		未标准化系数		标准化系数	t	显著性	共线性统计	
		B	标准误差	β		P 值	容差	VIF
自变量	操作便利性	0.043	0.069	0.044	0.624	0.533	0.360	2.779
	质量保证性	0.236	0.082	0.233	2.891	0.004	0.274	3.646
	交易安全性	0.512	0.072	0.489	7.143	0.000	0.382	2.618

因变量：再购买意图，$R^2 = 0.519$，adj$R^2 = 0.513$，$F = 96.604$，$P = 0.000$

将操作便利性、交易安全性、质量保证性作为自变量，再购买意图作为因变量，我们进行回归分析得出，模型 R^2 值为 0.519，意味着操作便利性、交易安全性、质量保证性可以解释顾客再购买意图 51.9% 的变化原因。P 值出现显著性，则说明自变量对因变量有影响，反之则无影响。由表 5-2 可以看到，P 值均小于 0.05 的变量有质量保证性和交易安全性这两项，而操作便利性这个自变量对再购买意图的显著性分析 P 值为 0.533，说明这个变量对再购买意图影响不明显，假设 H1 不成立。通过回归系数 B 值分析 X（自变量）与 Y（因变量）的影响关系，回归分析中两个解释变量的 B 值分别为 0.236、0.512，说明质量保证性、交易安全性对再购买意图均呈现出显著的正向影响关系。模型回归式为：再购买意图 = 0.625+0.236（质量保证性）+0.512（交易安全性）。

5.3 新技术背景下的旅游案例6：小程序旅游

随着移动互联网技术的快速发展，小程序作为一种新兴的应用形式，在各个领域都得到了广泛的应用。然而，在旅游领域，对于小程序的研究相对较少，特别是在资源型地区旅游企业的主动式关系修复策略方面，相关研究还处于未开发的阶段。本案例旨在研究同程旅行小程序作为旅游类小程序中用户满意度的影响因素，在对相关文献进行综述的基础上，选取五个构成概念，分析其对同程旅行小程序用户满意度的影响，结合资源型地区旅游企业的主动式关系修复策略，帮助这些企业更好地应用小程序，提升用户满意度和忠诚度，实现持续发展和提升竞争优势。

案例正文

摘要：随着移动 App 人口红利的逐渐消失，H5 与云存储等技术的快速发展推动了小程序的诞生。国内对小程序的研究已取得了一定的进展，而对于旅游类的小程序研究却处于未开发的阶段。本文在文献研究的基础上选取了五个构成概念，即感知质量、感知价值、品牌形象、用户满意及用户忠诚，来展开对同程旅行小程序用户满意度影响因素的研究。结果表明，感知质量及品牌形象对同程旅行小程序的用户满意度有重要的影响关系。品牌形象经营管理得越好，用户对同程旅行小程序的满意度也会越高；用户使用的感知质量越高，对同程旅行小程序的满意度也会越高；同时，同程旅行小程序的用户忠诚度在一定程度上是由用户满意度来影响的。

关键词：互联网+；旅游小程序；用户消费行为；同程旅行

1　引言

随着移动 App 的不断发展，手机 App 用户数量逐渐趋于稳定，其人口红利变得越来越少，而 H5、云存储等技术的快速发展推动了小程序的诞生。微信创始人对小程序的发展定位是比下载 App 更便捷并且可以节约手机的内存空间。因此，无须下载、用完即走、节省存储空间的小程序可以更好地满足用户的多样化需求。同时，相较于社交、电商平台、影音娱乐类等 App，旅游活动的低频性使得用户对旅游类 App 使用频率较低，微信小程序则越来越受到旅游消费者的青睐。用户通过小程序不仅可以更好地进行旅游活动，而且旅游平台也可以节省开发与运营的成本，通过公众号运营和微信推送等方式就进行了营销，更加容易地增加了用户的使用量。用户满意度影响用户的持续使用意愿，进而直接影响用户使用量。目前，国内对小程序的研究已有一定的进展，但专注于旅游类小程序的研究主要是在其功能、开发应用、设计等方面，而对用户使用意愿、用户满意度和用户忠诚等方面研究还处于未开发的阶段。因此，本文以旅游服务类小程序中的同程旅行为例，在文献研究的基础上，选取量表对用户进行测量，对所采集到的数据通过 SPSS 23.0 等统计学软件进行分析和处理，从而得出结论，给旅游类小程序的未来发展提供一些可供参考的建议，进一步促进旅游类小程序的优化升级，引流增量，促使运营旅游小程序类的企业提高经济效益，并且在一定程度上给其他服务类小程序的发展也提供一些借鉴意义。

2 文献研究和案例选择

目前，国内外许多学者在研究用户满意度方面已经取得了很大的成就，国外学者最早开始对用户满意度展开研究，20 世纪中叶，学界对用户的努力、期望、满意三者之间进行了研究，20 世纪下半叶，国内开始研究用户满意度。虽然从不同角度出发，学者们对用户满意度的定义不同，但大部分都认为用户满意度是一种量化用户满意水平的指标，反映了用户进行某种产品或者服务消费时所产生的期望与实际体验之间的差异。国外在旅游 App 满意度、用户体验等方面研究较早，主要是从 App 的操作性、信息的有效性等方面入手进行研究。目前国内也有部分学者对旅游网站、旅游 App 的用户满意度、使用意愿及持续使用意愿等方面进行了研究，李云鹏、吴必虎（2007）使用结构方程模型比较研究了旅游网站的用户满意度，建立了评价旅游网站用户满意的概念模型；伍婵提（2017）从信息内容质量等影响因素出发研究了同程网的用户满意度；耿松、李雪丽（2021）将用户满意度模型与旅游 App 的特点相结合，展开了旅游类 App 的用户满意度研究，对旅游 App 的用户使用意愿、用户持续使用意愿的影响因素及感知价值的中介效应进行了分析。小程序是近几年的新兴应用，郭全中（2017）认为小程序的开发成本少，适合发展过程中注重服务与使用频率低的行业；国内学者主要是对其功能、开发应用、产品设计、发展前景等方面进行了研究，对用户行为、使用意愿、用户满意等方面的研究较少，薛欢雪（2018）对微信小程序诸多变量进行了探索，分析研究了旅游预订类小程序用户的使用意愿；赵雪芹、王少春（2019）通过分析消费者行为量化研究得出了消费满意度会影响消费者对微信小程序的持续使用意愿的结论；王德胜、韩杰、蔡佩芫（2020）研究并验证了微信小程序在轻量化视角下的持续使用意愿。因此，本研究将在以上研究的基础上进一步进行探索，选取旅游类小程序最具代表性的同程旅行进行探索研究。同程旅行是我国最著名的信息化旅游企业之一，在2017年合并了艺龙网，成立了"同程艺龙"企业，目前用户规模大、业务广，其同程企业信息化业务涵盖了各地旅游景点门票的预订、酒店住宿预订及交通票务预订等业务的服务，一直致力于旅行服务一站式平台的打造，率先推出了O2O线上线下结合的服务平台。同时，它也是旅游行业内最早开发微信小程序、抓住时机在高黏性用户群体的微信生态体系里率先抢占旅游服务类小程序市场的在线旅游服务商之一。根据2018—2020年的综合旅游服务类小程序排行，同程旅行小程序连续三年位居第一。因此，本文选取同程旅行小程序来进行手机旅游服务类小程序用户满意度影响因素的研究。

3　研究方法

国内外关于顾客信息化服务的模型研究成果已有很多，瑞典学者研究的SCSB模型涵盖的构成概念有预期质量、表现感知、顾客抱怨、顾客满意与顾客忠诚五个维度；美国学者研究的ACSI模型涵盖的构成概念有质量感知、顾客期望、价值感知、顾客满意度、顾客抱怨和顾客忠诚六个维度；欧洲学者研究的ECSI模型与ACSI模型相比，引入了企业形象潜变量，去除了顾客抱怨；国内学者研究的CCSI的模型基于ACSI和ECSI模型并结合中国的实际国情，涵盖了预期质量、感知质量、品牌形象、感知价值、顾客满意、顾客忠诚六个维度的构成概念。这四种模型基本上都经过了各国学者们数次大规模的检验调查，并且大部分是适用于各种行业和不同领域的，对研究用户满意度有很大的参考意义。而目前旅游小程序还未经过验证，因此，本文以同程旅行小程序为例，结合旅游服务类小程序的特点，从用户满意度模型中选取用户满意为因变量，将品牌形象、感知质量与感知价值设为自变量，把用户忠诚作为验证用户满意以后产生的结果变量，从而进一步对用户满意度影响因素进行探究，在上述研究的基础上构建以下模型，如图5-2所示。

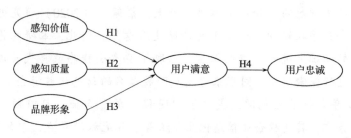

图 5-2　小程序旅游研究模型

　　用户的感知价值是用户对某种产品或者服务的总体评价，是用户在购买、使用产品或者服务的过程中权衡感知成本与感知收益所形成的。雷锬、郑定邦（2021）认为用户的价值感知可以从产品互动性、趣味性、有用性、易用性的评估四方面出发，其中用户对互动性的感知是感知价值最为重要的一方面，其假设用户满意度对持续使用意愿有正向影响，对问卷数据进行相关回归分析后，验证了假设的成立。在文献研究中的 ACSI 和 CCSI 用户满意度模型中，价值感知是由"给定质量下对价格的感知""给定价格下对质量的感知"两部分组成，学者们在研究用户满意度影响的研究中指出很难确认旅游类 App 移动软件的价格特性，从用户会购买、使用旅游类 App 所提供的旅游产品或者服务的角度出发来测量价值感知，并且通过数据分析验证了价值感知对用户满意度是有正向影响的。毕雪梅（2004）在进行顾客感知质量研究中提出，感知质量是指顾客根据自己对某种产品或者服务的需求，通过对市场获得的各种产品和服务进行相关信息的综合分析，由此来对某种产品或是服务作出更加主观的评价。感知质量的测量由产品的感知质量与服务的感知质量两方面构成，是用户对某种产品或者服务最直观的感受，也是顾客满意度模型中最重要的基础。雷艺琳、郭霞、杨璐（2020）进行"好大夫在线"App 的用户满意度研究时，选择总体的感知、个性化感知及服务质量的可靠性感知三方面测量用户的感知质量，并且假设感知质量对用户满意度有正向的影响作用，运用因子分析与结构方程模型分析并验证了假设的成立。先行研究中指出品牌形象是消费者长期与某个品牌接触产生的结果，由市场表现、产品表现、品牌个性、公司形象四个维度构成，并且已有研究表明品牌形象是消费者在长期消费过程中对企业提供的产品和服务的整体的认知与评价情况的体现，在品牌形象的研究中验证了服务效率和辨识度两个维度对用户满意度具有正向的影响关系。韩经纶、韦福祥（2001）认为用户满意是一种心理反应，是由预期与实际感知比较后产生的；用户忠诚则是用户受产品或者服务、价格及其他要素的影响，从而对某一品牌的产品或者服务进行长久购买、使用的行为，而并非一种心理反应，用户忠诚不仅是企业竞争力的重大优势，也是企业能够获取长期利润的重要因素，用户满意是影响用户忠诚即用户是否愿意重复购买、是否愿意继续使用某种产品或者服务的重要因素。在先行文献研究的基础上，本研究构建如图5-2所示模型后并提出以下4个假设：

H1：同程旅行小程序的用户感知价值与用户满意度呈正向的影响关系；

H2：同程旅行小程序的用户感知质量与用户满意度呈正向的影响关系；

H3：同程旅行小程序的品牌形象与用户满意度呈正向的影响关系；

H4：同程旅行小程序的用户满意度与用户忠诚度呈正向的影响关系。

4　数据分析

调查问卷内容由调查对象的基础信息、满意度影响因素等部分组成。基础信息部分涉及问卷对象的性别、职业等；调查用户满意度影响因素部分是采用5分制李克特量表法测量用户消费后的感知值。本次关于同程旅行小程序用户满意度影响因素研究的调查问卷于2023年9—11月在线上进行发放（问卷详见附录6），收回问卷435份，其中使用过同程旅行小程序的有367人，未使用过同程旅行小程序及从未使用过旅游服务类小程序的共有68人，剔除无效问卷68份，用来进行数据分析的有效问卷数量为367份，有效率为84.4%。数据通过SPSS 23.0软件进行了问卷数据的分析与处理，对收集到的整体数据首先进行了描述性的统计分析，并针对选取的五个构成概念运用主成分分析法进行了因子分析，各成分分别进行了信度分析和各成分间的相关分析，最后把自变量和因变量之间做了回归分析。根据数据结果研究同程旅行小程序的用户满意度影响因素。本次调查问卷367份，性别方面女性占比 55.0%、男性占比 45.0%，总体来看男女比例较为均衡；年龄方面处于 18~24 岁、25~30 岁阶段占比 78.2%，受访群体主要为青年；学历方面大专以下仅占 16.9%，大专以上占比 83.1%，整体受教育程度较高；从职业上看学生占比 36.0%、公司职员占比 37.9%，大多数受访者为学生和公司职员。在测量同程旅行小程序用户感知价值的五个问题中，"用户对小程序耗用流量少"这项最为满意，但其他旅游服务类小程序也具备这一特点，说明同程旅行小程序要结合自身实际发展状况，更加注重用户在"愉悦与便利""价格合理""服务更好""更加优惠"四方面的体验，从而提高用户的感知价值；用户对"更加优惠"这项最不满意、对"服务更好"较为满意，说明与其他旅游服务类小程序相比，同程旅行小程序提供的服务比产品价格更有优势。在测量用户感知质量的五个问题中，"用户与商家能够高效地进行沟通与交流"这项平均值最低为 3.92，说明同程旅行小程序"高效沟通与交流"方面还需要继续提高。在"品牌形象"中，"用户对同程旅行小程序功能齐全"这项平均值最低为 3.88，说明同程旅行小程序功能设计方面需要进一步改进。用户"达到预期"这项平均值最低为 3.84，但"总体满意"这项平均值最高为 3.93，高于总体均值 3.883，说明用户在使用同程旅行小程序时期望较高，根据使用小程序使用前后的感受，总体上是满意的。"继续使用"这项平均值最高为 3.85，高于总体均值 3.81；"推荐他人"这项平均值最低为 3.76，说明大部分用户在使用同程旅行小程序满意后会选择继续使用，但是对小程序的满意程度还不足以向周围朋友、家人等推荐。为了进一步分析五个构成概念共 21 个变量的信度和效度，运用 SPSS 23.0 进行了主成分最大方差法和克隆巴赫信度值检验，结果见表 5-3。

表 5-3　小程序旅游因子和信度分析

测量题项		成分					克隆巴赫系数
		1	2	3	4	5	
品牌形象	5. 客服回应速度快	**0.881**	0.009	0.109	-0.005	0.058	0.991
	1. 功能齐全	**0.865**	0.062	0.125	0.068	0.031	

续表

测量题项		成分					克隆巴赫系数
		1	2	3	4	5	
品牌形象	2. 知名度高	**0.859**	0.017	0.093	0.052	0.062	0.991
	4. 竞争力强	**0.847**	0.118	0.102	0.072	0.082	
	3. 值得信赖	**0.844**	0.054	0.053	0.047	0.074	
感知价值	2. 价格合理	0.033	**0.892**	0.074	0.061	-0.001	0.992
	4. 服务更好	0.072	**0.860**	0.123	0.036	0.026	
	3. 更加优惠	0.033	**0.854**	0.100	0.094	0.038	
	5. 愉悦与便利	0.043	**0.851**	0.055	0.067	0.036	
	1. 占用空间小，所耗流量少	0.071	**0.829**	0.042	0.090	0.000	
感知质量	5. 操作简单	0.095	0.062	**0.855**	0.021	-0.016	0.992
	2. 高效沟通与交流	0.144	0.062	**0.844**	0.050	0.048	
	4. 程序总体稳定	0.048	0.102	**0.842**	0.043	0.067	
	1. 满足旅游服务需求	0.108	0.050	**0.833**	0.102	0.021	
	3. 便利预订或规划	0.079	0.111	**0.825**	0.029	0.067	
用户忠诚	1. 推荐他人	0.042	0.087	0.035	**0.911**	0.071	0.987
	2. 继续使用	0.060	0.085	0.072	**0.909**	0.049	
	3. 与其他小程序相比，同程最好	0.095	0.135	0.103	**0.882**	0.057	
用户满意	2. 总体满意	0.078	0.020	0.046	0.059	**0.916**	0.987
	1. 达到预期	0.059	0.013	0.046	0.042	**0.896**	
	3. 明智选择	0.121	0.048	0.064	0.071	**0.878**	

　　经过数据分析，样本的 KMO 值结果为 0.859，大于 0.7 的判定标准，而且巴特利特球形度检验的检验值为 3770.499，显著性水平是 0.000，因此检验变量适合用因子分析的方法进行检验。表 5-4 可以清楚地看到这五个构成概念对应的项目，这五个因子命名分别是"品牌形象""感知价值""感知质量""用户忠诚"和"用户满意"。感知质量、品牌形象与感知价值三个变量采用五个问题测量，用户满意与用

户忠诚两个变量则是通过三个问题进行测量，问卷设置的具体问题均是借鉴相关研究中学者们测量五个变量时所使用的项目。根据检验结果可知，五个变量的克隆巴赫系数均大于0.8，表明问卷各构成概念内部一致性较好，可信度高。五个构成概念的相关分析见表5-4，各变量间均具有显著的相关性。

表5-4　小程序旅游相关分析

	感知价值	感知质量	品牌形象	用户满意	用户忠诚
感知价值	1				
感知质量	0.191**	1			
品牌形象	0.131*	0.231**	1		
用户满意	0.068	0.117*	0.175**	1	
用户忠诚	0.203**	0.153**	0.144**	0.141**	1

**表示0.01级别（双尾）相关性显著，*表示0.05级别（双尾）相关性显著。

将感知价值、感知质量、品牌形象作为自变量，用户满意作为因变量进行回归分析，经过分析得出，R^2 值为0.038，意味着感知价值、感知质量、品牌形象可以解释顾客满意度3.8%的变化原因。P 值出现显著性，则说明自变量对因变量有影响；反之则无影响。由表5-5可以看到，P 值均小于0.05的变量有感知质量和品牌形象这两项，而感知价值这个自变量对满意度的显著性分析 P 值为0.194，说明这个变量对用户满意不构成正向影响，假设H1不成立。通过回归系数 B 值分析 X（自变量）与 Y（因变量）的影响关系，回归分析中两个解释变量的 B 值分别为0.133、0.189，说明感知质量、品牌形象对用户满意均呈现出显著的正向影响关系。模型回归式为：用户满意 = 2.761 + 0.133（感知质量）+ 0.189（品牌形象）。

表5-5　小程序旅游用户满意度作为因变量的回归分析

项目	未标准化系数		标准化系数	t	显著性	共线性统计	
	B	标准误差	β		P 值	容差	VIF
（常量）	2.761	0.329		8.389	0.000		

续表

项目		未标准化系数		标准化系数	t	显著性	共线性统计	
		B	标准误差	β		P 值	容差	VIF
自变量	感知价值	0.071	0.054	0.068	1.3	0.194	0.955	1.047
	感知质量	0.133	0.059	0.117	2.247	0.025*	0.920	1.087
	品牌形象	0.189	0.056	0.175	3.387	0.001**	0.939	1.065
因变量: 用户满意, $R^2=0.038$, adj$R^2=0.030$, $F=4.742$, $P=0.003$								

＊＊表示小于 0.01 级别的显著性，＊表示小于 0.05 级别的显著性。

将用户满意作为自变量，用户忠诚作为因变量进行回归分析，经过分析得出，R^2 值为 0.020，意味着用户满意可以解释用户忠诚 2%的变化原因。P 值出现显著性，则说明自变量对因变量有影响；反之则无影响。由表 5-6 可以看到，P 值小于 0.05，说明假设 H4 也成立。通过回归系数 B 值分析 X（自变量）与 Y（因变量）的影响关系，回归分析中解释变量的 B 值为 0.151，说明用户满意对用户忠诚呈现出了显著的正向影响关系。模型回归式为：用户忠诚=3.222+0.151（用户满意）。

表 5-6　小程序旅游用户忠诚度作为因变量的回归分析

项目	未标准化系数		标准化系数	t	显著性	共线性统计	
	B	标准误差	β		P 值	容差	VIF
（常量）	3.222	0.223		14.470	0.000		
自变量: 用户满意	0.151	0.056	0.141	2.717	0.007**	1.000	1.000
因变量: 用户忠诚, $R^2=0.020$, adj$R^2=0.017$, $F=7.383$, $P=0.007$							

＊＊表示小于 0.01 级别的显著性，＊表示小于 0.05 级别的显著性。

5.4　新技术背景下的旅游案例 7：短视频旅游

短视频作为一种新兴的传播工具，正在逐渐影响人们的生活，并为旅游目的地的推广提供了便利。然而，在资源型地区旅游企业的主动式关系修复策略方面，短视频的研究还处于较少的阶段。本案例旨在探讨短视频传播内容对旅游购买意愿的影响，并将其与资源型地区旅游企业的主动式关系修复策略相结合。本案例在对现阶段旅游发展和短视频的发展趋势进行综合分析的基础上，进行了相关文献研究，参考 SOR 理论构建了短视频传播内容对旅游购买意愿的影响模型，深入分析短视频传播内容对旅游购买意愿的影响机制，提出针对资源型地区旅游企业的主动式关系修复策略，以帮助其更好地利用短视频平台，提高用户购买意愿，实现业务增长和竞争优势。

案例正文

　　摘要： 近年来，短视频逐渐渗透并影响着人们生活上的各个方面，同时也为旅游目的地的推广提供了一种方便的途径。本文在短视频的发展趋势与现阶段旅游发展方向相互融合的现状基础上进行了有关文献研究，参考 SOR 理论，构建了短视频传播内容对旅游购买意愿的影响模型。本文用网络调查问卷的方法收集数据，运用 SPSS 23.0 进行了数据分析和假设检验，结果显示：①短视频传播内容（感知有用性、感知易用性、感知同质性）对信任感有显著的正向影响作用。②信任感对旅游购买意愿有显著的正向影响作用。③沉浸感正向调节了短视频传播内容的感知易用性、感知同质性和信任感之间的关系，反向调节了感知有用性和信任感之间的关系。基于结论，本文针对旅游目的地和短视频平台提出了相关的建议，以期为旅游目的地宣传和竞争带来新的优势。

　　关键词： 短视频；传播内容；旅游购买意愿

1 引言

　　信息化时代，网络技术的飞速发展对经济发展起到了不可忽视的作用，尤其是自媒体的兴起，使两者之间的促进关系更加明显。从中国互联网络信息中心（CNNIC）发布的第 49 次《中国互联网络发展状况统计报告》结果中可以看出，短视频和网络视频市场用户普及率得到了大幅度提升，占比分别达网民整体的 90.5% 和 94.5%。截至 2021

年 12 月，中国短视频用户规模累积达到近 9.34 亿人，较 2020 年 12 月同期增长了 6080 万人。各种短视频的迅猛发展，使旅游资讯的传播变得更为便捷、多元化，从而引发了一股"打卡热"，不少游客在看完旅游相关视频后，到景区"打卡"。线上旅游研究始于 20 世纪的后期，很多学者经过研究论证，发现了在线旅游信息可以为人们提供旅游前后需要的知识内容，并在旅游决策中发挥重要作用。胡冬梅和郭淑怡（2020）认为短视频为旅游目的地的营销提供了新的契机，通过对短视频的应用分析，得出其在旅游目的地市场营销中的应用路径。蒋成凤和蔡畅（2019）认为抖音的推广，让更多的景区、城市变成了"网红"，为广大游客所熟知，并推动了当地的旅游业发展。抖音已经成为很多旅游景点和城市推广的第一选择。周桂清（2020）是从城市宣传角度探讨抖音的推广作用。在此背景下，本文对短视频传播的内容与旅游购买意向的关系进行分析，以期对相关的数据进行深入的探讨，从而为旅游资源的开发及如何利用短视频传播内容进行市场营销提供一些有益的参考。

目前，诸多关于短视频的研究主要集中在它的具体形式、营销方面的应用等，对于短视频传播具体内容对旅游购买意愿影响方面的研究不多。通过大量的相关文献调研，参考前人成熟量表，对调查结果进行统计和分析，可以丰富短视频的传播作用和旅游购买意愿方面的研究。通过分析短视频的传播内容对游客购买意向的影响，可以更好地了解在自媒体时代，哪些类型的短视频内容会对消费者的购买行为产生影响，从而为自媒体时代旅游产业的准确营销提供参考。本文在研究短视频的基础上分析了短视频传播的内容是否会影响潜在旅游者的购买意愿，并提出了一些优化方案，期望为旅游目的地市场运用传播学宣传提供参考，为旅游市场营销策划和持续提高旅游市场竞争力提供策略，给旅游目的地的竞争和发展带来新的机遇。

2　文献综述

短视频，顾名思义，就是一种时间比较短的视频形式，它是互联网上的一种传播方法，是一种以秒为单位的视频，它主要依靠智能终端进行快速拍照和编辑，也可以在社交媒体上进行共享和无缝连接。

常江和田浩（2018）提出，短视频不仅是几秒钟到几分钟的时间控制，而且是能够依靠社交网络，通过智能终端提供视频内容的一种产品。显然，短视频的使用者并不需要花费太多的流量，而且可以在很短的时间内观看一段视频，是一种很好的体验，这种便捷的特点为短视频更快地传播打下了很好的基础。

徐晨飞和周雨桑（2017）重点围绕视频使用者产生内容的原因开展研究，并对其进行了实证分析，包括感知易用性和安全性在内的5个变量影响了短视频使用者。刘慧悦、阎敏君（2021）以使用移动短视频的旅游者为研究对象，探究了感知有用性、感知易用性、感知娱乐性对态度有正向的影响，态度对旅游意愿有正向的影响。感知同质性是社会学研究中一个非常重要的概念，它是社会影响力理论中对个人行为和态度产生影响的重要因素，是指一个人和另一个人有共同的爱好和生活习惯，接受信息的人往往更容易相信那些价值观、兴趣、生活方式和喜好与自己相似的人。通过研究发现，短视频的推荐算法可以按照用户的兴趣爱好、价值取向来推荐，从而促进了视频的社会化和价值的共鸣，旅游打卡就是以某种价值观的认可为基础的。因此，本文将感知有用性、感知易用性、感知同质性作为研究短视频传播内容的三个维度。

目前已有的关于信任的许多定义，大概可以将其划分为信念与行为互动两个方面，这两种观点分别是心理学角度和社会学角度的观点。现有研究信任的观点指出，信任是彼此可以相信的，并且可以获得专业和可靠的知识的一种信念。而安德森等（Anderson et al., 2000）的行为互动的观点认为，信任是一种对别人的信赖，它包含潜在的损害和不确定因素。关于信任感的研究，张慧、朱立冬、江江（2016）通过对网络购物意愿的深入分析，发现消费者的购物欲望随着信任感的提高而增强。刘俊清、汤定娜（2016）通过对消费者购买意愿、信任、网上评价三个因素的分析，认为消费者信任是由网上评价的质量决定的，从而间接地影响消费者购买意愿。由此，在本研究中，信任感是指观者在观看旅游短视频时产生的信赖情感反应。

购买意愿可以理解为消费者对某个产品的主观购买欲望，道兹

（Dodds，1991）认为购买意愿是指消费者可能去购买某种商品或服务。冯建英、穆维松、傅泽田（2006）的实证研究表明，消费者在进行购买前，往往会仔细考虑，并作出初步的选择与判断，这实际上就是他的购买意愿。吴鞠安（2015）通过对企业微博内部的关联与购买意愿的互动进行了分析，得出结论：消费者的购买意向可以被视为一种可能发生的购买行为。彭正银、汪爽（2017）在一系列关于社交网络购物的研究中发现，消费者的购买意愿是指在互联网大环境下，消费者购买某种产品的主观上的概率。因此，对于购买意愿的定义，在理论上一般属于心理层面，即在实际购买行为发生前，其主观情感的改变，在定量方面可以被看作一种可能性。由此，本文将旅游购买意愿界定为消费者在购买旅游商品时的主观感觉上的可能性。

梅拉比安等（Mehrabian et al.，1974）是在1974年首次从环境心理学的观点提出了"环境-机体-反应"的概念模型，即 SOR 模型。该模型指出，外部环境的刺激可以影响人类的内部情绪，进而影响到个人的行为。另外，SOR 理论的应用比较广泛，近来也被应用于旅游方面。万君、秦宇、赵宏霞（2014）在 SOR 理论的基础上对视频图像、视频内容、情境等方面的因素进行了分析，结果表明三者对消费者的购物意向产生了一定的影响。宋蒙蒙、乔琳、胡涛（2019）以 SOR 模型为基础，探讨了虚拟品牌社区交流互动对游客旅游行为产生的影响，结果显示，消费者最关心的是易用性、双向沟通和旅游目的地的连通性，并以感知价值作为中介，对其旅游行为产生了一定的影响。综合以上分析，将 SOR 理论应用于本研究中，S 是指短视频的传播内容，O 是指潜在旅游者在观看旅游短视频时的信任感知与情感体验，R 是指旅游消费者的购买意愿。

美国心理学家齐克森米哈利（Csikszentmihalyi，1990）首先提出了"沉浸"学说，认为当一个人被某个特殊的东西或环境所吸引时，就会陷入一种沉醉的状态，这种依赖性使人无法感受到周围的环境和时间的改变，但同时也会感到愉悦和满足。随着沉浸理论在网络上的运用，有关的研究也日益增多。纳瑟等（Nusair et al.，2011）根据沉浸理论建立了旅游网站影响消费者购买行为的因素模型，通过分析，发现消费者对旅游网站的体验和使用感越高，其选择的倾向性就越高。因此，本文将"沉浸感"作为短视频用户购买过程中的调节变量进行进一步的分析和探讨。

3 模型假设

在以上的文献综述和理论的基础上，结合 SOR 模型，本文提出短视频传播内容对旅游购买意愿的影响模型（图5-3），探讨潜在的旅游者在观看了相关旅游目的地短视频后，受到短视频的传播内容的刺激，产生信任感的情感体验，进而对其旅游购买意愿产生影响；同时，进一步验证沉浸感在短视频传播内容和信任感之间是否具有一定的调节作用。

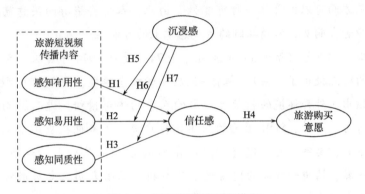

图 5-3 短视频旅游研究模型

随着视频媒介的普及，网络传播的内容和特点也发生了很大的改变，作为人们认知、情感和行动的首要感官，80%的信息源自视觉，短视频最大的优点是用各式各样的视频内容激发人们视觉上的感觉，从而提高人们对旅游的信任和影响。因此，本文提出以下假设：

H1：短视频传播内容感知有用性对信任感有显著的正向影响；

H2：短视频传播内容感知易用性对信任感有显著的正向影响；

H3：短视频传播内容感知同质性对信任感有显著的正向影响。

信任是一种表现出消费者态度并影响其购物意向的行为信仰，刘卫梅、林德荣（2018b）将信任视为行为的根本，信任在游客与目的地之间保持长久的关系中起到关键作用。基于此，本文提出以下假设：

H4：信任感与旅游购买意愿有显著的正向关系。

　　杨朝晖、焦巧（2020）在茶文化旅游研究中，利用沉浸理论的作用机制创设主题性的消费场景，以提高游客的沉浸感的消费体验，而观看旅游短视频也是一种身临其境的体验，将旅游景点的人文、美景、特色小吃等尽收眼底，用户在体验内容的过程中，使身心都获得短暂的愉悦感，从而形成对旅游目的地的信任，影响他们的旅游意愿。因此，本文提出以下假设：

　　H5：沉浸感正向调节了感知有用性和信任感的关系；

　　H6：沉浸感正向调节了感知易用性和信任感的关系；

　　H7：沉浸感正向调节了感知同质性和信任感的关系。

4　数据分析

　　本文旨在探讨短视频传播内容与旅游购买意愿之间的关系，把短视频传播内容作为具体的研究对象，并将调查问卷的目标锁定在短视频的使用者上，以分析了解影响短视频使用者旅游消费意愿的因素。问卷第一部分为人口统计信息与短视频使用状况；第二部分是关于短视频内容对旅游者购买意愿影响因素的李克特五级量表。在设计量表上，本文借鉴了 SOR 理论，通过查阅国内外有关文献资料，结合前人的研究，对短视频使用者的态度作出评估。在短视频传播内容对旅游购买意愿的影响测量上，自变量短视频传播内容维度的感知有用性、感知易用性、感知同质性，共设计了 13 个测量指标题项，在中间量信任感上，共设计了 4 个测量指标题项，在调节变量沉浸感上，共设计了 4 个测量指标题项，在因变量旅游购买意愿上，共设计了 4 个测量指标题项。量表的各个测量指标题项都是借鉴、参考国内外学者比较成熟的研究量表，结合短视频传播内容特性，对量表相关问题的准确性加以修改，从而得出最终的调查问卷。通过问卷调查的数据收集方式，在"问卷星"上制作问卷，并运用各种社交平台，如微博、微信、QQ 等于 2022 年 2—4 月发放并推广（问卷详见附录 7），从而获取样本数据。第一次调研共收集问卷 307 份，第二次调研收集问卷 300 份，剔除无效问卷 35 份，最终得到有效问卷 572 份，有效率为 94.2%。下面是对所采集的样本数据进行统计分析，其详细结果见表 5-7。

表 5-7   短视频旅游人口统计描述性分析

指标	项目	频数/人	占比/%
性别	男	260	45.0
	女	312	55.0
年龄	18 岁以下	32	5.6
	18~25 岁	198	34.6
	26~35 岁	244	42.7
	36~45 岁	78	13.6
	45 岁以上	20	3.5
学历	高中以下	20	3.5
	高中或中专	22	3.8
	大专及本科	490	85.7
	硕士及硕士以上	40	7.0
职业	学生	94	16.4
	事业单位工作人员	72	12.6
	企业人员	326	57.0
	自由职业者或个体户	80	14.0
月收入	3000 元及以下	34	5.9
	3001~5000 元	118	20.6
	5001~8000 元	176	30.8
	8001~15000 元	148	25.9
	15001~30000 元	64	11.2
	30000 元以上	32	5.6
短视频使用频率	很久才使用一次	16	2.8
	约每周一次	54	9.4
	一周多次	122	21.3
	每天使用	380	66.5
短视频使用时长	1 小时以内	172	30.1
	1 小时 $\leq t <$ 2 小时	204	35.6
	2 小时 $\leq t <$ 3 小时	124	21.7
	3 小时以上	72	12.6

信度分析用来检测量表是否可靠，通常用克隆巴赫系数来衡量。该系数区间为 0~1，系数越大，表明信度越高，测量结果就越可靠。研究经验表明，系数大于 0.7 才可以接受该测量量表。根据表 5-8，各个变量的克隆巴赫系数均大于 0.8，说明问卷的信度比较理想。巴特利特球形度检验的目的在于考察数据是否来自一个符合多元正态分布的整体，而对于这个问题的研究，则是基于整体的相关系数矩阵，相关系数矩阵的单元矩阵为零假设，它明显不等于零，可通过传统的假设来检测判定，当 Sig.<0.01 的显著水平时，可以进行因子分析。当上述两个条件都符合的情况下，再进行因子分析比较合适。根据表 5-8 分析的结果，KMO 值为 0.924，大于 0.9，所以因子分析的方法在这里运用是很适合的。与此同时，显著性 0.000 低于 0.001，说明数据的相关系数不是单位矩阵，也同样适合采用因子分析的方法。综上所述，对因子分析是否合理进行了验证，采用主成分分析方法对公因子进行抽取，并使用最大方差方法进行因子旋转，将因子抽取的准则设定为：特征根大于 1，而选取负载值大于 0，而且同一测量题项不能有交叉载荷，也就是说，两个测量维度的载荷值均超过 0.4 的因子。结果得到 5 个因子的累计方差贡献率为 75.746%，说明提取的这 5 个主因子为有效可用的，进而分析得到旋转后的因子载荷矩阵。全部测量题项在其提取的公因子上都没有交叉载荷的现象，载荷值都大于 0.5，满足标准要求。

表 5-8　短视频旅游各成分因子和信度分析

测量题项		成分					克隆巴赫系数
		1	2	3	4	5	
感知有用性	1. 生动直观	**0.785**	0.144	0.175	0.165	0.121	0.883
	2. 旅游信息有用	**0.774**	0.164	0.274	0.211	0.23	
	4. 更了解旅游目的地	**0.696**	0.261	0.164	0.383	0.2	
	3. 更易选择合适的旅游目的地	**0.675**	0.359	0.017	0.371	0.198	
	5. 对旅游购买决策有帮助	**0.614**	0.324	0.207	0.302	0.218	

续表

测量题项		成分					克隆巴赫系数
		1	2	3	4	5	
旅游购买意愿	3. 提供重要决策信息	0.251	**0.725**	0.327	0.153	0.224	0.873
	1. 产生旅游想法	0.226	**0.7**	0.208	0.379	0.118	
	4. 向朋友推荐此视频	0.236	**0.688**	0.248	0.231	0.226	
	2. 对最终旅游购买决定有关键性作用	0.273	**0.676**	0.341	0.043	0.354	
信任感	1. 信息真实	0.108	0.218	**0.846**	0.207	0.087	0.848
	2. 旅游短视频的信息是值得信赖的	0.223	0.317	**0.734**	0.094	0.248	
	4. 视频与实际情况相符	0.213	0.23	**0.692**	0.168	0.247	
感知易用性	1. 快速、便捷地了解旅游信息	0.308	0.272	0.106	**0.784**	0.166	0.873
	2. 旅游信息清晰、易懂	0.364	0.142	0.234	**0.723**	0.285	
	3. 画面清晰，便于观看	0.405	0.21	0.306	**0.644**	0.114	
感知同质性	4. 旅游态度与本人相似	0.148	0.189	0.358	0.026	**0.791**	0.851
	2. 景点符合个体旅游偏好	0.309	0.202	0.092	0.354	**0.71**	
	3. 内容和留言评论与本人价值认同一致	0.232	0.342	0.159	0.273	**0.693**	
KMO = 0.924，巴特利特球形度 = 3688.878，df = 153，P = 0.000							
沉浸感	4. 我会很投入地观看旅游短视频	**0.852**					0.836
	3. 观看旅游短视频让我有身临其境的感觉	**0.814**					
沉浸感	1. 旅游短视频对我有很强的吸引力	**0.808**					0.836
	2. 观看旅游短视频能让我从视觉、听觉上产生愉悦感	**0.802**					
KMO = 0.769，巴特利特球形度 = 452.798，df = 6，P = 0.000							

沉浸感作为调节变量进行了单独的因子分析，见表 5-8，KMO = 0.769，显著性水平小于 0.001，符合因子分析标准，利用主成分分析法提取公因子，采用最大方差法进行因子旋转，因子抽取的准则设定为：特征根大于 1，而选取负载值大于 0。分析可得变量的累计方差贡献率达到了 67.111%，全部的测量指标题项在其提取的公因子上都没有交叉载荷的现象，且公因子载荷值都在 0.5 以上，提取的公因子也满足所需标准与条件。

相关性分析主要用于判断各变量间的相关程度大小。本文利用皮尔森相关系数对各变量的相关性程度进行了分析，当相关系数的绝对值越接近 1 时，表明相关程度越强；若越接近 0，则相关程度越弱。根据表 5-9 可以看出，在 $P<0.01$ 的显著水平上，短视频传播内容的感知有用性、感知易用性、感知同质性、信任感、沉浸感和旅游购买意愿呈正相关关系，而且各个变量之间的相关性系数均小于 0.8，没有多重共线性的可能，问卷量表的一致性较高。

表 5-9　短视频旅游相关性分析

	感知有用性	感知易用性	感知同质性	信任感	购买意愿	沉浸感
感知有用性	1					
感知易用性	0.768 **	1				
感知同质性	0.631 **	0.603 **	1			
信任感	0.545 **	0.535 **	0.580 **	1		
购买意愿	0.686 **	0.642 **	0.673 **	0.683 **	1	
沉浸感	0.769 **	0.719 **	0.713 **	0.616 **	0.766 **	1

** 表示 $P<0.01$。

将短视频传播内容感知有用性、感知易用性、感知同质性纳入自变量，信任感纳入因变量，进行多元回归分析，分析结果见表 5-10，R^2 为 0.402，说明短视频传播内容的三个维度可以解释信任感 40.2% 的差异性，且 F 值为 63.173，显著性概率为 0.000，说明模型的拟合效果比较好，回归效果显著。另外，VIF<10，说明自变量之间没有多重共线的情况存在。感知有用性、感知易用性、感知同质性的显著性概率均小于 0.05，说明这三个变量均显著影响旅游者的信任感，可以归入回归方程。而且从标准化系数来看，感知同质性对信任感的影响和

贡献最大，其次是感知有用性和感知易用性。因此，该回归结果表明短视频传播内容的感知有用性、感知易用性、感知同质性对信任感有正向作用，假设H1、H2、H3成立。

表5-10　短视频传播内容和信任感的回归分析

项目		未标准化系数		标准化系数	t	显著性	共线性统计	
		B	标准误差	β			容差	VIF
（常量）		0.488	0.211		2.310	0.022*		
自变量	感知有用性	0.192	0.080	0.182	2.395	0.017*	0.366	2.731
	感知易用性	0.186	0.077	0.180	2.432	0.016*	0.387	2.585
	感知同质性	0.355	0.061	0.356	5.823	0.000***	0.568	1.763
因变量：信任感，$R^2=0.402$，$\text{adj}R^2=0.396$，$F=63.173$，df=3，$P=0.000$								

***表示小于0.001级别的显著性，**表示小于0.01级别的显著性，*表示小于0.05级别的显著性。

将信任感作为自变量，旅游购买意愿作为因变量，进行回归分析，分析结果见表5-11，R^2为0.467，说明信任感可以解释旅游购买意愿46.7%的差异性，且F值为248.642，显著性概率为0.000，说明模型的拟合程度比较好，回归效果显著。另外，VIF<10，说明自变量之间没有多重共线的情况存在。信任感的显著性概率小于0.001，说明它显著影响旅游购买意愿，可以归入回归方程。因此，信任感对旅游购买意愿有正向作用，假设H4成立。

表5-11　短视频旅游信任感和购买意愿的回归分析

项目	未标准化系数		标准化系数	t	显著性	共线性统计	
	B	标准误差	β			容差	VIF
（常量）	1.433	0.143		9.995	0.000***		
自变量：信任感	0.664	0.042	0.683	15.786	0.000***	1.000	1.000
因变量：旅游购买意愿，$R^2=0.467$，$\text{adj}R^2=0.465$，$F=248.642$，df=1，$P=0.000$							

***表示小于0.001级别的显著性，**表示小于0.01级别的显著性，*表示小于0.05级别的显著性。

以下主要研究沉浸感是否会强化短视频传播内容的感知有用性、

感知易用性、感知同质性与信任感之间的关系。以信任感为因变量,将短视频传播内容的感知有用性、感知易用性、感知同质性分别和沉浸感相乘的乘积为自变量,运用巴伦（Baron,1986）的三步骤检验法进行回归分析,检验沉浸感的调节效果。

如表 5-12 和图 5-4~图 5-6 中的数据所示,加入沉浸感之后,感知有用性、感知易用性、感知同质性的非标准化系数分别是 -0.407、0.290、0.182,P 值分别是 0.000、0.000、0.004,都小于 0.05,所以,沉浸感在短视频传播内容和信任感之间存在调节作用。其中,感知有用性的非标准化系数小于 0,即沉浸感在感知有用性和信任感之间起反向调节效果,所以 H5 不成立,H6、H7 成立。

表 5-12　短视频旅游沉浸感的调节作用

模型		未标准化系数		标准化系数	t	显著性
		B	标准误差	β		
1	有用性	0.182	0.076	0.182	2.395	0.017*
	易用性	0.180	0.074	0.180	2.432	0.016*
	同质性	0.356	0.061	0.356	5.823	0.000***
因变量:信任感,$R^2=0.402$, adj$R^2=0.396$, $F=63.173$, df=3, $P=0.000$						
2	有用性	0.062	0.081	0.062	0.768	0.443
	易用性	0.114	0.074	0.114	1.536	0.126
	同质性	0.253	0.066	0.253	3.856	0.000***
	沉浸感	0.306	0.082	0.306	3.751	0.000***
因变量:信任感,$R^2=0.430$, adj$R^2=0.422$, $F=53.093$, df=4, $P=0.000$						
3	有用性	-0.017	0.080	-0.017	-0.219	0.827
	易用性	0.223	0.074	0.223	3.012	0.003**
	同质性	0.244	0.063	0.244	3.866	0.000***
	沉浸感	0.320	0.078	0.320	4.099	0.000***
	有用性×沉浸感	-0.407	0.078	-0.760	-5.185	0.000***
	易用性×沉浸感	0.290	0.064	0.543	4.535	0.000***
	同质性×沉浸感	0.182	0.063	0.317	2.907	0.004**
因变量:信任感,$R^2=0.491$, adj$R^2=0.478$, $F=38.353$, df=7, $P=0.000$						

***表示小于 0.001 级别的显著性,**表示小于 0.01 级别的显著性,*表示小于 0.05 级别的显著性。

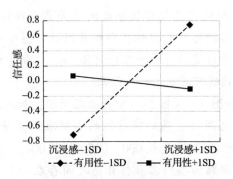

图 5-4　短视频旅游调节效应 1

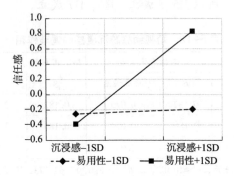

图 5-5　短视频旅游调节效应 2

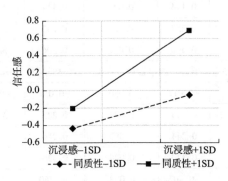

图 5-6　短视频旅游调节效应 3

　　本篇文章的数据分析结果表明，短视频传播内容的感知有用性、感知易用性、感知同质性都正向影响观者的信任感。感知同质性的 B 值最大，为 0.355，说明它对信任感的正向影响能力最高。信任感的 B

值为 0.664，说明它能够正向影响观者的旅游购买意愿。这综合表明了符合短视频观看者的偏好的视频内容，更容易让观者产生对旅游目的地的信任，也更愿意实际到景点去旅游。

同时，沉浸感正向调节了感知易用性对信任感的影响和感知同质性对信任感的影响，在全身心投入观看短视频时，清晰易懂、结构合理、有吸引力的内容会让观者更加信任视频中的旅游信息。沉浸感反向调节了感知有用性对信任感的影响，可以看出，沉浸感和有用性同时作用时，信任感会降低，可以理解为短视频的碎片内容容易让人沉迷，它对旅游景点夸大营销时带来的某些效应也会影响观者信任感的波动甚至降低，所以用短视频平台进行景点宣传时要适度。

综合以上分析，本文所提出的假设检验结果见表 5-13。

表 5-13　短视频旅游假设结果检验

假设	内容	结果
H1	短视频传播内容感知有用性对信任感有显著的正向影响	成立
H2	短视频传播内容感知易用性对信任感有显著的正向影响	成立
H3	短视频传播内容感知同质性对信任感有显著的正向影响	成立
H4	信任感对旅游购买意愿有显著的正向影响	成立
H5	沉浸感正向调节了感知有用性和信任感的关系	不成立
H6	沉浸感正向调节了感知易用性和信任感的关系	成立
H7	沉浸感正向调节了感知同质性和信任感的关系	成立

5.5　新技术背景下的旅游案例 8：直播旅游

随着互联网技术的不断发展和普及，网络直播已经成为人们日常生活中的重要组成部分，并在各个领域展现出了巨大的发展潜力。特别是在旅游行业中，为了更好地宣传和推广旅游目的地，吸引游客并在竞争激烈的旅游市场中占据优势地位，"旅游+直播"模式逐渐崭露头角。因此，本案例旨在探讨旅游直播对资源型地区旅游企业主动式关系修复的策略研究，运用 SOR 模型探究旅游直播对游客的刺激效果，进而研究旅游直播对游客的行为态度和行为意愿的影响，最后提出资源型地区旅游企业在利用旅游直播提升形象时的相关对策和措施，为资源型地区旅游企业提供关于主动式关系修复策略的宝贵参考，促进其发展和持续增长。

案例正文

　　摘要：随着互联网技术的不断发展进步，网络直播已经逐渐渗透到人们的生活中并在各领域展现出自己的风采。为了更好地宣传旅游目的地形象，在竞争激烈的旅游市场中占据有利地位并且长期发展，"旅游+直播"无疑成为旅游经营单位和旅游管理部门在宣传旅游目的地形象和打造旅游产品时考虑的重要模式之一。因此，本文以旅游直播为研究对象，运用 SOR 模型，从外界刺激、内部情感和行为反应三方面展开研究。本案例结合旅游直播的相关特性，选取信息价值、交互性、定制性、优惠性为外部刺激变量，空间临场感、心流体验、旅游目的地形象感知为内部情感，游客意愿为行为反应，进而研究变量之间的相互关系；结合前人设计的成熟量表，对问卷进行设计和发放，进行数据的收集，并对所收集的数据进行实证分析。通过相关分析，得出旅游直播的信息价值、交互性、定制性、优惠性对空间临场感、心流体验、旅游目的地形象感知三项感知价值存在显著的影响；空间临场感、心流体验、旅游目的地形象感知对游客意愿存在显著的影响，同时空间临场感、心流体验和旅游目的地形象感知在旅游直播特性与游客意愿中充当中介作用。根据上述研究结论，得出旅游目的地提升形象的对策和措施，最后进行总结与展望。

　　关键词：旅游直播；SOR 模型；旅游直播特性；感知价值；游客意愿

1　引言

　　随着计算机网络技术的不断发展，互联网新媒体已经逐渐渗透到人们的生活中并在各领域展现出自己的风采。相较于传统媒体，新媒体具有快速的信息更新速度、多样化的表现形式和强烈的个性化特征，促使新媒体的产物如抖音短视频、网络直播等异军突起。特别是网络直播因其准入门槛较低、操作灵活便捷而备受广大网民推崇。由于直播具有即时性和互动性的特点，一些学者将"旅游"和"直播"相联系，衍生出一种新型的旅游体验方式——旅游直播，它使游客在短时间内足不出户就能了解景区的各类信息及其他服务，成为联系景区和游客的一条新型桥梁与纽带。目前，国内大部分景区为了能更好地满足和吸引游客，都开始使用短视频、直播等新媒体来提供景区服务。这为景区提供了一种必要的手段和途径的同时，也为旅游目的地进一步发展提供了更大的可能。

良好的旅游目的地形象是旅游目的地经济发展的核心。然而，由于旅游目的地典型的不可移动性，为了能在激烈的市场竞争中占据有利的地位并且长期发展，必须把旅游目的地形象"打出去"，在此基础上不断地更新优化。随着新媒体技术的广泛应用及新媒体传播环境的来临，"旅游+直播"应运而生，成为旅游管理部门参考借鉴及旅游运营商在推广旅游目的地形象和开发旅游产品时考量的一种重要模式。它的出现丰富了旅游目的地形象塑造和提升的主体，也使旅游目的地形象的塑造和传播不再受时空地域的限制，在效率获得显著提升的同时，效果也得到了及时反馈。

当下，对于旅游直播能否提升旅游目的地形象这个课题，学术界的研究还比较少，过往经验相对不足，所以迫切需要研究通过旅游直播提升旅游目的地形象的案例，对其进行提炼和改进，以得出一系列相对切实可行的策略，为旅游目的地的经营提供有价值的参考和借鉴。

本文偏向于实证研究，在研究和撰写中引用了 SOR 理论模型和空间临场感、心流体验等理论，并通过研究旅游直播对旅游目的地形象提升的影响，从而拓展了旅游直播在旅游目的地形象中的研究应用。当前学术界将旅游直播与旅游目的地形象结合进行的定量分析研究还较少，文献也相对有限。在现有研究的基础上，本文将旅游直播与提升旅游目的地形象相结合来研究两者的关系模型，为进一步深入研究和分析提供了必要的理论支撑。

旅游目的地形象的提升与完善需要一定的新媒体技术的支持。在信息技术飞速发展的今天，纸质媒体、电视广告等传统媒介在塑造和提升旅游目的地形象方面存在一定的局限性，在信息传递方面更是缺乏时效性和效率性。新媒体技术在旅游业中发展和应用，尤其是旅游直播等为信息传播提供了新的途径，使旅游地的形象得到了进一步的完善与提升。本文选取旅游直播进行研究，有助于旅游目的地提升和改善景区形象，也可以为旅游管理部门提供一些参考建议。

2　研究方法和研究内容

笔者通过阅读和整理相关内容的文献资料，对前人学者的经验和成果进行总结、归纳、梳理，结合最新的前沿研究进行研究和思考，有针对性地对旅游直播的特性、空间临场感、心流体验、旅游目的地形象感知、游客意愿等相关文献资料进行收集，深入查阅国内外相关资料，构建了论文的模型，并对研究结果进行整理和归纳，为本研究提供基本方向。

本文基于"问卷星"创建问卷链接，有针对性地进行问卷题目的设置，充分利用网络资源随机发放问卷、收集信息，并通过调查所收集的数据，对其进行整理和解决，为后续研究提供数据支撑。本研究选取8个变量，针对每一个变量设计相关测量题项并于2023年2月线上发放问卷（问卷详见附录8），经过一周的问卷收集，在进行整理分析后，填写调查问卷601份，收回有效问卷514份，有效率为85.5%。

利用SPSS 23.0统计学软件进行人口统计学特征分析、信度和效度评估、相关分析及回归分析，对数据展开系统分析和解释并对所提出的假设进行验证分析。最后通过数据支持，得出本研究的相关结论。

本文基于实证分析，研究平遥古城在新媒体语境下旅游目的地形象的提升路径，共包括以下六个部分。

第一部分为引言。这一部分主要介绍了本研究的背景、意义及本文的主要研究方法和内容。

第二部分为文献综述。主要介绍了旅游直播及其特性、空间临场感、心流体验、旅游目的地形象感知和游客意愿五个维度的相关理论概念，以及国内外近年来取得的研究成果。

第三部分为研究模型的建立与设计。基于 SOR 理论构建理论模型，并且提出假设。

第四部分是实证分析。在这部分中，主要是对所收回的数据进行整理和分析。首先需要对 514 份有效问卷的数据进行描述性统计分析与汇总；其次对数据进行可信度和效度分析；最后对所提出的假设进行系统的验证和解释。

第五部分是结论与策略。对研究结论进行汇总和归纳整理。根据所验证的结果，对平遥古城旅游目的地形象的提升提出一定的建议，总结相关研究的实践启示。

第六部分是研究不足与展望。基于本研究的不足之处，对之后的理论研究和实际应用进行了展望，希望能为今后的研究提供一定的参考价值。

3　文献综述

随着数字网络技术的迅猛发展，新媒体与社会的互动日益凸显。它通过不断地改变传播方式，最终实现了一种功能角色的转变，也就是从简单带来一种新的信息传播方式，上升到普遍化、内在化地对社会结构进行改造，从而开创了一个新的媒介传播时代，把我们带到一个全新的语境当中。美国《信息方式：后结构主义与社会语境》一书的作者马克·波斯特教授指出，随着电子媒介进入我们的日常交往，人们感知自我和现实的方式受到其语言多样性的深刻影响，同时，信息方式下的语言"包装"也在重新构建我们与世界的关系和整个社会关系。在这个"深刻影响"和"重新构型"的过程中，形成了一种独特的言行环境和阐释背景，即新媒体语境，它在信息化里扮演着重要的角色。网络直播作为在互联网平台上实时发布、具有实时互动功能的一种新型的媒体形式和语境，它具有即时性、互动性等特征。而旅游直播作为网络直播的一种类型，现今并未被具体定义。邓等（Deng et al.，2019）尝试将旅游直播的概念解释为一种特殊的社会技术现象，表示旅游直播可以实时分享给观众正在发生的事，观众也可以随时将自己一系列的感受、想法提交到旅游直播平台进行互动，主播则采用视频画面来回答观众的问题，实现视频、文字、声音的同步传输，从而构建一个虚拟的"第三空间"。基于此，本研究认为旅游直播是通过互联网平台参与互动，从而展示旅游内容，增强对目的地感知的一种新媒体语境类型。

旅游直播（直播+旅游）的相关研究多集中于如何更好地将直播技术融入旅游领域，从而促进虚拟旅游的实现，为旅游目的地的发展贡献力量。拉奥等（Rao et al.，2020）提出一套结合二维、三维技术及通过无人机实现的直播技术而成的新技术，该技术能使用户在观看互联网视频之后获得更丰富的旅游体验。米尔克等（Mirk et al.，2015）提供了一个虚拟旅游方法，即使用无人机将景点的实时视频发送至游客，游客能通过 VR 头盔观看旅游目的地景观，并通过头部运动操控无人机的飞行。也有学者从旅游直播的应用出发，探讨旅游直播的意义。芬内尔（Fennell，2021）表示雇用当地导游来促进个性化、交互式、实时的旅游直播能够满足残疾人、老年人，以及注重生态可持续的公民的旅游需求。卡尔布斯卡等（Kalbaska et al.，2018）探讨了如何借助已有的时尚活动（如时装周）来构建旅游目的地的在线呈现，其中利用社交媒体直播便是一种可行且有效的方式。赫尔塔斯（Huertas，2018）通过分析旅游直播在旅游领域中的潜力，了解到社交媒体上的旅游直播相较于其他视觉媒体传递给用户的真实性和情感程度要高得多，更能促进旅游体验，从而提高目的地的吸引力及形象。

赵梦媛（2016）认为直播之所以能够脱颖而出，是因为它具备开放性和真实性这两个特质，展现出自身独特的影响力。李轶凡（2017）认为，在移动电商直播这一领域，电商直播与传统电商不同，它提供了一种屏幕内外双向交流的信息交换方式，同时具备互动性和社交性。在马春娜（2017）看来，直播所传递的情感和思想更具有感染力和表现力。它利用动态视频的展示和实时互动的弹幕，有效避免了静态图文信息的失真，能够从多个维度向用户传递更加详细的信息和评价。基于前者研究，本文借鉴直播的特性，将其迁移至旅游直播并从中选取了信息价值、交互性、定制性和优惠性作为旅游直播的特性进行探讨。

空间临场感是指在虚拟环境中身临其境的一种存在感。威特默等

（Witmer et al.，1998）的文章总结了空间临场感的概念，即在空间中处于某一环境或地方时的主观感受或体验。而沃思等（Wirth et al.，2007）把空间临场感定义为当媒介使用者真正感知到媒介环境中的内容时，身处该媒介环境的感觉。

在以往的研究中，人们更多地注意到了媒体环境、网络教育、广告营销等方面的空间临场感。当使用者置身于虚拟的网络媒介环境中时，他们所感受到的空间临场感与其在媒介虚拟环境中的感官体验感呈正比关系。也正是这个原因，众多学者将空间临场感与心流体验相结合进行了一系列的研究。游客在旅游直播情境下所感受到的临场感主要体现为空间临场感，这是一种真实而沉浸式的体验，也就是游客通过旅游直播所得到的体验。旅游直播突破时空地域的限制，它以直播间为载体，将旅游地的画面传达给众多旅游消费者，并向其推介旅游产品，给旅游者营造出一种空间临场感。

心流体验（flow experience）又被称为"沉浸""流畅"等，最早是由齐克森米哈利（Csikszentmihalyi，1990）于 1975 年提出的，是指自然的个体内在愉悦所引起的对某项活动的专注状态，该状态由专注与愉悦两个维度构成。在 20 世纪末，霍夫曼等（Hoffman et al.，2000）首次将心流体验理论与线上消费者行为领域的研究相结合，认为心流体验就是指消费者在网络购物中所呈现的一种综合性的主观心理状态，如专注、愉悦和沉浸等。大量研究表明，心流体验是个体愿意继续从事某种行为的动力。已有研究以不同视角对消费者心流体验的影响因素进行了考察。从消费者的角度来看，涉入度、互动性都会促发心流体验（Hoffman et al.，2000）；从环境特性来看，直播平台的互动性、直播内容的新颖性都有助于提升消费者的心流体验。对于心流体验影响的结果，前人的研究发现，心流体验可以显著地提高消费者的积极参与感和购买意愿等。

在市场中，维持旅游目的地的良好形象是决定目的地营销成功与否的关键因素（Tasci et al.，2007）。游客的决策过程会受到目的地形象的深刻影响（Tsiotsou et al.，2010），甚至形象的呈现正是游客所期望的（Leisen，2001；冯捷蕴 等，2016）。此外，旅游者对旅游目的地的选择在很大程度上受到其对目的地形象偏好的影响。游客的返回意愿、忠诚度和正面的口碑传播都受到目的地形象的影响，这是游客行为背后的一个关键因素和驱动力，也是品牌资产的一个显著维度（Boo et al.，2009），同时也是目的地忠诚度的一个重要组成部分。随着互联网的快速发展，越来越多的学者将目光转向了旅游目的地形象的传播媒介研究，如综艺节目、影视作品、旅游视频短片及旅游网站等，着重研究了旅游目的地形象在旅游市场营销中的运用。伍德赛德等（Woodside et al.，2002）证实了旅游视频广告可以提高潜在游客对目的地的好感度。相关研究显示，风景明信片可以提高潜在游客对目的地的认知水平，也有助于旅游地把好的形象传递给潜在旅游者（Yüksel et al.，2007）。泰西托雷等（Tessitore et al.，2014）认为，真人秀节目能够激发潜在游客对目的地的正向感知，从而显著提升电视节目所在地的品牌形象。

国内学者对旅游目的地形象的研究，多从旅游形象的感知、外部因素对目的地形象的影响及目的地形象传播和市场营销等方面展开。2004年以后，我国旅游学者将国外相关研究成果作为基础，并与我国旅游业发展的实际情况相结合，将旅游形象研究的理论重点放在了以下几个方面：旅游感知形象、旅游认知形象、旅游情感形象和旅游整体形象的研究等，同时还将旅游形象提升策略、旅游形象定位等重要内容纳入其中。谢彦君、马天、卫银栋（2014）通过实验法，发现宣传片、游记、评论这三种媒介都会使游客对旅游目的地形象的感知程度产生一定的影响。李桂莎、张海洲、陆林等（2019）以巴厘岛为例，通过实验法研究发现，宣传片可以影响潜在游客对目的地形象的感知水平。吕连琴和陈天玉（2020）以河南省为研究对象，采用社会网络分析法对比分析了游客感知形象和官方宣传形象，为提升旅游目的地形象提供有现实意义的理论指导。吴林芝、周春林、黄子璇等（2018）从供需视角出发，以南京市为例，运用ROST、SPSS等统计分析法，对比了网站、微博、游记三种网络媒介下的游客感知形象与官方宣传形象，并探讨了它们之间的差异。这些资料的收集都为本文研究旅游直播对旅游目的地形象提升的影响提供了理论基础。本次研究是对已有旅游目的地形象研究的一次更新和补充，在一定程度上可以为同类旅游景区利用旅游直播开展旅游目的地形象管理工作提供借鉴。

游客意愿也称行为意愿，是一项判断目的地和旅游产品能否在旅游业中获得成功的至关重要的指标，对这一话题的研究一直是市场营销和旅游领域的重要内容，它可以被用来预测游客的未来行为。

行为意愿包括游客期望在未来展现的一种理想化的行为，它以重访、推荐、正面口碑等形式呈现出来。重游意愿是指游客回到某个目的地的意愿和准备，被视为一种至关重要的行为意愿。推荐意愿是指消费者愿意将亲身体验经历与朋友一起分享。大部分营销人员认为，在旅游目的地和旅游产品营销策略中，推荐是衡量一个旅游目的地和旅游产品营销策略成败的一项重要指标，旅游经营者在向旅游者提供其产品和体验的基础上，对其经营管理策略进行评估。正面口碑是指游客向他人讲述甚至展示相关的愉悦、生动或独特的体验。德代奥卢等（Dedeoglu et al.，2018）研究表明，口碑作为一种重要的营销服务，它与减少客户风险相关，并且在免费广告方面也被视为对企业非常重要。

"刺激–机体–反应"模型即 SOR 模型，是梅拉比安等（Mehrabian et al.，1974）在 1974 年提出的。他们将环境视为一种刺激因素，情绪置于个体行为与外部刺激之间，外界刺激首先对个体的认知和情绪产生影响，然后进一步影响个体行为表现。在此模型中，刺激（Stimulus）包含了个人所能感知到的信息，它是指在环境中，可以促使个体产生反应的因素；机体（Organism）囊括了人类的认知和情感。反应（Response）包含了心理反应和行为反应两个方面，是指个体的行为反应。SOR 理论应用领域较广，近年来被广泛应用于研究新兴媒体、旅游环境等因素对在线潜在游客的影响。

本文在研究旅游直播对平遥古城目的地景区形象提升的影响时，同样可以借鉴 SOR 理论。在本文中，外部刺激是旅游直播的四个特性，机体是指潜在旅游者在观看旅游直播时产生的感知体验，反应则是指潜在旅游者的意愿。

4 研究假设与模型建构

基于具体的研究情境，本研究结合 SOR 理论构建了理论模型，如图 5-7 所示。研究对象在接收到外界刺激之后，其相应的情感或认知也会随之改变，从而导致其意愿或行为也发生改变（Mehrabian et al.，1974）。本文将旅游直播的信息价值、交互性、定制性和优惠性四个特性作为外界刺激，从而影响主体用户的空间临场感、心流体验和旅游目的地形象感知，进而影响游客意愿。

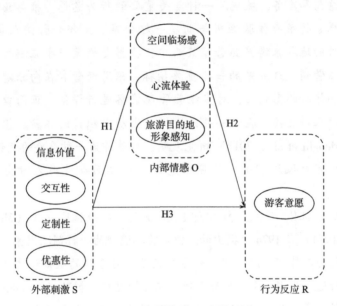

图 5-7　直播旅游 SOR 模型

（1）旅游直播内容特征属性与空间临场感、心流体验、旅游目的地形象感知之间的关系

①旅游直播的信息价值是指旅游直播所展示内容的丰富、真实、有趣、准确。罗（Luo，2002）研究表明，网站的信息量对访问者的态度具有正向影响。科法克斯等（Koufaris et al.，2001）认为，越是丰富的购物信息，就越有可能引起消费者兴趣并觉得有所帮助。豪斯曼等（Hausman et al.，2009）的研究表明，网络界面的信息性特征可以提高用户的沉浸感。旅游目的地利用互联网提供了丰富的信息资料，让游客感受到信息所展现的价值。就正常思维来讲，如果旅游目的地能在

网上提供非常全面而有用的信息，那么我们自然就会觉得这个地方贴心周到，很大可能就会成为出游的备选。以上研究说明了网络内容信息性与空间临场感、心流体验和旅游目的地形象感知存在一定的关联，本研究将其延伸至旅游直播情境，提出以下假设：

H1-1-1：旅游直播的信息价值对空间临场感产生正向影响；

H1-1-2：旅游直播的信息价值对心流体验产生正向影响；

H1-1-3：旅游直播的信息价值对旅游目的地形象感知产生正向影响。

②旅游直播交互性是指直播用户通过评论、弹幕等方式与其他用户之间进行交流沟通。赵宏霞、王新海、周宝刚（2015）曾经指出，通过增强交互性，消费者可以形成虚拟触觉，而这种触觉则是一种空间临场感的体现。通等（Tung et al.，2007）也指出，主动的互动环境相较于被动的互动环境，能够为消费者提供更高层次的空间临场感。相较于广播、报纸等传统的旅游营销模式，旅游直播采用多位一体的传达方式，通过强化互动体验，提升观众的体验感和吸引力。学者们在交互性与消费者心流体验的研究中表明，交互性可以对消费者的感知乐趣和注意集中程度产生影响，从而推动其达到心流体验的状态。歌蒂思（Godes，2011）认为，互联网使得信息发布人和浏览者之间的交流更为方便，从而实现信息的交换。如果游客认为互联网上的交流性信息是真实的，并有充分的价值时，那么就会加强对旅游目的地的认知，这对提高游客的旅游决策及提升旅游目的地的形象都有很大的帮助。据此，本研究提出以下假设：

H1-2-1：旅游直播的交互性对空间临场感产生正向影响；

H1-2-2：旅游直播的交互性对心流体验产生正向影响；

H1-2-3：旅游直播的交互性对旅游目的地形象感知产生正向影响。

③旅游直播定制性就是直播平台通过大数据来实现对用户的精准推送。范静、万岩、黄柳佳（2014）认为，购物网站中的定制功能有助于用户快速找到自身想要的产品，从而可以选择自己喜欢的旅游目的地，形成对旅游目的地形象的良好认知。罗斯等（Rose et al.，2012）研究表明，网站个性化可以提升用户在网购时的愉悦感水平，帮助他们进入心流体验的状态。本文据此提出以下假设：

H1-3-1：旅游直播的定制性对空间临场感产生正向影响；

H1-3-2：旅游直播的定制性对心流体验产生正向影响；

H1-3-3：旅游直播的定制性对旅游目的地形象感知产生正向影响。

④旅游直播优惠性是指旅游直播平台用户可以用更优惠的价格购买到产品或者购买的同时还会获得小赠品。迪特马尔等（Dittmar et al.，1995）的量表指出了旅游直播平台的优惠性与用户平台的社会临场感、愉悦感、信任感呈正向影响关系。同时，直播平台中发放优惠活动，能够激发用户的参与感和专注力。针对某个景点的优惠活动也有利于用户对目的地形象产生一定的改观。据此推断，本文提出以下假设：

H1-4-1：旅游直播的优惠性对空间临场感产生正向影响；

H1-4-2：旅游直播的优惠性对心流体验产生正向影响；

H1-4-3：旅游直播的优惠性对旅游目的地形象感知产生正向影响。

（2）空间临场感、心流体验、旅游目的地形象感知与游客意愿的关系

哈赛宁等（Hassanein et al.，2007）曾表明，消费者的感知价值因受到空间临场感的影响，随之增强了他们的黏性倾向。在旅游直播的环境中，这种黏性倾向表现为旅游者持续参与旅游直播间的互动，购买景区门票和旅游产品，以及参与实地旅游活动和向亲友推荐自己喜欢产品的倾向，这种倾向即旅游消费者的参与意愿。霍夫曼等（Hoffman et al.，2000）曾表明通过心流体验，个体可以获得更高的满足感，从而影响他们未来采取更积极的行为方式。无论是全身心投入、个体满足感，还是更加积极的行为，都彰显了心流体验对消费者心理和行为的积极影响，而在旅游直播场景中，这种积极的影响就体现在旅游消费者参与意愿的提升上。良好的、令人满意的旅游目的地形象的感知更会提升人们旅游意愿的积极性。据此，本文提出以下假设：

H2-1：空间临场感对旅游意愿产生正向影响；

H2-2：心流体验对旅游意愿产生正向影响；

H2-3：旅游目的地形象感知对旅游意愿产生正向影响。

（3）空间临场感、心流体验、旅游目的地形象感知在旅游直播特性和游客意愿中起中介作用

①依据 SOR 理论，外部环境的刺激会对个体的认知和情感产生影

响，从而引发内在或外在的反应。在旅游直播的情境中，由于外部环境的刺激，旅游消费者的内心可能会产生一种空间临场感，这种感受会进一步激起旅游消费者的行为反应，从而成为外部刺激与行为意愿之间的桥梁。基于此，本文提出以下假设：

H3-1-1：空间临场感在旅游直播信息价值和游客意愿中起中介作用；

H3-1-2：空间临场感在旅游直播交互性和游客意愿中起中介作用；

H3-1-3：空间临场感在旅游直播定制性和游客意愿中起中介作用；

H3-1-4：空间临场感在旅游直播优惠性和游客意愿中起中介作用。

②在研究社会化电商特征对消费者参与意愿的影响时，张等（Zhang et al.，2014）发现，心流体验在感知互动性和感知社交性与参与意愿之间扮演着一种中介角色。另外，在直播过程中，若直播所展示的信息是真实和准确的，并且与用户的关注点和兴趣点相一致，消费者也会产生沉浸感并最终产生行为意愿。综上所述，本文提出以下假设：

H3-2-1：心流体验在旅游直播信息价值和游客意愿中起中介作用；

H3-2-2：心流体验在旅游直播交互性和游客意愿中起中介作用；

H3-2-3：心流体验在旅游直播定制性和游客意愿中起中介作用；

H3-2-4：心流体验在旅游直播优惠性和游客意愿中起中介作用。

③游客在观看直播的过程中，在很大程度上可以觉察到旅游直播的相关特性，通过这些特性进而产生对旅游目的地形象相关内容的感知；如果感知到的内容与游客的兴趣相符，那么他们就会产生前往该地的行为意愿。据此，本文提出以下假设：

H3-3-1：旅游目的地形象感知在旅游直播信息价值和游客意愿中起中介作用；

H3-3-2：旅游目的地形象感知在旅游直播交互性和游客意愿中起中介作用；

H3-3-3：旅游目的地形象感知在旅游直播定制性和游客意愿中起中介作用；

H3-3-4：旅游目的地形象感知在旅游直播优惠性和游客意愿中起中介作用。

本文运用 SOR 理论，结合国内外文献资料和前人研究，采用李克特五级量表法对旅游直播的特性进行评估来确定量表的选取。在研究旅游直播对提升旅游目的地形象的影响时，我们设计了 16 个测量题项来评估旅游直播的信息价值、交互性、定制性和优惠性。另外，我们还设计了 12 个题项用于空间临场感、心流体验和目的地形象感知的测量，以及 3 个测量指标题项用于评估游客意愿。

通过参考国内外学者较为成熟的研究量表，并结合旅游直播的特性，对量表相关问题的准确性进行了修改，最终得出了一份完整的调查问卷。表 5-14 所呈现的是具体测量指标题项的参考来源。

表 5-14　直播旅游量表测量题项

变量	题项	题项描述	题项来源
旅游直播的 信息价值	XX1	在旅游直播中可以获得更丰富、更充足的信息	陈晔、李天元、赵帆（2014） 杰洛涅等（Delone et al.，2003） 尚等（Shang et al.，2005）
	XX2	旅游直播展示的信息是即时的	
	XX3	旅游直播展示的信息是准确的	
	XX4	旅游直播展示的内容是真实可信的	
旅游直播的 交互性	INT1	在直播过程中回应了消费者的问题或话题	林斯等（Ridings et al.，2002） 郑冉冉、叶成志、李璐龙（2022） 陈晔、李天元、赵帆（2014）
	INT2	在直播过程中能按观众要求展示目的地景点相关功能与细节	
	INT3	会和消费者就景点在直播时进行交流	
	INT4	在直播中通过各种方式活跃直播间的氛围	
旅游直播的 定制性	DZ1	旅游直播平台了解我的需求	张等（Zhang et al.，2014） 赵等（Zhao et al.，2020） 付丽、李青青（2021）
	DZ2	会推荐我想看的旅游直播	
	DZ3	会根据需求和偏好来推荐相应的直播	
	DZ4	提供的直播都是我喜欢的	

续表

变量	题项	题项描述	题项来源
旅游直播的优惠性	PP1	旅游直播中有低于其他渠道的价格	迪特马尔等（Dittmar et al.，1995）
	PP2	旅游直播中会发放优惠券或抽奖活动	
	PP3	旅游直播中的优惠促销活动感受到有其他消费者的存在	
	PP4	我会受到优惠性（低价）的诱惑和吸引	
空间临场感（身临其境感）	SP1	在观看直播过程中会有一种身临其境（置身于古城中）的感觉	郑冉冉、叶成志、李璐龙（2022）沈等（Shen et al.，2008）
	SP2	在观看旅游直播过程中感觉平遥古城就在我眼前	
	SP3	在观看旅游直播时感觉自己被旅游直播中平遥古城的环境所包围	
	SP4	直播中所提供和展示的各种平遥古城的信息内容都让我感觉很真实	
心流体验（沉浸感）	FLO1	我有时会被旅游直播内容强烈吸引	郑冉冉、叶成志、李璐龙（2022）张初兵、李义娜、吴波等（2017）科法克斯（Koufaris，2002）
	FLO2	我在观看直播时会全身心投入其中	
	FLO3	我在观看旅游直播时感觉时间过得很快	
	FLO4	我在观看旅游直播时感到愉悦和放松	
旅游目的地形象感知	ZT1	旅游直播展现了平遥古城的原始建筑格局与风貌，加强了我对平遥古城的好感	马赫斯瓦兰（Maheswaran，1994）米特拉（Mitra，1995）菲什拜因等（Fishbein et al.，1975）梁玉峰（2016）
	ZT2	旅游直播展示了深厚的历史文化底蕴，加深了我对平遥古城的认识	
	ZT3	旅游直播展现了特色的习俗表演、节庆活动，看完直播，我喜欢上了平遥古城	
	ZT4	旅游直播涉及了平遥国际的各类展览，在平遥古城形象宣传方面是有意义的	

续表

变量	题项	题项描述	题项来源
游客意愿 （行为意愿）	PW1	我会很大可能选择平遥古城作为旅游目的地	赵紫萱（2023） 胡宪洋、白凯、汪丽 （2013） 付丽、药文琴（2024）
	PW2	我愿意推荐朋友前往平遥古城	
	PW3	我愿意优先到访平遥古城	

5 实证分析

统计结果见表 5-15，在本次调查中，女性的比例略高，占比 56.8%。从年龄构成来看，旅游直播的主要用户群体集中在 18~50 岁，这一年龄段的调查对象主要为年轻群体，他们中的大多数处于工作或在读期间，身体素质好，且有一定的经济收入和空闲时间，会对正在直播的景点产生一定的兴趣。就学历构成而言，拥有本科学历的用户人数最多，其次是大专和高中（中专）生，这表明受访者的受教育程度相对较高。就职业构成而言，学生的比重最大，占到样本所覆盖人群的 49.0%。从月收入水平的结构组成来看，大多数用户月收入不超过 3000 元，这与大部分是学生群体有很大的关系。从观看直播的次数来看，每月 2~5 次和 6~10 次的百分比之和达 54.6%，处于这两个阶段的群体比较广，表明这部分人群更愿意花时间来关注旅游直播；观看直播次数为每月 10 次以上的占比少，说明还有少数人喜欢甚至痴迷于直播。

表 5-15 直播旅游人口统计学特征

指标	项目	频数/人	占比/%
性别	男	222	43.2
	女	292	56.8
年龄	18 岁以下	33	6.4
	18~25 岁	269	52.3
	26~35 岁	92	17.9
	36~50 岁	60	11.7
	51~65 岁	24	4.7
	65 岁以上	36	7.0

续表

指标	项目	频数/人	占比/%
受教育程度	初中及以下	33	6.4
	高中（中专）	69	13.4
	大专	100	19.5
	本科	288	56.0
	硕士及以上	24	4.7
职业	在校学生	252	49.0
	政府机关、事业单位公职人员	57	11.1
	企业职员	114	22.2
	个体经营或自由职业者	62	12.1
	退休人员	28	5.4
	其他	1	0.2
月收入	1000 元以下	146	28.4
	1001~3000 元	142	27.6
	3001~5000 元	90	17.5
	5001~8000 元	81	15.8
	8001~12000 元	24	4.7
	12001~20000 元	18	3.5
	20000 元以上	13	2.5
观看直播次数	每月 0~1 次	202	39.3
	每月 2~5 次	195	37.9
	每月 6~10 次	86	16.7
	每月 10 次以上	31	6.1

　　本文利用 SPSS 23.0 统计软件，对克隆巴赫系数进行了深入分析，以量表整体信度的克隆巴赫系数高于 0.7 作为标准，最终具体情况见表 5-16。通过检验发现，8 个变量的克隆巴赫系数都超过 0.7 的阈值，表明样本数据的信度水平很高，可以进行下一步的分析。

　　在进行因子分析前，需要对量表进行效度检验，以确保其内部各项测量指标的有效性。如果 KMO 值超过 0.7，表示测量效度可接受；

如果 KMO 值在 0.7 以下，则表示量表效度不佳。同时，巴特利特球形检验值不能超过 0.05，否则影响因子分析的结果。分析结果见表 5-16，量表总体的 KMO 值为 0.972，高于 0.7 的阈值，表明该量表的效度较好，适合进行因子分析。通过巴特利特球形检验，各指标的差异显著且各指标间的差异值均为 0.000，表明数据适合进行因子分析。在因子分析中，所提取到的各因子载荷数均超过 0.5，且总体方差解释率累计达到 63.463%，所有因子提取出的信息量超过 60%，解释率较高。

表 5-16　直播旅游因子信效度分析

测量题项		成分	KMO 值	巴特利特球形检验			克隆巴赫系数
				近似卡方	自由度	显著性	
旅游直播的信息价值	XX4	0.796	0.737	455.005	6	0.000	0.743
	XX3	0.783					
	XX1	0.763					
	XX2	0.658					
旅游直播的交互性	INT3	0.826	0.786	561.055	6	0.000	0.786
	INT2	0.783					
	INT1	0.783					
	INT4	0.730					
旅游直播的定制性	DZ1	0.801	0.778	484.698	6	0.000	0.765
	DZ4	0.772					
	DZ3	0.748					
	DZ2	0.743					
旅游直播的优惠性	PP1	0.757	0.766	399.058	6	0.000	0.735
	PP4	0.748					
	PP2	0.740					
	PP3	0.740					
空间临场感（身临其境感）	SP1	0.844	0.806	703.918	6	0.000	0.823
	SP3	0.818					
	SP4	0.793					
	SP2	0.777					

续表

测量题项		成分	KMO 值	巴特利特球形检验			克隆巴赫系数
				近似卡方	自由度	显著性	
心流体验（沉浸感）	FLO3	0.789	0.756	418.177	6	0.000	0.738
	FLO4	0.751					
	FLO1	0.741					
	FLO2	0.712					
旅游目的地形象感知	ZT1	0.784	0.771	501.424	6	0.000	0.769
	ZT2	0.780					
	ZT4	0.766					
	ZT3	0.747					
游客意愿（行为意愿）	PW3	0.837	0.697	390.782	3	0.000	0.766
	PW2	0.821					
	PW1	0.818					
总体			0.972	7488.741	465	0.000	0.954

在进行线性回归分析前，首先要对变量间的相关性进行分析。当相关系数 r 在 0.8~1 的绝对值范围内是高度相关，在 0.5~0.8 的绝对值范围内为中度相关，0.3~0.5 是低度相关，低于 0.3 是不相关的；当显著性小于 0.05，说明两者存在显著的相关性。分析结果见表 5-17。经过相关分析，各变量之间的相关系数 r 居于 0.564~0.730，显著性均为 0.000，小于 0.05，由此可知，各变量之间存在正向显著的相关关系，可以进行回归分析。

表 5-17　直播旅游相关性分析

	信息价值	交互性	定制性	优惠性	空间临场感	心流体验	目的地感知	游客意愿
信息价值	1							
交互性	0.667**	1						
定制性	0.701**	0.657**	1					
优惠性	0.626**	0.693**	0.670**	1				

续表

	信息价值	交互性	定制性	优惠性	空间临场感	心流体验	目的地感知	游客意愿
空间临场感	0.650**	0.603**	0.680**	0.619**	1			
心流体验	0.644**	0.634**	0.691**	0.644**	0.709**	1		
目的地感知	0.673**	0.709**	0.677**	0.719**	0.650**	0.730**	1	
游客意愿	0.582**	0.634**	0.612**	0.638**	0.564**	0.627**	0.699**	1

**表示在 0.01 级别（双尾）相关性显著。

在进行相关性分析之后，我们选择旅游直播的信息价值、交互性、定制性、优惠性作为自变量，将空间临场感、心流体验、旅游目的地形象感知分别作为因变量进行回归分析，结果表明回归模型的 R^2 值分别为 0.550、0.573、0.646，说明信息价值、交互性、定制性、优惠性这四项可以分别解释空间临场感、心流体验、旅游目的地形象感知的 55.0%、57.3%、64.6% 的变化程度。P 值低于 0.05，表明自变量对因变量影响显著。表 5-18 中 4 个解释变量的 B 值分别为 0.261、0.111、0.325、0.202，说明信息价值、交互性、定制性、优惠性对空间临场感均呈现出显著的正向影响关系，假设 H1-1-1、H1-2-1、H1-3-1、H1-4-1 成立。

表 5-18　旅游直播的特征与空间临场感的回归分析

项目		未标准化系数		标准化系数	t	显著性	线性统计	
		B	标准误差	β			容差	VIF
（常量）		0.283	0.142		1.990	0.047		
自变量	信息价值	0.261	0.050	0.241	5.268	0.000	0.423	2.361
	交互性	0.111	0.048	0.108	2.337	0.020	0.413	2.420
	定制性	0.325	0.047	0.322	6.878	0.000	0.404	2.475
	优惠性	0.202	0.052	0.178	3.920	0.000	0.429	2.329

因变量：空间临场感，$R^2 = 0.550$，adj$R^2 = 0.547$，$F = 155.740$，$P = 0.000$

表5-19中4个解释变量的 B 值分别为0.180、0.146、0.290、0.207，且 P 值为0.000，低于0.05，说明信息价值、交互性、定制性、优惠性对心流体验均呈现出显著的正向影响关系，假设 H1-1-2、H1-2-2、H1-3-2、H1-4-2成立。

表5-19 旅游直播的特征与心流体验的回归分析

项目		未标准化系数		标准化系数	t	显著性	线性统计	
		B	标准误差	β			容差	VIF
（常量）		0.683	0.124		5.511	0.000		
自变量	信息价值	0.180	0.043	0.186	4.171	0.000	0.423	2.361
	交互性	0.146	0.042	0.159	3.520	0.000	0.413	2.420
	定制性	0.290	0.041	0.321	7.044	0.000	0.404	2.475
	优惠性	0.207	0.045	0.203	4.590	0.000	0.429	2.329
因变量：心流体验，$R^2 = 0.573$，$\mathrm{adj}R^2 = 0.569$，$F = 170.630$，$P = 0.000$								

表5-20中4个解释变量的 B 值分别为0.190、0.246、0.156、0.327，而且 P 值低于0.05，说明信息价值、交互性、定制性、优惠性对旅游目的地形象感知均呈现出显著的正向影响关系，假设 H1-1-3、H1-2-3、H1-3-3、H1-4-3成立。

表5-20 旅游直播的特征与旅游目的地形象感知的回归分析

项目		未标准化系数		标准化系数	t	显著性	线性统计	
		B	标准误差	β			容差	VIF
（常量）		0.419	0.117		3.589	0.000		
自变量	信息价值	0.190	0.041	0.190	4.682	0.000	0.423	2.361
	交互性	0.246	0.039	0.257	6.279	0.000	0.413	2.420
	定制性	0.156	0.039	0.167	4.023	0.000	0.404	2.475
	优惠性	0.327	0.042	0.310	7.718	0.000	0.429	2.329
因变量：旅游目的地形象感知，$R^2 = 0.646$，$\mathrm{adj}R^2 = 0.644$，$F = 232.566$，$P = 0.000$								

为了验证假设 H2-1、H2-2、H2-3，本研究选择将空间临场感、心流体验、旅游目的地形象感知作为自变量，游客意愿作为因变量，

对其进行回归分析。表5-21的结果表明回归分析的 R^2 值为0.524，说明空间临场感、心流体验、旅游目的地形象感知这三项可以解释游客意愿52.4%的变化程度。P 值小于0.05，表明自变量和因变量之间具有显著影响关系。表5-21中显示3个解释变量的 B 值分别为0.105、0.208、0.503，说明空间临场感、心流体验、旅游目的地形象感知对游客意愿均呈现出显著的正向影响关系，而在这3个因素中，旅游目的地形象感知的影响最为明显，假设H2-1、H2-2、H2-3成立。

表5-21 空间临场感、心流体验、旅游目的地形象感知与游客意愿的回归分析

项目		未标准化系数		标准化系数	t	显著性	线性统计	
		B	标准误差	β			容差	VIF
（常量）		0.711	0.135		5.246	0.047		
自变量	空间临场感	0.105	0.043	0.110	2.439	0.015	0.460	2.173
	心流体验	0.208	0.054	0.194	3.877	0.000	0.372	2.690
	旅游目的地形象感知	0.503	0.048	0.486	10.450	0.000	0.431	2.318
因变量：游客意愿，$R^2=0.524$，$\mathrm{adj}R^2=0.521$，$F=186.997$，$P=0.000$								

最后为了检验空间临场感、心流体验、旅游目的地形象感知在旅游直播特性和游客意愿的中介作用，需要分别进行中介效应分析。前面我们已经用数据证明旅游直播特性对空间临场感、心流体验、旅游目的地形象感知是呈现显著回归的，目前只需要再次通过回归证明本研究中所假设的中介变量是否起中介作用。统计结果见表5-22，在模型1中，四个变量对游客意愿的显著性均小于0.05，是具有显著相关关系的；模型2中空间临场感对游客意愿具有显著相关关系，由于模型2中信息价值对游客意愿的显著性由原来的非常显著到不显著，所以我们可以得知空间临场感在信息价值与游客意愿中起完全中介作用；交互性、定制性、优惠性的显著性均小于0.05，同时模型2的系数小于模型1的系数，所以空间临场感在这三项与游客意愿中起部分中介作用。综上所述，假设H3-1-1至假设H3-1-4成立。

表5-22 空间临场感在旅游直播特性与游客意愿之间的中介分析

模型		未标准化系数		标准化系数	t	显著性	容差	VIF
		B	标准误差	β				
1	（常量）	0.668	0.142		4.703	0.000		
	信息价值	0.122	0.050	0.118	2.468	0.014	0.423	2.361
	交互性	0.242	0.048	0.246	5.089	0.000	0.413	2.420
	定制性	0.183	0.047	0.189	3.877	0.000	0.404	2.475
	优惠性	0.291	0.052	0.267	5.646	0.000	0.429	2.329
2	（常量）	0.641	0.142		4.511	0.000		
	信息价值	0.097	0.051	0.094	1.919	0.056	0.402	2.490
	交互性	0.232	0.048	0.235	4.857	0.000	0.409	2.446
	定制性	0.152	0.049	0.157	3.090	0.002	0.370	2.705
	优惠性	0.272	0.052	0.250	5.212	0.000	0.417	2.399
	空间临场感	0.096	0.044	0.100	2.167	0.031	0.450	2.224

注：因变量为游客意愿。

表5-23显示，在模型1中，四个变量对游客意愿的显著性均小于0.05，是具有显著相关关系的；模型2中心流体验对游客意愿具有显著相关关系，然而模型2中信息价值对游客意愿的显著性由原来的非常显著到不显著，所以我们可以得知心流体验在信息价值、定制性与游客意愿中起完全中介作用；交互性、定制性、优惠性的显著性均小于0.05，同时模型2的系数小于模型1的系数，所以心流体验在这三项与游客意愿中起部分中介作用。综上所述，假设H3-2-1至假设H3-2-4成立。

表5-24显示，在模型1中，四个变量对游客意愿的显著性均小于0.05，是具有显著相关关系的；模型2中旅游目的地形象感知对游客意愿具有显著相关关系，由于模型2中信息价值对游客意愿的显著性由原来的非常显著到不显著，所以我们可以得知旅游目的地形象感知在信息价值与游客意愿中起完全中介作用；交互性、定制性、优惠性的显著性均小于0.05，同时模型2的系数小于模型1的系数，所以旅游目的地形象感知在这三项与游客意愿中起部分中介作用。所以，验证假设H3-3-1至假设H3-3-4是成立的。

表 5-23　心流体验在旅游直播特性与游客意愿之间的中介分析

模型		未标准化系数		标准化系数	t	显著性	容差	VIF
		B	标准误差	β				
1	（常量）	0.668	0.142		4.703	0.000		
	信息价值	0.122	0.050	0.118	2.468	0.014	0.423	2.361
	交互性	0.242	0.048	0.246	5.089	0.000	0.413	2.420
	定制性	0.183	0.047	0.189	3.877	0.000	0.404	2.475
	优惠性	0.291	0.052	0.267	5.646	0.000	0.429	2.329
2	（常量）	0.509	0.143		3.553	0.000		
	信息价值	0.080	0.049	0.077	1.627	0.104	0.409	2.442
	交互性	0.208	0.047	0.211	4.410	0.000	0.403	2.479
	定制性	0.115	0.048	0.119	2.384	0.018	0.368	2.716
	优惠性	0.243	0.052	0.223	4.714	0.000	0.412	2.425
	心流体验	0.232	0.050	0.217	4.669	0.000	0.427	2.341

注：因变量为游客意愿。

表 5-24　旅游目的地形象感知在旅游直播特性与游客意愿之间的中介分析

模型		未标准化系数		标准化系数	t	显著性	容差	VIF
		B	标准误差	β				
1	（常量）	0.668	0.142		4.703	0.000		
	信息价值	0.122	0.050	0.118	2.468	0.014	0.423	2.361
	交互性	0.242	0.048	0.246	5.089	0.000	0.413	2.420
	定制性	0.183	0.047	0.189	3.877	0.000	0.404	2.475
	优惠性	0.291	0.052	0.267	5.646	0.000	0.429	2.329
2	（常量）	0.514	0.137		3.744	0.000		
	信息价值	0.052	0.048	0.050	1.079	0.281	0.406	2.463
	交互性	0.152	0.047	0.154	3.220	0.001	0.383	2.608
	定制性	0.125	0.046	0.130	2.744	0.006	0.392	2.553
	优惠性	0.171	0.052	0.157	3.283	0.001	0.384	2.602
	旅游目的地形象感知	0.368	0.051	0.356	7.155	0.000	0.354	2.828

注：因变量为游客意愿。

第 6 章　实证分析结果及讨论

本章将基于第 4 章、第 5 章的案例内容，对 8 个案例实证分析结果进行总结讨论。这些案例涵盖了各个领域和主题，第 4 章深入研究了山西文化遗产地五台山、平遥古城、云冈石窟及晋祠的相关案例，第 5 章主要聚焦新时代背景下旅游的相关案例，并通过构建模型，运用实证分析方法等提供了案例研究的基础，为第 6 章进一步探索和理解相关问题提供了线索。接下来，本章将详细介绍各案例的实证分析结果，并对其进行讨论，以期为读者提供有关问题的新见解和新思考，为相关领域的决策者与研究者提供实用性的指导和建议。

6.1　山西省文化遗产地相关案例实证分析结果及讨论

6.1.1　文化遗产案例 1：五台山

本案例在分析五台山旅游感知价值的基础上，构建了游客感知价值维度，包括历史文化价值、艺术审美价值、游憩观光价值、遗产价值、经济价值、地理环境价值六个维度，从而研究旅游态度和旅游体验对游客重游意愿的影响。通过模型构建和模型运行检验，表明该模型能够体现各变量之间的相关性，具有一定的信度和合理性。本案例验证了以下假设，见表 6-1。

表6-1　五台山假设检验结果

假设	内容	结果
H1-1	历史文化价值对旅游态度有显著的正向影响	不成立
H1-2	艺术审美价值对旅游态度有显著的正向影响	成立
H1-3	游憩观光价值对旅游态度有显著的正向影响	成立
H1-4	遗产价值对旅游态度有显著的正向影响	成立
H1-5	经济价值对旅游态度有显著的正向影响	不成立
H1-6	地理环境价值对旅游态度有显著的正向影响	成立
H2-1	历史文化价值对旅游体验有显著的正向影响	不成立
H2-2	艺术审美价值对旅游体验有显著的正向影响	不成立
H2-3	游憩观光价值对旅游体验有显著的正向影响	成立
H2-4	遗产价值对旅游体验有显著的正向影响	成立
H2-5	经济价值对旅游体验有显著的正向影响	不成立
H2-6	地理环境价值对旅游体验有显著的正向影响	成立
H3	旅游态度对游客重游意愿有显著的正向影响	成立
H4	旅游体验对游客重游意愿有显著的正向影响	成立

研究发现，艺术审美价值、游憩观光价值、遗产价值、地理环境价值对旅游态度呈正向影响关系，说明随着它们影响系数的增高，旅游态度也会随之变好。其中，游憩观光价值的系数为 0.226，是最高的，说明这四个感知价值中游憩观光价值最能影响游客的旅游态度。历史文化价值和经济价值对旅游态度的显著性分别为 0.895 和 0.324，都大于 0.05，所以关系不显著。其他四个价值对旅游态度的显著性都小于 0.05，所以它们直接的关系显著。

历史文化价值和经济价值对旅游体验的显著性分别为 0.590 和 0.101，都大于 0.05，所以关系不显著；艺术审美价值对旅游体验的显著性为 0.054，所以艺术审美价值对旅游体验的影响不太显著。其他三个感知价值对旅游体验的显著性都小于 0.05，说明它们对旅游体验有很显著的影响。游憩观光价值、遗产价值、地理环境价值对旅游体验呈正向影响关系，说明随着它影响系数的增高，旅游体验也会随之提升。其中遗产价值的影响系数为 0.263，是最高的，说明在这三个感知价值中遗产价值最能影响游客的旅游体验。

　　旅游体验对游客重游意愿的显著性为 0.000，旅游态度对游客重游意愿的显著性也为 0.000，说明旅游体验和旅游态度对游客重游意愿有显著的影响。因此，要从艺术审美价值、游憩观光价值、遗产价值、地理环境价值这四个方面来提升游客态度；从游憩观光价值、遗产价值、地理环境价值这三个方面来提升游客体验；通过提高游客旅游体验和旅游态度进而提升游客重游意愿。

　　通过上述研究发现，五台山的旅游价值是一种综合性概念，经过对有关数据的梳理与剖析，其旅游价值既包括了自身的价值，又包括了自身资源的发展价值。研究五台山，其旅游价值体现在历史文化价值、艺术审美价值、游憩观光价值、遗产价值、地理环境价值和经济价值等方面，并且基于游客感知角度对文化遗产地山西五台山旅游价值的分析，根据上面研究可以得出通过提升游客感知价值，会进一步提升游客体验、旅游态度，从而强化游客的重游意愿的结论。所以，针对游客的多元感知价值指标的分析结果，具体提出以下建议：第一，从历史文化角度来看，五台山的历史文化价值与旅游体验的相关性很小，说明五台山在这方面有很大的改进，其可以通过深挖五台山的历史文化内涵来提升历史文化价值。五台山作为中国佛教圣地的代表之一，宗教地位特殊神圣，这给远道而来的朝圣者创造了更多的机会去接触并了解山西的人文情况。所以，五台山可以通过充分挖掘自身的宗教文化价值及佛教建筑的独特文化内涵，大力推广五台山的特色，扩大其知名度，提高其美誉度，来提升五台山的旅游体验，让历史文化价值与旅游体验的相关性增加。第二，五台山的艺术审美价值同旅游体验的关系呈正相关，因此五台山可以通过保护其佛教建筑风貌，进一步提升艺术审美价值，从而影响游客的旅游体验。由于五台山佛教艺术表现出不可替代的文物价值和艺术价值，历朝文物古迹、佛教寺庙建筑、雕塑绘画、佛教音乐等方面极具典型性和代表性，因此五台山要更加重视营造文化氛围，保持佛教建筑的原真性，让游客在五台山体验到原汁原味的佛教艺术，从而使游客能够真正体会到五台山的文化艺术，达到深度的文化体验，进而提高游客的重游率。第三，根据研究可知游憩观光价值的系数为 0.226，相比于其他指标系数最高，说明在这几个感知价值中游憩观光价值最能影响游客的旅游态度。因此，五台山要把握好这一价值的开发和利用，五台山可以创新开发旅游体验性项目，从而进一步提升游憩观光价值。比如，五台山在保留传统文化遗产地旅游方式的同时，也要注重文化展现形式的创新。可以适当运用现代信息技术，丰富文化旅游创新活动，营造良好的文化旅游氛围，把节庆和传统庙会、现代文化艺术等有机地融合起来，在形式和内容上不断地进行改革，让更多的体验性活动和文化融合起来，吸引更多的游客参加。第四，地理环境价值对旅游体验有显著的正向影响，但是随着文化旅游业的发展，五台山的客流量也在不断地增加，对五台山的环境影响也越来越大，使游客体验质量大幅度下降。为了让五台山景区保持良好的顾客满意度，在交通设施方面，旅游地应该重点强化外部交通系统的建设，通过使用数字化信息技术、建立指示标志来实现交通系统的数字化管理。在景区内部进行主干道分流，减缓客流量带来的压力，从而加强主干路通达能力，以提高五台山的活力，改善五台山的生态功能，增强五台山的空间功能，从而提升游客的满意度和体验质量，同时也可以吸引更多的游客。基于本案例研究，可以发现要想提升旅游体验、旅游满意度，提高游客重游率，就要从游客的感知价值评价体系方面入手，从各个方面去提升游客的感知价值，进而进一步提高游客的重游意愿，打造游客满意的五台山文化遗产地。

6.1.2　文化遗产案例2：平遥古城

本案例从游客心理感知的角度出发，以 SOR 理论为基础，将世界文化遗产地平遥古城作为案例地，聚焦顾客抱怨这一重要的刺激变量，并将环境、资源和服务质量三个目的地属性作为其他刺激变量，引入调节变量（即游客对目的地的认知意象）和结果变量（即游客对目的地的旅游意向），构建游客旅游意向的预测模型，具体分析了游客对目的地属性进行感知后形成的有关目的地的认知意象，从而深入探究游客在顾客抱怨因素的影响下仍选择前往目的地的可能性。

第一，本案例主要探讨了在旅游目的地属性构成方面的关键指标，并发现环境、资源和服务质量三者对游客感知文化遗产地的意象具有正向影响。其中，目的地资源的系数值最大，在游客对目的地意象认知中影响最大；同时，目的地服务的系数值最高，对游客前往目的地的旅游意向影响最大；三者与游客的旅游意向呈正相关。数据分析结果进一步表明，游客对文化遗产目的地的认知意象与旅游意向之间存在正向关系。换言之，当潜在游客对目的地的环境、资源和服务质量等属性的认知意象评价更高时，他们选择去该目的地旅游的倾向越强；反之亦然。因此，为促进文化遗产地的可持续发展，本案例提出以下建议：首先，游客对"目的地服务质量"变量下的相关题项回收结果的总体数值偏高，其中，"住宿服务质量"题项影响最大，表明游客对目的地设施及服务，特别是住宿、餐饮等基础设施及服务的要求较高。因此，目的地管理者应当加强对目的地各属性的建设，完善相关设施与服务，切实提高游客的满意度与体验感。其次，从"原真性保护"及"目的地环境"等具体题项的数据结果反映出其与旅游意向存在显著的关联性，表明游客对景区环境及文化遗产保护的重视程度较高。因此，当地政府要以保护文化遗产为基础，强化目的地的宣传力度，提升游客的保护意识，同时合理开发利用文化遗产资源，始终秉持保护、开发和利用三者并重的宗旨，弘扬中华优秀文化遗产，赓续文化遗产地的生命力。再次，"平遥古城的民俗彰显特色化、多元化""平遥古城的引人入胜的大型实景演出"都会影响"目的地旅游资源"丰度，进而影响游客旅游意向。但是，在山西省内"古城"这一类型景点已经成为各市县效仿的热点，目的地同质化现象严重，开发、创新力度不足，大多都将景区定位为观光游览型旅游目的地，难以真正触动游客在体验和感受文化意义的"痒点"，对游客的旅游意向产生抑制作用。因此，要不断创新，深度挖掘文化特色，为目的地打造新颖独特的文创产品，吸引游客前往目的地参观体验。最后，通过对"平遥古城物价合理"题项回收数据的分析结果表明，景区物价会在一定程度上影响旅游地旅游意象，进而影响游客旅游意向。因此，政府和管理部门应加强监管力度，遏制商业化气息，规制部分商贩为谋取自身利益而哄抬物价等收费乱象，为游客创造一个公平和谐的旅游环境。

　　第二，在游客抱怨和游客目的地意象两者与旅游意向之间的关系中，游客抱怨发挥了调节作用。具体而言，潜在游客感知到的文化遗产地资源和服务质量受顾客抱怨因素影响程度越高，旅游意向受到的影响越大。而目的地环境感知的抱怨对其旅游意象影响不显著。因此，针对以文化遗产为依托的旅游目的地，为促进其可持续发展，应注重目的地资源的可持续开发和服务水平的提升。据此，本案例提出以下建议：首先，在"游客抱怨"的刺激变量下，"游客对本景区作负面口碑宣传的可能性"题项与该变量的关联性较强，游客抱怨会降低游客对目的地的认知意象，从而降低目的地的潜在游客的旅游意向，表明潜在游客对所收集"负面信息"关注度越高，"负面信息"就越容易影响潜在游客的出游决策。因此，旅游目的地应重视负面信息的影响，及时关注景区相关"负面信息""舆论""舆情"，继而作出消除负面评价的举措与行为。其次，在"您主动收集平遥古城目的地信息的意愿有多大"问题题项上的现有回收数据结果表明，"信息"直接影响游客出游意向，在"游客抱怨"上，"信息"同样起着重要的影响作用。由于目的地与游客间存在的信息差，双方极易产生误解，造成"负面信息"的增加。因此，旅游目的地要建立信息反馈机制，旅游目的地管理者应贯通线上、线下双渠道，对景区的口碑宣传和负面舆论进行监督管理，针对游客建立信息反馈机制，重视游客的投诉问题并及时纠正，从而避免游客抱怨和不满情绪的产生。例如，在景区出口或主要景点对到访的游客进行访谈，询问其感受并鼓励提出建议；线上则采取问卷的形式，收集游客意见，最后综合访谈信息进行汇总，找出现存问题，合理制订改善计划并积极采取行动。最后，通过对题项"住宿""餐饮""接待""交通"等服务质量的调查，进一步分析现有回收数据，结果表明"旅游服务质量"是三要素中对游客旅游意向影响较大的变量之一。因此，要提高文化遗产旅游目的地的服务水平，保护游客权益，促进文化遗产地的可持续发展。

本案例还存在一些局限性，有待继续研究与讨论。第一，众多学者研究表明，目的地意象是由情感意象、认知意象和整体意象三部分构成的，且三者互为影响，而本案例的研究更注重游客对目的地的认知意象，研究要素较为单一，有进一步扩展延伸的空间。第二，在游客感知目的地属性的指标维度选取上，还有许多项可作为选取的内容，而本案例研究只选取其中三项指标，后续研究中还可以进一步扩展其他因素对目的地意象产生影响的相关内容。以上问题有待持续探讨，深入研究。

6.1.3　文化遗产案例 3：云冈石窟

本案例以云冈石窟为研究对象，以情感依恋为调节变量，从旅游资源、旅游环境、服务质量三个方面探索旅游者对云冈石窟的形象感知，以及分析旅游者对云冈石窟的旅游意愿。基于具体分析后的数据结果，得出以下结论：旅游资源对目的地形象有显著的正向影响，假设 H1 成立；旅游环境对目的地形象有显著的正向影响，假设 H2 成立；服务质量对目的地形象有显著的正向影响，假设 H3 成立；目的地形象对旅游意愿有显著的正向影响，假设 H4 成立；情感依恋在旅游者感知旅游资源的情况下对目的地形象起正向调节作用，假设 H5 成立；情感依恋在旅游者感知旅游环境的情况下对目的地形象并未起显著的正向调节作用，假设 H6 不成立；情感依恋在旅游者感知服务质量的情况下对目的地形象并未起显著的正向调节作用，假设 H7 不成立。假设检验结果见表 6-2。

表 6-2　云冈石窟假设结果检验

假设	内容	结果
H1	旅游资源对目的地形象有显著的正向影响	成立
H2	旅游环境对目的地形象有显著的正向影响	成立
H3	服务质量对目的地形象有显著的正向影响	成立
H4	目的地形象对旅游意愿有显著的正向影响	成立
H5	情感依恋在旅游者感知旅游资源的情况下对目的地形象起正向调节作用	成立
H6	情感依恋在旅游者感知旅游环境的情况下对目的地形象起正向调节作用	不成立
H7	情感依恋在旅游者感知服务质量的情况下对目的地形象起正向调节作用	不成立

第一，前四项假设结果均成立表明，"旅游资源""旅游环境""服务质量"对目的地形象存在正向关系，进而对旅游者旅游意愿产生正向影响。① "服务质量"因素对目的地形象的影响最为重要，"基础设施质量"题项

的旅游者作答回收数据结果表明，旅游者对基础设施关心程度较高，旅游目的地企业应加强住宿、餐饮、接待等方面的基础设施建设。对此，本案例提出以下建议：在住宿方面，可以借鉴其他民族的住宿方式，开发出鲜卑特色民宿、鲜卑特色民族文化客栈、鲜卑民族特色度假酒店等。例如，在云冈石窟中开设鲜卑族主题酒店，可以在酒店的墙壁上画上鲜卑壁画；也可以将鲜卑民宿开到景区外，让游客能够在景区外欣赏到鲜卑族特色建筑、感受鲜卑族的风土人情。在餐饮方面，开发鲜卑文化特色小吃，打造北魏特色酒馆，同时加入民族融合的历史解说，不仅可以促进鲜卑文化在旅游景区中的传播与推广，也可以提高游客对鲜卑族历史文化的兴趣。例如羊羹是一款纯素食的甜点，是北魏鲜卑族人战马上必备粮食之一，口感甜而不腻且略带弹性，让人在感受北魏文化的粗犷豪迈中又能体会其细腻的特点。又如莲台酥将美食和艺术相结合，一口下去能感受清香的绿茶味，又在品味中慢慢浮现淡淡奶香，外表是云冈莲花纹样，以大众容易接受的方式集中性地展示和传播了北魏文化，让游客将云冈特色带回家。在接待设施和服务方面，要为游客提供舒适、便捷的服务，如景区内餐厅的卫生、整洁等都要满足游客的要求，使游客享受到良好的服务体验。另外，还要向游客展示鲜卑文化相关知识，将鲜卑文化与旅游相结合，增加景区内游客对鲜卑文化的了解。同时要加强人才建设，加大人才培养力度，从而提高旅游景区工作人员对鲜卑文化知识的了解程度及提高工作人员的业务水平和专业技能。可以通过旅游管理专业或相关专业来培养熟知鲜卑族历史文化的人才。②"旅游资源""旅游环境"等因素对目的地形象的塑造也有重要作用，旅游资源维度下，"云冈石窟历史文化底蕴深厚、内涵丰富"题项数据分析结果表明，旅游者高度重视景区文化内涵，景区应进一步挖掘和展示其民族文化内涵，以吸引更多游客的兴趣和关注。通过扩展民族文化内涵，可以为游客提供更加深入的了解和体验。例如，提供关于石窟历史、艺术和宗教意义的详细解说，组织文化活动、展览和表演，或者提供与民族文化相关的手工艺品和美食体验等。③旅游环境维度下，旅游者对"卫生面貌""气候条件""生态环境"等方面呈现不同程度的关注，其中"卫生面貌是否良好、有无乱丢弃垃圾"题项对旅游者影响最大。因此，当地政府、景区应加强对环境的保护，提升景区的卫生质量。具体而言：首先，政府要注重对旅游环境的监督，完善基础设施，保护生态环境；其次，景区要提高自身管理水平，制定游客接待制度和工作人员管理制度，如禁止乱扔垃圾等行为；再次，旅游企业要遵守相关规定，严格要求自己的员工行为举止规范；最后，游客要自觉维护旅游环境，保护好生态环境。同时，当地居民可以自发成立"云冈石窟保护志愿者服务队"，组织志愿者在云冈石窟景区开展一系列的文物保护活动，如对云冈石窟景区的游客中心、主要景点、工作人员通道等进行消毒和喷洒消毒液，对游客中心内的桌椅、地面进行定期清洁等。④目的地形象中与"服务设施""旅游资源""旅游环境"相关的题项，如"来云冈石窟可以提高游客对历史文化遗产的认知，感受强烈的民族交融""云冈石窟的配套服务和旅游设施较好"等回收数据结果及相关性分析表明，目的地形象对其旅游意愿有显著的正向影响，旅游者认为来云冈石窟可以提高其对历史文化遗产的认知，感受强烈的民族融合。因此，景区可以进一步加强宣传教育，提供更多历史文化讲解、电子语音讲解服务等，以增强游客对历史文化的认知和体验，进一步提升目的地形象的吸引力。此外，旅游者认为云冈石窟的配套服务和旅游设施较好，表明景区在服务设施的提供方面取得了积极成果，但仍然有改进和提升的空间。景区可以通过加强导览服务、增设旅游设施、提供便利的交通和停车场等措施，提升旅游者的旅游体验、目的地形象，从而加强其对旅游目的地的满意度和忠诚度，提升旅游意愿。

　　第二，第五项假设结果成立表明，"情感依恋"在旅游者感知旅游资源的情况下对目的地形象起正向调节作用。具体来说，在低情感依恋的条件下，旅游资源对目的地形象的正向影响较为显著；在高情感依恋的条件下，旅游资源对目的地形象的正向影响相对较弱。因此，在研究旅游目的地形象时，需要根据旅游者情感依恋的不同强度来讨论旅游资源对目的地形象的影响。对于低情感依恋的旅游者群体来说：①开展关于民族文化的文艺演出。通过演出展示当时北魏鲜卑族的风土人情，可以使游客更加深入地了解北魏鲜卑文化的独特魅力。②组织游客参与佛事活动。通过组织游客参与如参禅、浴佛、食斋、放生等活动，能够为游客提供独特的旅游体验，使游客在参与过程中更好地感知和体验当地的文化和宗教氛围。③开发主题旅游产品。将北魏鲜卑文化与云冈石窟相结合，开发出一系列以北魏鲜卑文化为主题的旅游产品，如"拓跋鲜卑"主题旅游景区、拓跋族历史博物馆、拓跋鲜卑民族村、拓跋族历史文化遗址、拓跋鲜卑雕塑馆等。④重视宣传与解说。增加对拓跋族历史文化的宣传、讲解力度，如在景区中设置拓跋族历史文化讲解台、制作拓跋族历史文化宣传片等，能够帮助游客更加全面深入地了解当地历史文化遗产。对于高情感依恋的旅游者群体，可以从以下几方面进行提升：①修复完善云冈石窟窟内的壁画。在完善的过程中，可以补充关于北魏时期鲜卑族的壁画内容，如描绘北魏时期鲜卑女性的生活场景、鲜卑族当时社会地位等的壁画；同时也可以对北魏时期的壁画进行适当修复，如北魏时期的佛像和菩萨像、壁画中所描绘的社会生活场景等。②增加与鲜卑历史文化相关的游戏。如开展拓跋族历史知识竞赛、拓跋族历史游戏、拓跋族历史知识答题等活动，使游客能够更好地了解与鲜卑历史相关的知识，增加游客对鲜卑历史文化的兴趣，从而提高旅游景区的吸引力。③创新旅游产品。可根据鲜卑民族特征制作一些以云冈石窟为主题的纪念徽章、石窟模型及印有石窟图像的 T 恤等。

第三，第六项、第七项假设结果均不成立表明，"情感依恋"在旅游者感知旅游环境、服务质量的情况下不具有明显的调节作用，意味着情感依恋对目的地形象的影响在这两个方面相对稳定、趋于一致，不发生显著变化。尽管情感依恋未能表现出调节作用，但这并不意味着其在旅游意愿中不具有重要作用，情感依恋仍然是维系旅游者与景区的一种关键的情感连接枢纽，对旅游者的旅游体验和满意度产生积极影响。因此，在维持现有情感依恋的基础上，景区可以不断地探索新方法，进一步拓展旅游者的情感依恋，促进景区的可持续发展。

6.1.4 文化遗产案例 4：晋祠

本案例采用问卷调查的方式，针对前往晋祠旅游目的地的游客进行了问卷调查，经过筛选，最终收回 351 份有效问卷。通过描述性统计分析得出以下结论：游客数量在性别上的差异不显著，游客主体多为受教育程度较高而月收入不高的中青年群体；此外，研究发现，绝大多数游客了解晋祠景区是以朋友推荐和网络为主要渠道，从宣传手册和广告牌等渠道得知晋祠的游客人数较少。

　　本案例以游客对晋祠旅游目的地形象的感知为例，运用 IPA 分析法对收集的数据进行实证分析，根据研究结果，晋祠旅游目的地形象管理的各项指标的改善具有一定的轻重缓急之势。具体来说，"建筑特色""历史文化底蕴深厚""食品安全"3 项测量指标是目前晋祠旅游目的地形象建设中的优势指标，其中，"建筑特色"和"历史文化底蕴深厚"两方面的满意度较高，表明晋祠在古建筑的维护和修缮、传承历史文化方面做得较好，得到游客的认可；"食品安全"也获得游客较高满意度，但仍需加强对周边餐饮卫生的监管；当前指标体系中，"地方特色"等 3 项指标属于晋祠旅游目的地形象建设中的维持区，景区表现较为出色，应继续保持；机会区包含"风俗表演""公共休憩设施"等 8 项指标，可以将其作为次重点改进对象；"工作人员态度""环境卫生"等 6 项指标属于改进区，说明景区对于游客较为看重的"住宿环境""环境卫生"等方面投入不足，应将其作为今后旅游建设的重点。总体来看，目前晋祠旅游目的地形象与游客预期还存在一定差距，仍需加大投入力度，优化服务设施和设备，加强管理服务质量，不断推进晋祠旅游目的地形象和品牌影响力的提升，实现可持续发展。只有这样，才能满足游客对旅游体验的需求，提升晋祠旅游业的市场竞争力和吸引力。

　　本案例根据以上研究结论，对优化晋祠旅游目的地形象提出以下建议。

　　第一，从游客的"了解渠道"来看，可以发现晋祠旅游目的地目前的宣传方式较为单一，主要依赖朋友推荐。这无疑存在一定的局限性。因此，为了提升晋祠旅游目的地的知名度和营销效果，建议采用线上与线下相结合的方式进行宣传。随着时代的变迁，晋祠旅游目的地必须顺应互联网发展的趋势，加强在热门社交平台的推广。作为当前最受欢迎的短视频平台之一的抖音具备巨大的营销潜力，可以通过在抖音投放晋祠景区生动有趣的宣传片，吸引潜在游客的注意力，提升晋祠的知名度。此外，针对线下营销，可以采用多种形式的宣传媒介，如在晋祠入口处设置宣传手册和小海报，向游客展示晋祠的特色和优势，以引起其兴趣；同时，在太原市的一些电子显示屏上播放宣传片和品牌 LOGO，可以增强晋祠旅游目的地的曝光率和知名度。结合线上线下多元化的营销策略，可以更有效地促进晋祠旅游目的地的可持续发展和繁荣。

第二，游客对晋祠的"建筑特色""历史文化底蕴深厚"及晋祠内的"食品安全"方面持有较高的满意度，需要巩固并维护这些优势指标。首先，晋祠作为珍贵的文化遗产，其建筑遗产和历史文化底蕴应受到充分的保护。为此，需要定期进行维护和修缮工作，以保持建筑特色和历史风貌。同时，通过制定严格的管理制度对游客进行引导和监管，以防止古建筑被破坏或损坏。在游客参观区域，应设置明确的警告牌，禁止在柱子上刻字，禁止触摸建筑物，提高游客的保护意识。其次，晋祠景区应进一步加强食品安全管理工作，保证游客的安全和健康。需要制定严格的食品安全管理制度，坚持为游客提供健康、营养、安全的食品。总而言之，巩固维护晋祠的优势指标是景区营销和可持续发展的重要保障。只有加强文化遗产保护，维护其独特的建筑特色和历史文化底蕴，才能继续吸引更多的游客前来参观；只有不断地加强食品安全管理，保障游客的安全和健康，才能提高游客对景区的满意度并促进景区的长久发展。

第三，据调研发现，晋祠景区内的"风俗表演""公共休憩设施"和"停车场"这三个指标的重要性和满意度都较低，表明景区在这三方面仍存在一些问题。为了实现景区可持续发展，可以从以下三方面入手：首先，对于"风俗表演"这一指标，晋祠景区可以组织多样的表演活动来吸引游客。在淡季，可以通过举办皮影戏等特色文化活动来增强游客的参与感，让游客感受到晋祠的历史文化魅力，从而提高游客满意度，吸引更多的客源。其次，针对"公共休憩设施"和"停车场"这两项指标，晋祠景区可以进行相应的完善和升级，以提升游客的满意度。例如，在停车场方面，可以引进智能停车系统，通过手机 App 的帮助，让游客快速找到空余车位，减少游客在找车位上花费的时间成本。最后，在公共休憩设施方面，安装舒适而干净的座椅，并在周边设置投影，播放晋祠历年来的重大活动录影，为游客提供有趣且舒适的休息场所，增强游客的满意度。

第四，晋祠景区内的"工作人员态度""环境卫生""住宿环境"和"门票价格"这些指标在游客心目中的重要性很高，但游客对于这些指标的满意度却不高。为了解决这些问题，可以从以下几个方面进行改进：首先，对于出现工作人员态度强硬、导游拦路揽客、讲解不到位的问题，晋祠景区应该加强对景区工作人员的管理，建立完善的奖惩制度，加强对导游讲解的管理，禁止导游拦路揽客等不文明行为，以提高服务质量和游客满意度。其次，在"环境卫生"方面，要想解决水池中出现大量漂浮物并产生异味的问题，景区更应加强管理，明确环卫人员职责，进行不定期检查，使游客拥有干净卫生的环境体验。最后，针对游客对"住宿环境"满意度较低的问题，可以与附近的旅店建立合作关系，打造以晋祠历史文化为主题的房型，为游客提供更舒适、更具特色的住宿体验。针对游客对"门票价格"不满意的问题，景区应该从各方面完善服务管理，多方面提升游客的价值感知，以确保游客感受到物超所值。同时，完善游客咨询投诉通道，创建游客与景区管理人员交流的平台，为游客提供更好的服务和体验。

6.2　新技术背景下的旅游相关案例实证分析结果及讨论

6.2.1　新技术背景下的旅游案例 5：旅游+O2O 模式

随着新技术特别是手机的定位等功能的发展，我们随时随地可以搜索周围的景点、酒店，O2O 模式应运而生，为我们的生活提供了很大的方便。然而网络技术的发展太快，在这个过程中 O2O 模式也存在一些问题。本案例在先行研究的基础上研究了携程 O2O 旅游产品选择属性对消费者再购买意图的影响。本案例通过问卷调查的形式获得了消费者对于 O2O 旅游产品选择属性和再购买意图的数据，通过统计软件 SPSS 23.0 对数据进行了相应处理和分析，获得以下结论。O2O 旅游产品与消费者再购买意图以下两个因子相关：质量保证性、交易安全性。根据统计分析的结果可以看出，这两个因子能够较好地反映出 O2O 旅游产品对消费者再购买意图的影响，结果排除了便利性这一影响因子，最终验证了本案例的假设 H2、H3，否定了假设 H1。根据回归系数影响程度高低的顺序可以看到，对于消费者再购买意图影响最大的是交易安全性，之后是质量保证性。

　　根据上述研究结果，本案例认为携程应当重点关注以下几个方面：第一，在互联网时代，消费者非常重视网络支付的安全问题，其中包括因为技术漏洞所引发的信用卡被盗用、个人信息被泄露等一系列问题。如果携程 O2O 旅游产品不能确保用户的个人资料及相关信息的安全性，则会大幅度降低用户的再购买意愿。要想使用户通过线上购买其产品和服务，就要消除客户对交易中安全问题的疑虑。第二，携程应该明确只有自身的产品或服务质量好，才可能迎来消费者再次购买或使用的机会。O2O 旅游产品是在线下实体服务与产品的基础上，进一步开展线上的营销与交易，意味着携程在与线下商家签订合作条款时必须明确用户的权益，确保用户享受到高质量的服务与产品。企业可以对市场做大量调研，产品面向用户应当实时跟踪，高效解决用户在使用中遇到的各种问题，并根据消费者提出的建议，实时更新调整产品结构，最终形成以客户利益为中心的、高质量的 O2O 旅游产品。第三，操作便利性对再购买意图无正向影响，假设 H1 不成立。出现该结果可能的原因：问卷中年轻人群体占据很大比例，问卷人群不均衡；消费者在实际交易中会遇到平台推送的多种广告，如保险广告、租赁广告等，经常出现误点的情况，故实际操作中未必那么便捷顺利；现如今互联网技术快速发展，人们在购买 O2O 旅游产品时，每个网络在线平台的购买操作基本一致，大同小异，在携程上购买操作并没有体现出特殊的便利性。因此，"操作便利"对于山西景区携程用户的"再购买意图"没有显著的影响，企业需要在今后继续改善，以满足旅游消费者的需求，从而提高旅游消费者再次购买的可能。

6.2.2　新技术背景下的旅游案例 6：小程序旅游

　　本案例研究中的五个变量均在发展相对成熟的用户满意度模型中选取，参考相关的用户满意度研究并且结合旅游服务类小程序的特点，从中提取出测量五个变量的具体题项。基于具体分析后的数据结果，得出以下结论：同程旅行小程序用户的感知价值对用户满意度并无正向的影响作用，假设 H1 不成立；同程旅行小程序用户的感知质量与用户满意度有显著的相关关

系，并且对用户满意度有正向的影响作用，假设 H2 成立；同程旅行小程序
的品牌形象对用户满意度有显著的相关关系，并且品牌形象对用户满意有正
向的影响作用，假设 H3 成立；同程旅行小程序的用户满意对用户忠诚有显著
的相关关系，并且用户满意对用户忠诚有正向的影响作用，假设 H4 成立。

　　同程旅行小程序的发展依托于强大的微信社交平台，获取用户的渠道
良好，所以如何增加和稳固用户量是提高经济效益的关键所在。研究表明，
品牌形象和感知质量是影响同程旅行小程序用户满意度的两大重要因素。
根据同程旅行小程序用户满意度的影响因素数据结果，具体提出以下建议：
第一，从感知价值角度来看，与携程旅行定位高端市场相比，同程旅行贯
彻下沉市场战略，其用户群体对产品价格会更加敏感，并且在用户感知价
值描述性统计分析中"更加优惠"的平均分为最低，说明用户对"在获取
相同的旅游服务时同程旅行更加优惠"这项的满意度不高。因此，同程旅
行小程序在保证服务水平的前提下提供更加优惠的产品可以增加用户使用
量，从而提高用户的感知价值。第二，同程旅行小程序的用户感知质量对
用户满意有正向的影响作用，用户的感知质量会对用户满意产生影响。在
"高效的沟通和交流"方面，携程旅行在用户预订产品的过程中除了小程序
提供的客户服务以外，还会有商家提供的客户服务。但是同程旅行小程序
许多商家仅提供联系方式，缺少客服，说明同程旅行小程序在这方面仍需
要继续提高。因此，同程旅行小程序需要为用户与商家提供良好的沟通渠
道，有利于用户与商家进行高效的沟通与交流，提高用户的感知质量。第
三，品牌形象对企业发展是至关重要的。同程旅行小程序的品牌形象对用
户满意有正向的影响作用，因此品牌形象越好，在一定程度上用户的满意
度会更高；反之，品牌形象受到冲击，用户的使用量会减少。在"功能齐
全"方面，同程旅行小程序可以丰富自己的旅游产品或者服务、完善产品
的设计，提高小程序的使用价值，功能越齐全，对用户的吸引力会越强。
同程旅行小程序缺少饮食方面的产品，用户在使用过程中会倾向于选择产
品种类更丰富的旅游类小程序，并且"吃"是游客在进行旅游活动时必不
可少的，因此饮食产品的缺少对于同程旅行小程序而言，不利于用户量的
增加和稳固。此外，用户对产品和服务的信赖与可靠是影响品牌形象的重
要因素，同程旅行在提供产品或者服务时要从用户角度出发，在预订交易

过程中根据实际情况作出相应处理，尽量减少用户的损失。第四，同程旅行小程序的用户满意度对用户忠诚度产生正向的影响作用，用户满意度越高，用户的忠诚度也会越高。因此，同程旅行小程序要从用户满意度的影响因素入手，从各个方面去提高用户的满意度，进而提高用户的忠诚度。

6.2.3 新技术背景下的旅游案例7：短视频旅游

本案例通过数据分析结果得出结论，并且在数据分析结论上提出以下几点对策和建议。

第一，借助短视频平台传播和塑造旅游目的地形象。首先，旅游目的地在短视频内容策划上要注重特色，短视频的优质内容是传播形象的核心。因此，旅游目的地在明确自身定位后，在重视短视频内容质量的同时，也要为观者呈现旅游目的地的风景、建筑、美食、风俗等特色，传播有用、有价值的旅游信息。对于这方面，旅游目的地可以和短视频平台合作，在保证自身特色的前提下，借鉴一些优秀的短视频案例，根据潜在旅游者的旅游偏好，在内容上进行创新，创造更具有吸引力、让观者能够沉浸其中的旅游短视频。其次，旅游地官方也应发挥相关的作用，用官方账号持续性发布旅游地短视频，多和观者互动，赢得更多的关注，提升大家对旅游目的地的信任感。

第二，完善短视频平台的营销方式。首先，短视频传播要以内容为主，不只是内容创作上，短视频平台也要完善相应的审查机制，抵制低俗内容，传播有创意、有深度的原创内容。其次，短视频营销要适度，避免夸大。短视频传播的速度较快、影响力大，如果其营销带来的"网红效应"超出某些旅游目的地的游客承载能力，与此同时景区基础设施和服务能力达不到游客满意度，那么就会给游客留下负面印象，也会影响景点形象。

第三，旅游目的地要理性对待短视频的传播效果，避免盲目跟风而失去景点原有的景区特征。在运用短视频传播宣传的同时，要规范景区服务设施质量，提高游客的满意度。景区的长效发展不仅要依靠短视频带来的热点，更重要的是注重景点本身的内涵特点，让游客线上观看旅游短视频体验和线下亲身旅游体验达到一致性。

6.2.4　新技术背景下的旅游案例 8：直播旅游

本案例引入空间临场感、心流体验、旅游目的地形象感知三个中介变量，构建了 SOR 模型，用于研究旅游直播相关特征、空间临场感、心流体验、旅游目的地形象感知和游客意愿之间的关系，并根据成熟量表设计了调查问卷。通过问卷调查，对样本数据展开处理和分析，证实了各变量之间的关系，从而总结出以下结论。

第一，旅游直播的内容特征可归纳为信息价值、交互性、定制性、优惠性四个维度。信息价值、交互性、定制性、优惠性对空间临场感、心流体验、旅游目的地形象感知有显著影响。因此，平遥古城景区在利用旅游直播进行旅游营销的过程中，应重点考虑提升旅游直播的信息价值，着力开发高品质内容，突出景区特色和核心吸引力；同时，需要重点考虑提升其定制性，精准定位目标人群，挖掘用户兴趣点；也要提高旅游直播的互动性，重视直播推广宣传、留言互动，促进其交流互动。此外，景区可以在旅游直播平台橱窗中添加各种旅游产品展开销售，包括旅游住宿、旅游门票、旅游套票等，并给予一定的优惠，以此来吸引更多的粉丝和关注度。

第二，空间临场感、心流体验和旅游目的地形象感知对游客意愿产生显著影响，其中，旅游目的地形象感知对游客意愿产生的影响更大，具有较强的相关关系。

第三，空间临场感、心流体验和旅游目的地形象感知在旅游直播信息价值、交互性、定制性、优惠性与游客意愿之间起中介作用，即旅游直播信息价值、交互性、定制性、优惠性对游客意愿的影响可以通过间接路径实现。

第四，官媒类账号要定期发起旅游直播，引导用户、景区等多方参与协作，建立一个良好的互动关系网络，实现对旅游地形象的维护与传播，从而提升旅游目的地的形象。同时，为了充分展现景区的魅力，需要加强新媒体平台之间的协同合作，构建一个强大的传媒矩阵，以挖掘更为丰富的资源。

目前，以旅游直播为代表的各类新媒体营销已成为旅游目的地市场营销的重要手段。但是，景区在利用旅游直播进行旅游宣传的过程中也存在一些问题。从描述性统计中分析得出，抖音直播本身的特性及给用户带来的感受是良好的，但是每月观看的数量并不是很多，大多集中在 2~5 次，能够产生的影响较小，未来还有很大的发展空间。平遥古城借用旅游直播来宣传旅游目的地形象，这种亮点和创新是很值得尝试的。因此，本案例通过探索旅游直播特征对游客意愿的影响，证实了旅游直播相关特征、空间临场感、心流体验、旅游目的地形象感知对游客意愿的影响。根据实证分析的结果，本案例针对平遥古城景区及同类型古城景区在未来借助旅游直播提升形象的探索提出以下几点建议。

一是官方媒体引导，多方协作。由于直播平台的进入门槛较低，在旅游目的地形象的传播方面，各类直播用户表现出一定程度的自发性和分散性，难以形成规模效应，这就导致了形象传播质量和效果很难得到保障。官方媒体在推广旅游目的地形象方面呈现出高度的权威性和专业性，这有助于加强各方参与合作的指导，并通过整合各自的优势，建立一个良好的互动关系网络，从而在宣传旅游目的地形象的过程中取得更好的效果。同时，要加强新媒体平台之间的协作，构建强大的媒体矩阵，挖掘丰富的内容，使景区魅力得到最大限度的展现。

二是重视信息价值，强化用户感知。通过直播平台获取有用的信息是潜在旅游者最直接、最基本的需求。信息越丰富，越有助于激发潜在旅游者对目的地的好感度。特别是当公众面临信息超载的情况下，高质量的内容可以给使用者带来更多的服务价值，从而提高他们对目的地形象的认知。平遥古城景区在直播过程中应注重内容的多样性，不仅是对古城风景的直播，也可以对景区旅游攻略、住宿选择、美食探店等内容进行直播。在客流量大时，直播管理者还可以发布景区的真实情况，以便让游客更全面地了解景区的动态，进而使其在观看直播的同时获得实用的景区信息。

三是聚焦互动性，注重话题交流。关注弹幕区和后台私信互动。弹幕区是群策群力的地方，也是景区集思广益和吸收建议的好地方。在对旅游直播内容感兴趣或者引起共鸣的情况下，用户会主动观看弹幕区并进行互动。弹幕区的风向犹如口碑的好坏，会在一定程度上使潜在游客对景区的初次印象产生一定的影响。而一个耐心细致的回复就可能让用户对景区产生好感。所以，平遥古城景区旅游直播管理者应将注意力集中在评论的互动上，对咨询类评论提供详尽解答并选择性置顶，对吐槽类评论进行总结反思。

四是突出定制性，实行精准营销。在新媒体时代，大数据为"对的人"提供了"对的信息"。在此基础上，通过与直播平台的沟通合作，景区可以利用平台的技术优势为用户提供精准推送。比如根据用户的年龄、兴趣爱好及所处地域等因素，展开个性化的推送服务。目前，平遥古城在运用旅游直播方面较少，且传播范围较窄。有很多用户就算刷了很多次直播，也不会刷到类似的旅游直播。因此，景区后续在与平台的合作中，应着重加强精准推送，提升用户观看体验。此外，为了拉近景区与潜在游客的距离，在网络上获得更多的关注及达到提升景区知名度的效果，平遥古城应该积极挖掘用户的兴趣点，根据弹幕区观众的评论和互动，判断他们的需求和真实想法，传达出符合他们兴趣的内容。

五是巧妙利用优惠策略，抓住用户情感共鸣。本案例发现，价格优惠力度会正向影响旅游目的地形象的感知价值，进而影响游客意愿。因此，景区可以在旅游直播平台的橱窗中加入各种旅游产品进行销售，包括但不局限于旅游住宿、旅游门票、旅游套票，并给予一定的优惠；另外，还可以举办"转发抽奖"等一系列活动吸引更多的粉丝和关注。

第7章 主动式关系修复策略总结及未来发展

7.1 主动式关系修复策略总结

7.1.1 五台山

本案例已采用的主动式关系修复策略如下。

第一，挖掘历史文化内涵：通过深挖景区的历史文化内涵，提升历史文化价值，让历史文化与旅游体验相关性增加。特别是针对有特殊宗教地位的景区，可以充分挖掘宗教文化价值和建筑的独特文化内涵，推广景区的特点，扩大知名度，提高美誉度，提升旅游体验。

第二，提升艺术审美价值：保护景区的艺术建筑风貌，进一步提升艺术审美价值，影响游客的旅游体验。景区要重视营造文化氛围，保持建筑的原真性，让游客体验到原汁原味的艺术，提高游客的重游率。

第三，开发游憩观光价值：研究发现游憩观光价值对游客的旅游态度影响最大，所以景区可以开发具有旅游体验性的项目，进一步提升游憩观光价值。可以运用现代信息技术，丰富文化旅游创新活动，将传统和现代文化有机融合，让游客参与更多的体验性活动，提高游客满意度。

第四，保护环境提升体验质量：景区要加强外部交通系统建设，使用数字化信息技术管理交通系统，通过路标、指示标志等方式引导游客，减缓客流压力。在景区内部进行主干道分流，提高通达能力，改善景区的生态功能，提升游客满意度和体验质量。

　　针对旅游景区的管理与发展，一个成功的案例是五台山如何利用主动式关系修复策略提升其整体吸引力和游客体验。五台山通过挖掘其历史文化内涵、保护和提升艺术价值、发展游憩项目及优化环境管理，能显著提高游客的满意度和重游意愿，不仅加深了游客对景区文化的理解和欣赏，也促进了景区的可持续发展。对于其他旅游景区而言，这样的措施可以作为提升游客体验和景区发展的典范参考。通过这样的主动性修复和发展策略，景区能够在维护文化遗产的同时，提升游客体验，实现旅游行业的全方位增长。

7.1.2　平遥古城

　　本案例已采用的主动式关系修复策略如下。

　　第一，提升目的地服务质量：加强目的地各属性的建设，完善相关设施和服务，提高游客的满意度和体验感。

　　第二，加强文化遗产保护和宣传：以保护文化遗产为基础，强化目的地的宣传力度，提升游客的保护意识，合理开发利用文化遗产资源，弘扬中华优秀文化遗产。

　　第三，创新开发与文化特色：创新并深度挖掘目的地的文化特色，为目的地打造新颖独特的文创产品，吸引游客参观体验。

　　第四，规范景区物价：加强监管力度，遏制过度商业化，约束商贩的物价乱象，为游客创造一个公平和谐的旅游环境。

　　第五，关注负面信息和游客抱怨：重视负面信息的影响，及时关注景区相关的负面舆论，通过建立信息反馈机制和处理游客投诉问题，积极纠正不满情绪，提高游客的满意度。

　　第六，提升旅游服务质量：加强文化遗产旅游目的地的服务水平，保护游客权益，促进目的地可持续发展。

　　平遥古城实施的主动式关系修复策略为其他旅游目的地提供了一个清晰的路径。提升服务质量、保护和宣传文化遗产、创新文化特色产品的开发、规范景区物价及重视游客反馈，都是构建和谐旅游环境、提升游客满意度的关键步骤。尤其是在面对负面评论和抱怨时，积极的态度和有力的响应对于维护景区声誉和提高游客满意度至关重要。此外，选择保护性开发策略以确保文化遗产得到恰当的利用和有效的传承，是促进旅游目的地可持续发展的重要方针。通过这些策略的有机融合，旅游目的地能够在增强旅游吸引力的同时，保障文化遗产的保护和传承。

7.1.3 云冈石窟

本案例已采用的主动式关系修复策略如下。

第一，加强基础设施建设：提升住宿、餐饮、接待等方面的基础设施质量，打造特色民宿、特色酒馆等，提供舒适便捷的服务体验。

第二，挖掘和展示民族文化内涵：通过讲解、演出、展览、制作手工艺品等方式，深化游客对景区文化内涵的了解和体验。

第三，提升环境卫生质量：加强景区环境的保护，完善基础设施，制定管理制度，并组织志愿者参与文物保护活动。

第四，加强宣传教育和解说服务：提供更多历史文化讲解、电子语音讲解服务等，增加游客对历史文化的认知和体验。

第五，改善旅游设施和服务：加强导览服务、增设旅游设施、提供便利的交通和停车场等，提升旅游者的旅游体验和满意度。

第六，满足不同需求：针对不同情感依恋强度的旅游者群体，提供扩展民族文化内涵、参与佛事活动、开发主题旅游产品、修复壁画、增加与历史文化相关的游戏等活动，以满足不同旅游者的需求。

云冈石窟案例提供了一系列为历史文化景点制定主动式关系修复策略的示范性措施。升级基础设施和提供贴心服务是建立游客良好第一印象的重要步骤。加强文化遗产保护并通过各种方式进行深入展示可以有效提升游客的文化体验。同时，加大教育和解说服务的力度，可以增强公众的历史意识和保护文化遗产的热情。此外，景点的成功运营依赖不断改善旅游设施与服务的质量，并根据不同旅游者的兴趣和需求推出定制化的体验。借鉴云冈石窟的案例，其他景区可以通过积极主动的方式，结合自身特色，为游客创造丰富多样的游览体验，从而提高游客满意度，并促进旅游目的地的可持续发展。

7.1.4　晋祠

本案例已采用的主动式关系修复策略如下。

第一，采用线上与线下相结合的宣传方式：通过在热门社交平台如抖音投放宣传片和在入口处设置宣传手册与小海报等，增加晋祠旅游目的地的知名度和曝光率，吸引潜在游客的注意力。

第二，保护建筑特色与历史文化底蕴：定期维护和修缮景区内的建筑遗产，制定严格的管理制度保护古建筑，设置明确的警告牌引导游客保护文化遗产。同时，加强食品安全管理，提供健康、安全的食品，保证游客的安全和健康。

第三，多样化的风俗表演和公共休憩设施：组织多样的表演活动来吸引游客，增强游客的参与感，通过完善停车场和设置舒适的公共休憩设施提升游客的满意度。

第四，加强工作人员管理与环境卫生：加强景区工作人员的管理，建立奖惩制度，提高服务质量和游客满意度。加强环卫管理，保持景区环境的干净和卫生。

第五，优化住宿环境和门票价格：与附近旅店建立合作关系，提供特色的住宿体验；从各个方面提升游客的价值感知，确保游客感受到物超所值，完善游客咨询投诉通道，为游客提供更好的服务和体验。

晋祠的案例说明了主动式关系修复在提高旅游目的地吸引力中的作用。通过结合线上线下的宣传，可以更有效地增加景区的知名度，同时，保护并传承建筑特色和历史文化是对游客吸引力的长期投资。借助多样化的活动和公共设施，可以提升游客的参与度和满意度，而高标准的服务质量和环境卫生管理更是提升游客体验的必要条件。与此同时，考虑到住宿体验和票价政策对游客决策的重要性，通过优化这些方面的体验和价值感，可以使游客感受到更大的满足和物超所值。晋祠的案例向其他旅游目的地提供了宝贵的经验，即综合改进服务和产品的质量，同时注重营销方式的创新，是吸引和满足游客需求的重要途径。这种全面和主动的策略有助于实现旅游目的地的持续发展和声誉的稳固。

7.1.5　O2O旅游

本案例已采用的主动式关系修复策略如下。

第一，保障安全问题：在互联网时代，消费者对网络支付的安全非常重视，旅游企业应确保用户个人资料和相关信息的安全性，消除用户对交易中安全问题的疑虑，以增加用户的再购买意愿。

第二，保证产品与服务的高标准：企业应确保旅游产品和服务的高质量，与线下商家签订合作条款时明确用户权益，使用户能够享受到高质量的产品和服务。企业应进行市场调研，跟踪用户需求，解决用户遇到的问题，并根据消费者建议实时更新产品结构，从而形成以客户利益为中心的高质量产品。

第三，简化操作体验：企业应改善旅游产品购买的操作便利性，以满足用户需求，提高用户再购买的可能性。通过优化购买操作流程，提供方便顺利的购买体验，吸引用户再次购买。

第四，持续改进和升级：企业应持续改进和升级旅游产品和服务，根据用户反馈和需求进行调整，从而提供更好的体验和满足用户需求，增加再购买意愿。

在O2O旅游模式中，建立用户信任和提高客户忠诚度是关键。通过采取措施确保在线交易和数据的安全，企业可以为用户提供一个无忧的购买环境，增强他们的信心和购买意愿。同时，只有提供高质量的产品和服务，企业才能满足用户的期望和需求。此外，提供简洁直观的购买流程能够提升用户体验，并鼓励复购。企业必须致力于对产品和服务进行持续的改进，通过定期收集用户反馈和市场研究，不断更新产品特性和服务范围，以满足不断变化的消费者需求。这种主动的关系维护和改善策略不仅能增加用户的满意度和忠诚度，也能使企业在竞争激烈的旅游市场中保持领先地位。

7.1.6　小程序旅游

本案例已采用的主动式关系修复策略如下。

第一，提供更加优惠的产品：同程旅行小程序可以在保证服务水平的前提下提供更加优惠的产品，以吸引用户并增加用户的使用量和感知价值。

第二，提供良好的沟通渠道：同程旅行小程序需要为用户与商家提供良好的沟通渠道，以实现高效的沟通和交流，提高用户的感知质量。

第三，增强品牌形象：同程旅行小程序可以丰富旅游产品或服务，完善设计，提高用户满意度和品牌形象。确保功能齐全，包括考虑增加饮食方面的产品，以提升吸引力。

第四，提高用户满意度：同程旅行小程序应从各个方面提高用户的满意度，从而提高用户的忠诚度。这可以通过改善品牌形象、提供优质产品和服务及减少用户损失来实现。

小程序作为一种新兴的电子商务平台，对旅游服务提供了极大的便利性。通过上述优化策略可见，一个成功的旅行小程序需要注重产品优惠策略、沟通渠道的有效性、品牌形象的持续改善及用户满意度的全面提升。这些策略共同作用于提高用户的使用率和忠诚度。优惠价格是吸引用户的重要因素，但永远不应以牺牲服务质量为代价。提供良好的沟通和高效的客服对于确保用户满意至关重要，同时强化品牌形象能够在竞争激烈的市场中凸显出独特价值。不断提高用户满意度是保持用户忠诚度、获取口碑推荐并减少用户流失的关键。通过主动式修复策略，旅游小程序能激发用户活跃度，持续获取市场优势，加强与消费者的长期关系，并推动可持续发展。

7.1.7 短视频旅游

本案例已采用的主动式关系修复策略如下。

第一，利用短视频平台塑造形象：旅游企业将景区特色内容与短视频平台合作，通过传播有用、有价值的旅游信息来塑造旅游目的地的形象。企业可以注重短视频内容质量，展示景区的风景、建筑、美食、风俗等特色，吸引潜在游客的关注，提升大家对景区的信任感。

第二，完善短视频平台的营销方式：旅游企业应推动短视频平台完善审查机制，抵制低俗内容，传播创意并有深度的原创内容。营销策略要适度，避免夸大景区的实际情况，以避免超出游客承载能力，影响景区形象。

第三，理性对待短视频传播效果：旅游企业应理性对待短视频的传播效果，避免盲目跟风而失去景区本身的特色。除了利用短视频传播宣传景区，企业还应重视景区的服务质量，提高游客的满意度。景区的长期发展需要注重景区自身的内涵特点，确保线上和线下旅游体验的一致性。

在数字化和视觉驱动的时代，短视频为旅游行业提供了一个创新性和互动性极强的宣传渠道。旅游企业应策略性地运用这一工具来传播旅游目的地的魅力，同时必须维护内容的质量和真实性，以免落入"量广而质不精"的营销陷阱。营销活动应注重真诚和创造力，以真实呈现旅游景点真实面貌。另外，企业不应过度依赖短视频的影响力，而忽视了实际服务的质量和景区的本质特色。短视频营销只是品牌塑造的一环，深度的客户体验和口碑仍然是稳定和提升旅游品牌价值的关键。企业应确保线上宣传与游客在景区的实际体验是相一致的，以此来建立恒久的信任与忠诚。

7.1.8 直播旅游

本案例已采用的主动式关系修复策略如下。

第一，官方媒体引导，多方协作：官方媒体可以在推广旅游目的地形象方面发挥权威性和专业性，在形象传播过程中指导各方合作，并通过整合各自优势建立互动关系网络，取得更好的宣传效果。同时，加强新媒体平台之间的协作，构建媒体矩阵，展现景区魅力。

第二，重视信息价值，强化用户感知：通过直播平台提供丰富有用的信息，满足潜在旅游者对目的地的需求。内容的多样性可以提高用户对目的地的认知，包括直播景区风景、旅游攻略、住宿选择、美食探店等，同时发布景区的真实情况，让用户获得实用的景区信息。

第三，聚焦互动性，注重话题交流：关注弹幕区和后台私信互动，回复用户的评论并提供解答，积极倾听用户的建议，产生良好的互动体验，并根据用户需求作适当的总结反思。

第四，突出定制性，实行精准营销：利用大数据和直播平台技术优势，为用户提供个性化的推送服务，根据用户的年龄、兴趣爱好和地域等因素进行精准推送，提升用户观看体验和景区知名度。

第五，巧妙利用优惠策略，抓住用户情感共鸣：在旅游直播平台中加入各种旅游产品进行销售，并提供价格优惠，同时举办各类活动如转发抽奖等，吸引更多粉丝和关注，增强用户对旅游目的地的情感认同和意愿。

在直播旅游的多元化内容推广中，企业必须结合官方媒体的权威性与新媒体平台的动态性，以及直接与消费者互动的便捷性，形成一种新型的全方位宣传策略。内容的真实性和质量是关键，它直接影响用户的信任度和品牌的可信赖性。企业不应仅依靠直播的传播力量，而应更注重通过这一方式强化用户对旅游地的整体感知和吸引力。同时，通过引入定制化营销和心理折扣策略，可以进一步加强用户的情感联结，转化为实际的出游率和长期的忠诚度。总之，旅游直播不只是传播手段，更是塑造品牌、建立信任和深化用户关系的重要工具。

7.2　主动式关系修复策略未来发展

在深入分析资源型地区旅游企业的主动式关系修复策略及其未来发展潜力的背景下，针对山西省典型的资源型地区旅游企业的主动式关系修复策略研究具有特别的现实重要性和理论价值。分析山西省资源型地区的经济、社会、生态状况，发现转型升级过程中企业与旅游者间的信任缺失、满意度下降问题是目前亟待解决的痛点。

山西省旅游业在高质量发展中遭遇的关系修复问题源于多方面的原因，包括但不限于旅游资源的单一化、服务质量与管理水平的不匹配，以及对环保要求的不重视等。而主动式关系修复策略的目标不仅是解决表面的纠纷，更是深化到提升服务质量、优化管理流程、增强环保意识和实现可持续发展等多个层面。这种转型实践要求从旅游企业自身的经营理念、战略定位及内部管理出发，进行全面深度的调整。基于此，本书归纳出以下研究和发展趋向。

首先，随着中国旅游业进入高质量发展的新时期，对旅游企业提出了更高的服务和管理要求。这也意味着，旅游企业需要实施更为精准和细致的主动式关系修复策略，以适应日趋严格的行业标准和消费者期待。这种要求不仅适用于客户服务的具体实践，也反映在如何通过有效的沟通与品牌建设提升游客的满意度和忠诚度上。企业微观层面，在经营理念上，旅游企业需要通过传播与弘扬地方文化，提升旅游资源价值并丰富旅游产品体系，摆脱对传统资源的依赖，实现产业转型。在战略定位上，企业需要站在整个地区经济发展的高度，把握旅游业内外部环境变化的趋势，借助科技手段优化服务、管理与营销。在内部管理上，企业则需要建立可持续的人力资源政策，以便在面对市场波动时能够及时调整人员结构，保持战斗力。

其次，在技术创新的推动下，未来资源型地区旅游企业的主动式关系修复策略预计将更加注重多元化和个性化。新兴技术如大数据、人工智能、云计算和移动互联网，为旅游企业提供了深入了解和快速响应顾客需求的新手段。利用这些技术的数据分析和预测能力，旅游企业能够在关系修复过程中实现更高效的决策和更精确的客户定位。

与此同时，环境可持续性在未来的主动式关系修复策略中将发挥更加显著的作用。在国家政策和公众环保意识的驱动下，资源型地区旅游企业需要将环境保护作为关系修复的重要组成部分。这不仅有助于提升企业的公共形象和社会责任感，同时也是实现可持续发展战略的必要条件。关系发展在未来将趋向多层次、多元化的伙伴合作关系建设。旅游企业主动式关系修复策略的未来发展趋势表明，旅游企业将进一步加强与目的地社区的合作，通过共享资源、共同促进文旅项目开发、深入挖掘当地文化等多渠道合作，实现共赢局面。

在实践路径上，未来的主动式关系修复策略将更多依赖于战略性设计。借助系统化的思考，旅游企业需要规划全方位的关系修复行为模式，将主动修复行动融入企业文化和操作系统中。这涉及建立一个围绕客户反馈的自我完善机制，确保任何潜在问题的早期发现和处理，从而增强企业面对风险和挑战的适应性和弹性。

在资源型地区转型实践中，主动式关系修复策略将加大对影响企业和旅游者之间关系因素的深度剖析，诸如社会责任感、道德义务及地方参与度等。通过提升这些内在价值观和外在实践的共振，旅游企业能够在维护游客利益的同时促进地方经济和社会的协调发展。

　　在研究方法方面，主动式关系修复策略的研究将结合实证研究、案例分析和比较分析等多种研究方法。这些方法的混合使用，不仅可以揭示个别案例成功或失败的内在原因，而且可以通过跨案例比较，总结出不同情境下主动式关系修复策略的模式和原则。未来的研究内容和框架将需要在山西省资源型地区的实践基础上拓展，将典型案例的成功经验和教训总结提炼出具有普遍适用性的策略，并以此为基础构建资源型地区旅游企业的系统性关系修复模型。同时，考虑到信息时代的迅猛发展和全球化趋势，这一研究框架将注重国际视野与本土实践的结合，力图打造适合中国特定社会文化与发展阶段的关系修复路径和策略。

附　录

附录1　五台山景区旅游感知的调查问卷

尊敬的先生/女士：

　　您好！非常感谢您能在百忙之中抽出时间填写问卷。问卷为匿名填写，您所填写的内容仅供学术研究之用，对您的个人信息绝对保密，请您放心填写。

第一部分：您的基本资料

1. 您的性别是？

　　A. 男　　　　　　　　　　B. 女

2. 您的年龄是？

　　A. 18 岁以下　　　　　　B. 18~25 岁

　　C. 26~35 岁　　　　　　D. 36~50 岁

　　E. 50 岁以上

3. 您的学历是？

　　A. 初中及以下　　　　　　B. 高中或职高、中专

　　C. 大专　　　　　　　　　D. 本科

　　E. 硕士及以上

4. 您的职业是？

　　A. 公司或企业职员　　　　B. 公务员

　　C. 教师、医生等事业单位　　D. 学生

E. 私营业主或个体工商户　　　F. 自由职业者

G. 退休人员　　　　　　　　　　H. 其他

5. 您的月收入？

A. 1000 元以下　　　　　　　　B. 1000～3000 元

C. 3001～5000 元　　　　　　　D. 5001～8000 元

E. 8001～10000 元　　　　　　　F. 10001～20000 元

G. 20000 元以上

6. 您来五台山旅游景区旅游过几次？

A. 1 次　　　　　　　　　　　　B. 2 次

C. 3 次及以上

7. 您是通过何种渠道获得五台山旅游景区的旅游信息？

A. 微博、短视频等网络宣传　　B. 广播电视

C. 旅行社介绍　　　　　　　　　D. 亲朋好友介绍

E. 度假区官网推送　　　　　　　F. 其他

第二部分：影响因子调查

测量题项	非常不满意	不满意	一般	满意	非常满意
五台山历史文化价值					
1. 五台山的历史文化悠久	1	2	3	4	5
2. 五台山的历史底蕴丰厚	1	2	3	4	5
3. 五台山的地域文化特色鲜明	1	2	3	4	5
4. 五台山的佛教文化色彩浓厚	1	2	3	4	5
五台山艺术审美价值					
1. 五台山的佛教建筑技艺精湛	1	2	3	4	5
2. 五台山佛教建筑丰富多样	1	2	3	4	5
3. 五台山的建筑完整度高	1	2	3	4	5
4. 五台山壁画艺术精美，独具观赏性	1	2	3	4	5
5. 五台山植被景观差异明显，可观赏	1	2	3	4	5
6. 五台山日落云海景观优美	1	2	3	4	5

续表

测量题项	非常不满意	不满意	一般	满意	非常满意
五台山游憩观光价值					
1. 五台山祈福很受欢迎	1	2	3	4	5
2. 五台山休闲娱乐项目丰富多样，游客参与性高	1	2	3	4	5
3. 五台山的旅游朝拜具有特色	1	2	3	4	5
4. 五台山气候适宜，是夏季避暑的清凉圣地	1	2	3	4	5
五台山遗产价值					
1. 五台山的知名度广	1	2	3	4	5
2. 五台山的美誉度高、好评多	1	2	3	4	5
3. 五台山的遗产众多	1	2	3	4	5
4. 五台山的遗产历史悠久，价值高	1	2	3	4	5
五台山经济价值					
1. 五台山景区餐饮种类丰富，价格合理	1	2	3	4	5
2. 五台山周边酒店、民宿价格合理	1	2	3	4	5
3. 五台山景区容量大，旅游接待能力好	1	2	3	4	5
4. 五台山景区门票价格合理	1	2	3	4	5
5. 五台山旅游纪念品种类多样、特色鲜明	1	2	3	4	5
五台山地理环境价值					
1. 五台山的交通通达性好、便利性高	1	2	3	4	5
2. 五台山的停车场位置显著，便于停车	1	2	3	4	5
3. 五台山的停车场数量多、容量大	1	2	3	4	5
4. 五台山的自驾游方便，可直达景区	1	2	3	4	5
5. 五台山旅游可选择交通方式安全性高	1	2	3	4	5

续表

测量题项	非常不满意	不满意	一般	满意	非常满意
五台山旅游体验					
1. 本次旅游让我获得不错的体验	1	2	3	4	5
2. 本次旅游可以让我获得很多知识，增长知识面	1	2	3	4	5
3. 本次旅游有非凡的审美体验	1	2	3	4	5
4. 本次旅游很有价值	1	2	3	4	5
五台山旅游态度					
1. 本次旅游活动让我感到很愉悦	1	2	3	4	5
2. 本次旅游活动让我增长很多新知识	1	2	3	4	5
3. 本次旅游活动很有意义	1	2	3	4	5
4. 本次旅游活动让我留下很多美好的回忆	1	2	3	4	5
五台山游客重游、推荐意愿					
1. 会再次前往五台山旅游	1	2	3	4	5
2. 会向朋友推荐景区	1	2	3	4	5
3. 会主动在网络平台宣传景区	1	2	3	4	5
4. 会和别人分享这次旅游经历	1	2	3	4	5

附录 2 平遥古城旅游意向感知调查问卷

尊敬的先生/女士：

您好！首先感谢您参与本次问卷的填答。问卷研究的主要目的是游客对平遥古城目的地意向的感知情况，需要耽误您 2~3 分钟时间填写此问卷。请您在阅读每个选项之后，凭借您的真实意愿进行选择，问卷数据采用匿名制且仅供学术使用，请放心作答。感谢您的支持与帮助！

第一部分：您的基本资料

1. 您的性别是？

   A. 男 　　　　　　　　　　　B. 女

2. 您的年龄是？

   A. 18 岁以下 　　　　　　　　B. 18~30 岁

   C. 31~40 岁 　　　　　　　　D. 41~50 岁

   E. 51~60 岁 　　　　　　　　F. 60 岁以上

3. 您的学历是？

   A. 高中、中专及以下 　　　　B. 大专

   C. 本科 　　　　　　　　　　D. 硕士及以上学历

4. 您的职业是？

   A. 学生 　　　　　　　　　　B. 公务员

   C. 企业工作人员 　　　　　　D. 专业技术人员（教师、医生、作家等）

   E. 自由职业 　　　　　　　　F. 退休人员

5. 您的月收入？

   A. 1500 元以下 　　　　　　　B. 1500~3000 元

   C. 3001~5000 元 　　　　　　D. 5001~10000 元

   E. 10001~15000 元 　　　　　F. 15001~20000 元

   G. 20000 元以上

6. 您来自哪里？

    A. 平遥县   B. 晋中市其他地区

    C. 山西省其他地级市   D. 省外

第二部分：影响因子调查

测量题项	非常不同意	不同意	一般	同意	非常同意
目的地环境					
1. 原真性保护	1	2	3	4	5
2. 基础设施完备	1	2	3	4	5
3. 当地居民热情好客	1	2	3	4	5
4. 社会治安状况良好	1	2	3	4	5
5. 整洁卫生的旅游环境	1	2	3	4	5
目的地资源					
1. 历史文化底蕴深厚、内涵丰富	1	2	3	4	5
2. 文化节事活动丰富多彩	1	2	3	4	5
3. 民俗彰显特色化、多元化	1	2	3	4	5
4. 引人入胜的大型实景演出	1	2	3	4	5
5. 有很多历史古建筑和古迹	1	2	3	4	5
目的地服务质量					
1. 住宿服务质量	1	2	3	4	5
2. 餐饮服务质量	1	2	3	4	5
3. 交通服务质量	1	2	3	4	5
4. 接待服务质量	1	2	3	4	5
5. 基础设施质量	1	2	3	4	5
目的地意象					
1. 可以提高游客对文化遗产的认知	1	2	3	4	5
2. 具有较好的配套服务设施	1	2	3	4	5
3. 具有较好的人文景观和民俗文化	1	2	3	4	5
4. 物价合理	1	2	3	4	5
5. 是休息和放松的好地方	1	2	3	4	5

续表

测量题项	非常不同意	不同意	一般	同意	非常同意
旅游意向					
1. 您是否认为平遥古城是一个值得出行的旅游目的地	1	2	3	4	5
2. 同类型目的地中，您会优先选择平遥古城	1	2	3	4	5
3. 您会主动收集平遥古城的目的地信息	1	2	3	4	5
4. 您会向他人推荐该目的地	1	2	3	4	5
游客抱怨					
1. 旅游投诉渠道通畅	1	2	3	4	5
2. 补救措施及时	1	2	3	4	5
3. 对景区负面口碑宣传意愿小	1	2	3	4	5
4. 向景区和相关部门投诉的可能性小	1	2	3	4	5
5. 向旅游管理部门投诉的可能性小	1	2	3	4	5

附录3　云冈石窟的游客感知体验满意度调查问卷

尊敬的先生/女士：

　　您好！本次调查的目的旨在探讨游客对云冈石窟各项设施与服务的满意度，希望能收集到相关数据，回答无所谓对错。同时，本次调查采用不记名方式填写，绝不涉及您的隐私，不用于商业目的，希望得到您的配合和帮助，感谢您在百忙之中抽出时间填写本问卷！

第一部分：您的基本资料

1. 您的性别是？

　　A. 男　　　　　　　　　　B. 女

2. 您的年龄是？

　　A. 18 岁以下　　　　　　　B. 18~24 岁

　　C. 25~35 岁　　　　　　　D. 36~45 岁

　　E. 46~60 岁　　　　　　　F. 60 岁以上

3. 您的学历是？

　　A. 研究生及以上　　　　　　B. 本科

　　C. 大专　　　　　　　　　　D. 高中

　　E. 初中及以下

4. 您的职业是？

　　A. 在校学生　　　　　　　　B. 工人

　　C. 办公职员　　　　　　　　D. 自由职业者

　　E. 事业单位人员　　　　　　F. 公务员

　　G. 专职技术人员　　　　　　H. 农民

　　I. 其他

5. 您的月收入？

　　A. 2000 元及以下　　　　　　B. 2001~4000 元

C. 4001~6000 元   D. 6001~8000 元

E. 8001~10000 元   F. 10000 元以上

6. 您到访云冈石窟的次数？

     A. 第一次   B. 第二次

     C. 第三次   D. 第四次及以上

7. 您的出游方式？

     A. 亲朋好友结伴   B. 旅行社团体

     C. 单位出游   D. 其他

第二部分：影响因子调查

测量题项	非常不满意	不满意	一般	满意	非常满意
云冈石窟旅游资源					
1. 彩塑壁画精美、雕刻技艺高超	1	2	3	4	5
2. 历史文化底蕴深厚、内涵丰富	1	2	3	4	5
3. 鲜卑民族风情文化多元	1	2	3	4	5
4. 佛教文化浓厚，"仿佛游走在佛国世界"	1	2	3	4	5
云冈石窟旅游环境					
1. 气候条件（干旱多风、温差大）	1	2	3	4	5
2. 生态环境（是否脆弱、资源是否贫乏）	1	2	3	4	5
3. 卫生面貌（是否脏乱差、是否乱丢垃圾）	1	2	3	4	5
4. 交通（是否便利、安全有秩序）	1	2	3	4	5
5. 治安状况（是否良好，有无财产、人身安全问题）	1	2	3	4	5
云冈石窟服务质量					
1. 住宿服务质量（卫生整洁程度、室内装修状况、舒适程度）	1	2	3	4	5
2. 餐饮服务质量（卫生条件、菜肴多样有特色）	1	2	3	4	5

测量题项	非常不满意	不满意	一般	满意	非常满意
3. 接待服务质量（导游服务、路标指示、游览秩序）	1	2	3	4	5
4. 基础设施质量（景区环境维护、厕所数量及卫生、垃圾箱环保状况、环保人员数量）	1	2	3	4	5
云冈石窟目的地形象					
1. 可以提高对历史文化遗产的认知，感受强烈的民族交融	1	2	3	4	5
2. 具有丰富的自然资源和人文景观	1	2	3	4	5
3. 配套服务和旅游设施较好	1	2	3	4	5
4. 美食特色鲜明、融合度高	1	2	3	4	5
5. 文创产品等各方面物价合理	1	2	3	4	5
6. 感受到浓郁的异域风情	1	2	3	4	5
云冈石窟旅游意愿					
1. 您愿意优先选择云冈石窟作为旅游目的地吗	1	2	3	4	5
2. 您愿意进一步了解云冈石窟的旅游信息吗	1	2	3	4	5
3. 您愿意推荐他人来云冈石窟吗	1	2	3	4	5
4. 您愿意重游云冈石窟吗	1	2	3	4	5
云冈石窟情感依恋					
1. 云冈石窟造像十分独特，让您流连忘返	1	2	3	4	5
2. 云冈石窟里的服务充满人性化，让您感觉很舒适	1	2	3	4	5
3. 云冈石窟文化遗产保存完整性让您十分认同	1	2	3	4	5
4. 在云冈石窟游玩让您感到享受与幸福	1	2	3	4	5
5. 对您而言，来云冈石窟旅游意义重大	1	2	3	4	5

附录4　晋祠旅游形象调查问卷

亲爱的各位游客：

　　您好！非常感谢您能在百忙之中抽出时间接受此次问卷调查。这是一份关于晋祠旅游形象的调查问卷，您的参与对本研究至关重要！本问卷匿名填写，仅供学术研究之用。请您根据自身感受如实填写，谢谢您的配合！

第一部分：您的基本资料

1. 您的性别是？

　　A. 男　　　　　　　　　　B. 女

2. 您的年龄是？

　　A. 18 岁以下　　　　　　　B. 18~29 岁

　　C. 30~39 岁　　　　　　　D. 40~49 岁

　　E. 50~59 岁　　　　　　　F. 60 岁及以上

3. 您的职业是？

　　A. 学生　　　　　　　　　B. 企事业单位工作人员

　　C. 军人　　　　　　　　　D. 农民

　　E. 自由职业者　　　　　　F. 退休人员

　　G. 其他

4. 您的受教育程度是？

　　A. 高中及以下　　　　　　B. 大专

　　C. 本科　　　　　　　　　D. 研究生及以上

5. 您的月收入？

　　A. 2000 元及以下　　　　　B. 2001~4000 元

　　C. 4001~6000 元　　　　　D. 6001~8000 元

　　E. 8000 元以上

6. 您当前的居住地？

　　A. 太原市　　　　　　　　B. 山西省内其他城市

C. 周边邻近省份　　　　D. 其他省份

7. 您对该景区的了解渠道？（多选题）

A. 朋友推荐　　　　　　B. 旅行社

C. 网络　　　　　　　　D. 电视

E. 宣传手册及广告牌

第二部分：量表分析

该部分是对晋祠景区总体形象的重要性/满意度调查，请根据您的真实想法和感受在相应的选项中进行选择。其中，重要性代表您认为该因素对您选择旅游地的重要程度如何，从 1 到 5 依次为非常不重要、不重要、一般、重要、非常重要；满意度代表您游玩后对该因素的满意程度如何，从 1 到 5 依次为非常不满意、不满意、一般、满意、非常满意，分值越高表示越重要或越满意。

（一）晋祠景区各旅游要素在您旅行中的重要性

测量题项	非常不重要	不重要	一般	重要	非常重要
餐饮住宿重要性					
1. 特色美食	1	2	3	4	5
2. 食品安全	1	2	3	4	5
3. 餐饮价格	1	2	3	4	5
4. 住宿环境	1	2	3	4	5
5. 住宿价格	1	2	3	4	5
景区设施重要性					
1. 停车场	1	2	3	4	5
2. 公共休憩设施	1	2	3	4	5
旅游资源重要性					
1. 建筑特色	1	2	3	4	5
2. 历史文化底蕴深厚	1	2	3	4	5
3. 风俗表演	1	2	3	4	5

续表

测量题项	非常不重要	不重要	一般	重要	非常重要
娱乐要素重要性					
1. 地方特色	1	2	3	4	5
2. 项目多样性	1	2	3	4	5
3. 可参与性	1	2	3	4	5
4. 娱乐场所环境	1	2	3	4	5
服务管理重要性					
1. 合理的门票价格	1	2	3	4	5
2. 工作人员态度	1	2	3	4	5
3. 导游服务质量	1	2	3	4	5
4. 旅游咨询服务	1	2	3	4	5
5. 投诉处理	1	2	3	4	5
6. 环境卫生	1	2	3	4	5

(二) 晋祠景区各旅游要素在您旅行中的满意度

测量题项	非常不满意	不满意	一般	满意	非常满意
餐饮住宿满意度					
1. 特色美食	1	2	3	4	5
2. 食品安全	1	2	3	4	5
3. 餐饮价格	1	2	3	4	5
4. 住宿环境	1	2	3	4	5
5. 住宿价格	1	2	3	4	5
景区设施满意度					
1. 停车场	1	2	3	4	5
2. 公共休憩设施	1	2	3	4	5
旅游资源满意度					
1. 建筑特色	1	2	3	4	5
2. 历史文化底蕴深厚	1	2	3	4	5
3. 风俗表演	1	2	3	4	5

测量题项	非常不满意	不满意	一般	满意	非常满意
娱乐要素满意度					
1. 地方特色	1	2	3	4	5
2. 项目多样性	1	2	3	4	5
3. 可参与性	1	2	3	4	5
4. 娱乐场所环境	1	2	3	4	5
服务管理满意度					
1. 合理的门票价格	1	2	3	4	5
2. 工作人员态度	1	2	3	4	5
3. 导游服务质量	1	2	3	4	5
4. 旅游咨询服务	1	2	3	4	5
5. 投诉处理	1	2	3	4	5
6. 环境卫生	1	2	3	4	5

附录5 O2O旅游产品（携程）的选择属性对再购买意图的影响调查问卷

尊敬的先生/女士：

您好！非常感谢您能在百忙之中抽出时间填写问卷。此次调查采用匿名的形式进行，且只将结果用于论文研究，请放心填写。

O2O是online to offline的缩写，即从在线到离线。O2O旅游产品即旅游相关企业将其传统的旅游资源及模式与互联网相融合，形成可以在网络上发布的旅游产品，消费者通过网络平台在线进行交易，然后到线下体验购买的旅游产品和服务，消费完成后，可将旅游体验、评价、攻略等内容在网络平台上进行发布。

第一部分：您的基本资料

1. 您是否使用过携程的旅游产品？

　　A. 是　　　　　　　　　　B. 否（停止作答）

2. 您的性别是？

　　A. 男　　　　　　　　　　B. 女

3. 您的年龄是？

　　A. 18岁以下　　　　　　　B. 18~25岁

　　C. 26~35岁　　　　　　　D. 36~45岁

　　E. 46~55岁　　　　　　　F. 56岁及以上

4. 您的学历是？

　　A. 高中/中专及以下　　　　B. 大专

　　C. 本科　　　　　　　　　D. 硕士及以上

5. 您的职业是？

　　A. 学生　　　　　　　　　B. 公务员

　　C. 公司职员　　　　　　　D. 专业人员（医生、教师等）

　　E. 自由职业　　　　　　　F. 其他

6. 您的月收入？

    A. 1500 元以下   B. 1500~4500 元

    C. 4501~7500 元   D. 7500 元以上

第二部分：影响因子调查

测量题项	非常不同意	不同意	一般	同意	非常同意
便利性					
1. 携程旅行上操作简便，易上手	1	2	3	4	5
2. 携程旅行上各类旅游产品分类清晰，便于查找	1	2	3	4	5
3. 携程旅行让我能够随时随地查阅产品信息，节省了时间	1	2	3	4	5
4. 携程旅行交易方式简单，支付方式多样	1	2	3	4	5
5. 携程旅行的旅游产品让我的旅行变得很便捷	1	2	3	4	5
质量保证性					
1. 携程能提供丰富全面的产品	1	2	3	4	5
2. 携程的产品信息更新迅速准确	1	2	3	4	5
3. 携程承诺的产品或服务能够准确地被提供	1	2	3	4	5
4. 携程对产品或服务的质量进行严格监控	1	2	3	4	5
交易安全性					
1. 携程的支付方式很安全（比如通过支付宝、微信支付）	1	2	3	4	5
2. 携程会对用户的个人信息隐私进行保护	1	2	3	4	5
3. 携程可以确保在线交易的安全	1	2	3	4	5

续表

测量题项	非常不同意	不同意	一般	同意	非常同意
4. 携程有足够的技术能正确处理相关数据	1	2	3	4	5
再购买意图					
1. 我会习惯性优先考虑携程的旅游产品	1	2	3	4	5
2. 日后有需要，我还会从携程购买旅游产品	1	2	3	4	5
3. 价格稍贵，我也会考虑携程的旅游产品	1	2	3	4	5

附录 6　手机旅游服务类小程序（同程旅行）用户满意度影响因素研究的调查问卷

尊敬的先生/女士：

　　您好！非常感谢您能在百忙之中抽出时间填写问卷。本次问卷所收集的数据结果只供学术研究使用，对您的个人信息绝对保密，请您放心填写，您的观点将会对我们的研究成果产生很大的影响，感谢您的支持与帮助！

第一部分：您的基本资料

1. 您的性别是？

　　A. 男　　　　　　　　　　B. 女

2. 您的年龄是？

　　A. 18 岁以下　　　　　　　B. 18~24 岁

　　C. 25~30 岁　　　　　　　D. 30 岁以上

3. 您目前的学历水平是？

　　A. 高中、中专及以下　　　　B. 大专学历

　　C. 本科学历　　　　　　　　D. 硕士及以上学历

4. 您的职业是？

　　A. 学生　　　　　　　　　　B. 公务员

　　C. 专业人员（医生、教师等）　D. 公司职员

　　E. 其他

5. 您的月收入？

　　A. 1500 元以下　　　　　　B. 1500~4500 元

　　C. 4501~7500 元　　　　　D. 7500 元以上

6. 您每年的旅行次数为？

　　A. 1 次及以下　　　　　　　B. 2 次

　　C. 3 次　　　　　　　　　　D. 3 次以上

7. 您使用过同程旅行小程序吗?

　　A. 使用过　　　　　　　　　　B. 无使用

8. 您使用过其他旅游小程序吗?（多选题）

　　A. 携程订酒店、机票、火车票、汽车票、门票

　　B. 大众点评美食、电影、运动、旅游门票

　　C. 智行火车票、特价机票、酒店、汽车、门票

　　D. 去哪儿旅行订酒店、机票、火车票、门票

　　E. 途牛旅游跟团、自助机票、酒店、火车票

　　F. 其他　　　　　　　　　　　　G. 无

第二部分：影响因子调查

测量题项	非常不同意	不同意	一般	同意	非常同意
感知价值					
1. 使用同程旅行小程序为您的旅游活动带来了便利与愉悦	1	2	3	4	5
2. 同程旅行小程序为您提供的旅游产品或服务的价格合理	1	2	3	4	5
3. 使用同程旅行小程序无须下载，所占空间小，所耗流量少	1	2	3	4	5
4. 当提供的旅游产品价格相同时使用同程旅行小程序能够使您获得更好的旅游服务	1	2	3	4	5
5. 您在获取相同的旅游服务时使用同程旅行小程序可以更加优惠	1	2	3	4	5
感知质量					
1. 您通过使用同程旅行小程序获得了自己所需要的旅游服务	1	2	3	4	5
2. 您可以在同程旅行小程序中与商家高效地进行沟通与交流	1	2	3	4	5
3. 使用同程旅行小程序可以使您更加便捷地进行旅游产品的预订或者旅游行程的规划	1	2	3	4	5

测量题项	非常不同意	不同意	一般	同意	非常同意
4. 您在使用同程旅行小程序时程序运行总体很稳定，不会出现卡顿和闪退等现象	1	2	3	4	5
5. 同程旅行小程序的操作系统简单流畅	1	2	3	4	5
品牌形象					
1. 您认为同程旅行小程序的功能齐全	1	2	3	4	5
2. 同程旅行小程序具有较高的知名度	1	2	3	4	5
3. 您认为同程旅行小程序所提供的旅游产品及服务等是值得信赖的，是可靠的	1	2	3	4	5
4. 与其他旅游小程序相比，您认为同程旅行小程序提供的旅游产品及服务等具有很强的竞争力	1	2	3	4	5
5. 同程旅行小程序的客服回应速度快，能很快地处理问题	1	2	3	4	5
用户满意度					
1. 同程旅行小程序的使用体验达到了您的预期	1	2	3	4	5
2. 您对同程旅行小程序的使用总体上是满意的	1	2	3	4	5
3. 使用同程旅行小程序是明智的选择	1	2	3	4	5
用户忠诚度					
1. 您会向其他人推荐同程旅行小程序	1	2	3	4	5
2. 您会继续使用同程旅行小程序	1	2	3	4	5
3. 与其他旅游服务类小程序（携程、去哪儿、途牛等）相比，您认为同程旅行小程序最好	1	2	3	4	5

附录7　短视频传播内容对旅游者购买意愿的影响的调查问卷

尊敬的先生/女士：

　　您好！首先非常感谢您花费宝贵的时间来完成此问卷的填写，这是关于"短视频传播内容对旅游意愿影响"的学术性调研，答案不存在正确或错误，请您根据自己的实际情况来回答。此问卷所收集的数据结果只供学术研究使用，并不会透露您的个人资料，您的观点将会对我们的研究成果产生很大的影响，谢谢您的理解和合作！祝您生活愉快！

第一部分：您的基本资料

1. 您是否短视频用户？

　　A. 是　　　　　　　　　　B. 否（停止作答）

2. 您的性别是？

　　A. 男　　　　　　　　　　B. 女

3. 您的年龄是？

　　A. 18 岁以下　　　　　　　B. 18～25 岁

　　C. 26～35 岁　　　　　　　D. 36～45 岁

　　E. 45 岁以上

4. 您的学历是？

　　A. 高中以下　　　　　　　B. 高中或中专

　　C. 大专及本科　　　　　　D. 硕士及硕士以上

5. 您的职业是？

　　A. 学生　　　　　　　　　B. 事业单位工作人员

　　C. 企业人员　　　　　　　D. 自由职业者或个体户

6. 您的月收入？

　　A. 3000 元及以下　　　　　B. 3001～5000 元

　　C. 5001～8000 元　　　　　D. 8001～15000 元

　　E. 15001~30000 元　　　　　F. 30000 元以上

7. 每天使用短视频的时长？

　　A. 1 小时以内　　　　　　　B. 1 小时≤t<2 小时

　　C. 2 小时≤t≤3 小时　　　　D. 3 小时以上

第二部分：您在使用短视频时的真实感受

测量题项	非常不同意	不同意	一般	同意	非常同意
短视频传播内容感知有用性					
1. 相对于图文介绍，短视频更加生动直观	1	2	3	4	5
2. 短视频提供的旅游信息是有用的	1	2	3	4	5
3. 短视频内容有助于我更好地选择合适的旅游目的地	1	2	3	4	5
4. 短视频能帮助我更好地了解旅游目的地	1	2	3	4	5
5. 短视频对我的旅游购买决策有很大的帮助	1	2	3	4	5
短视频传播内容感知易用性					
1. 通过短视频能快速、便捷地了解旅游信息	1	2	3	4	5
2. 短视频展示的旅游信息清晰、易懂	1	2	3	4	5
3. 短视频播放画面清晰，便于观看	1	2	3	4	5
4. 短视频的总时长合理，内容结构合理	1	2	3	4	5
短视频传播内容感知同质性					
1. 视频中的旅游内容和观点能够引起我的兴趣	1	2	3	4	5
2. 视频中的旅游景点符合自己的旅游偏好	1	2	3	4	5

续表

测量题项	非常不同意	不同意	一般	同意	非常同意
3. 视频内容和留言评论与自己的价值认同较一致	1	2	3	4	5
4. 视频中的旅游态度和自己很相似	1	2	3	4	5
信任感					
1. 旅游短视频的信息是真实的	1	2	3	4	5
2. 旅游短视频的信息是值得信赖的	1	2	3	4	5
3. 短视频中的旅游信息有一定的参考价值	1	2	3	4	5
4. 通过短视频观看，我认为实际旅游地和视频中所展示的基本符合	1	2	3	4	5
沉浸感					
1. 旅游短视频对我有很强的吸引力	1	2	3	4	5
2. 观看旅游短视频能让我从视觉、听觉上产生愉悦感	1	2	3	4	5
3. 观看旅游短视频让我有身临其境的感觉	1	2	3	4	5
4. 我会很投入地观看旅游短视频	1	2	3	4	5
旅游购买意愿					
1. 旅游短视频内容使我产生了前往该旅游目的地的想法	1	2	3	4	5
2. 旅游短视频内容对我最终旅游购买决定有关键性作用	1	2	3	4	5
3. 旅游短视频内容为我的旅游购买计划提供重要决策信息	1	2	3	4	5
4. 我会向朋友推荐此旅游视频	1	2	3	4	5

附录 8　消费者在旅游直播情境下对平遥古城旅游目的地形象感知的调查问卷

尊敬的先生/女士：

您好！我正在进行一项基于旅游直播情境下消费者对平遥古城旅游目的地形象感知的研究，希望能收集到相关数据。此问卷纯为研究使用，我们将对您的信息进行严格保密。请您仔细阅读各项题干并根据自己实际情况和感受作出选择，谢谢您的配合与帮助！

第一部分：您的基本资料

1. 您的性别是？

    A. 男　　　　　　　　　　　　B. 女

2. 您的年龄是？

    A. 18 岁以下　　　　　　　　　B. 18~25 岁

    C. 26~35 岁　　　　　　　　　D. 36~50 岁

    E. 51~65 岁　　　　　　　　　F. 65 岁以上

3. 您的学历是？

    A. 初中及以下　　　　　　　　B. 高中（中专）

    C. 大专　　　　　　　　　　　D. 本科

    E. 硕士及以上

4. 您的职业是？

    A. 在校学生　　　　　　　　　B. 政府机关、事业单位公职人员

    C. 企业职员　　　　　　　　　D. 个体经营或自由职业者

    E. 退休人员　　　　　　　　　F. 其他

5. 您的月收入？

    A. 1000 元以下　　　　　　　　B. 1001~3000 元

    C. 3001~5000 元　　　　　　　D. 5001~8000 元

    E. 8001~12000 元　　　　　　　F. 12001~20000 元

    G. 20000 元以上

6. 您每月观看旅游直播的次数？

    A. 每月 0~1 次　　　　　　　B. 每月 2~5 次

    C. 每月 6~10 次　　　　　　　D. 每月 10 次以上

第二部分：影响因子调查

测量题项	非常不同意	不同意	一般	同意	非常同意
旅游直播的信息价值					
1. 在旅游直播中可以获得更丰富、更充足的信息	1	2	3	4	5
2. 旅游直播展示的信息是即时的	1	2	3	4	5
3. 旅游直播展示的信息是准确的	1	2	3	4	5
4. 旅游直播展示的内容是真实可信的	1	2	3	4	5
旅游直播的交互性					
1. 在直播过程中回应了消费者的问题或话题	1	2	3	4	5
2. 在直播过程中能按观众要求展示目的地景点相关功能与细节	1	2	3	4	5
3. 会和消费者就景点在直播时进行交流	1	2	3	4	5
4. 在直播中通过各种方式活跃直播间的氛围	1	2	3	4	5
旅游直播的定制性					
1. 旅游直播平台了解我的需求	1	2	3	4	5
2. 会推荐我想看的旅游直播	1	2	3	4	5
3. 会根据需求和偏好来推荐相应的直播	1	2	3	4	5
4. 提供的直播都是我喜欢的	1	2	3	4	5
旅游直播的优惠性					
1. 旅游直播中有低于其他渠道的价格	1	2	3	4	5

测量题项	非常不同意	不同意	一般	同意	非常同意
2. 旅游直播中会发放优惠券或抽奖活动	1	2	3	4	5
3. 旅游直播中的优惠促销活动感受到有其他消费者的存在	1	2	3	4	5
4. 我会受到优惠性（低价）的诱惑和吸引	1	2	3	4	5
空间临场感					
1. 在观看直播过程中会有一种身临其境（置身于古城中）的感觉	1	2	3	4	5
2. 在观看旅游直播过程中感觉平遥古城就在我眼前	1	2	3	4	5
3. 在观看旅游直播时感觉自己被旅游直播中平遥古城的环境所包围	1	2	3	4	5
4. 直播中所提供和展示的各种平遥古城的信息内容都让我感觉很真实	1	2	3	4	5
心流体验					
1. 我有时会被旅游直播内容强烈吸引	1	2	3	4	5
2. 我在观看直播时会全身心地投入其中	1	2	3	4	5
3. 我在观看旅游直播时感觉时间过得很快	1	2	3	4	5
4. 我在观看旅游直播时感到愉悦和放松	1	2	3	4	5
旅游目的地形象感知					
1. 旅游直播展现了平遥古城的原始建筑格局与风貌，加强了我对平遥古城的好感	1	2	3	4	5

续表

测量题项	非常不同意	不同意	一般	同意	非常同意
2. 旅游直播展示了深厚的历史文化底蕴，加深了我对平遥古城的认识	1	2	3	4	5
3. 旅游直播展现了特色的习俗表演、节庆活动，看完直播，我喜欢上了平遥古城	1	2	3	4	5
4. 旅游直播涉及了平遥国际的各类展览，在平遥古城形象宣传方面是有意义的	1	2	3	4	5
游客意愿					
1. 我会很大可能选择平遥古城作为旅游目的地	1	2	3	4	5
2. 我愿意推荐朋友前往平遥古城	1	2	3	4	5
3. 我愿意优先到访平遥古城	1	2	3	4	5

参考文献

（一）中文文献

安贺新,王乙臣,2013.民俗文化类旅游景区顾客体验影响因素实证研究——基于北京、湖南部分民俗文化景区的调查数据[J].经济管理,35(5):118-127.

白凯,2009.旅游目的地意象定位研究述评——基于心理学视角的分析[J].旅游科学,23(2):9-15.

白凯,陈楠,赵安周,2012.韩国潜在游客的中国旅游目的地意象认知与行为意图[J].旅游科学,26(1):82-94.

白凯,马耀峰,李天顺,等,2010.西安入境旅游者认知和感知价值与行为意图[J].地理学报,65(2):244-255.

包珺玮,王晓峰,宋光飞,等,2015.基于 IPA 法的精品旅游景区服务质量定量评价——以翠华山景区为例[J].干旱区资源与环境,29(2):196-201.

毕雪梅,2004.顾客感知质量研究[J].华中农业大学学报(社会科学版)(3):42-45.

蔡彩云,骆培聪,唐承财,等,2011.基于 IPA 法的民居类世界遗产地游客满意度评价——以福建永定土楼为例[J].资源科学,33(7):1374-1381.

蔡溢,殷红梅,杨洋,等,2018.遗产地旅游者 Flow 体验影响因素模型构建与机理——以斯里兰卡为例[J].旅游学刊,33(2):67-76.

常江,田浩,2018.迷因理论视域下的短视频文化——基于抖音的个案研究[J].新闻与写作(12):32-39.

沉玲,2021.2020 年度小程序分类排行[J].互联网周刊(3):44-47.

陈可,张剑辉,2014.在群体中顾客更容易抱怨吗? 群体服务问题下顾客抱怨行为的探索研究[J].中国软科学(10):97-108.

陈黎,2022.社交媒体背景下旅游地形象对游客满意度的影响——游客涉入度与信任的作用[J].商业经济研究(1):185-188.

陈姝,王正斌,2014.国外顾客抱怨模型研究述评——从商品主导逻辑到服务主导逻辑[J].预测,33(2):75-80.

陈炜,2016.民族村寨旅游服务质量游客满意度评价指标体系的构建及应用——以柳州三江程阳侗寨为例[J].社会科学家(1):97-101.

陈岩英,张凌云,2020.旅游安全传播信号对旅游者安全行为的影响研究[M].北京:中国旅游出版社.

陈晔,李天元,赵帆,2014.目的地网络界面对旅游者体验及品牌形象的影响[J].旅游学刊,29(10):31-41.

程鹏飞,2013.关系强度、发送方专业知识与口碑影响力——信任的中介效应[J].软科学,27(5):66-69,74.

程鹏飞,2018.游览前目的地形象对游客感知服务质量的影响——游客专业知识的调节效应[J].旅游学刊,33(2):57-66.

崔海亭,2003.五台山自然遗产的价值[J].五台山研究(1):30-33.

邓秀军,关越,2022.可供、可见与可接纳:移动短视频用户的旅游意向生成机制[J].现代传播(中国传媒大学学报),44(12):136-145.

董颖,许正良,刘方,等,2016.移动社交网络用户对产品推荐信息反应意愿研究[J].图书情报工作,60(23):111-118.

范鸿武,2016.云冈二、三期佛教造像汉化之比较[J].文艺争鸣,268(11):216-218.

范静,万岩,黄柳佳,2014.基于刺激-机体-响应(SOR)理论的推荐者社交网站效果研究[J].上海管理科学,36(1):51-54.

范秀成,赵先德,庄贺均,2002.价值取向对服务业顾客抱怨倾向的影响[J].南开管理评论(5):11-16.

冯建英,穆维松,傅泽田,2006.消费者的购买意愿研究综述[J].现代管理科学(11):7-9.

冯捷蕴,龚捷,2016.美国旅游目的地形象——基于中国游客网络游记的话语分析[J].当代中国话语研究(0):19-30.

付丽,李青青,2021.O2O模式下旅游产品选择属性对再购买意图的影响[J].当代旅游,19(35):101-104.

付丽,姚毅,2023.经济政策不确定性影响企业管理效率吗?——以旅游业为例[J].财会通讯(16):53-56.

付丽,药文琴,2024.文旅商融合背景下旅游小程序的用户消费行为研究——以同程旅行为例[J].中国商论,(8):66-69.

高明,2011.游客感知价值、游客满意度和行为倾向的关系研究述评[J].江西农业大学学报(社会科学版),10(3):135-143.

高楠,王馨,马耀峰,等,2016.石窟型世界文化遗产地旅游意象研究——以云冈石窟为例[J].干旱区资源与环境,30(9):203-208.

耿松涛,李雪丽,2021.旅游APP嵌入度对购买意愿的影响研究——基于感知价值的中介效应[J].江苏社会科学(4):103-110.

龚大鑫,杜小燕,2019.游客乡村旅游意愿及其影响因素分析——以甘肃省会宁县为例[J].资源开发与市场,35(8):1108-1112.

顾浩东,宋亦平,2009.道德的理性或直觉:消费者对于企业社会责任行为的反应过程研究[J].营销科学学报(4):19.

郭娟,2010.旅游景区拥挤问题理论分析与解决方案研究:以五台山景区为例[J].山西农业大学学报(社会科学版),9(4):476-479.

郭全中,2017.小程序及其未来[J].新闻与写作(3):28-30.

韩经纶,韦福祥,2001.顾客满意与顾客忠诚互动关系研究[J].南开管理评论(6):2,8-10.

贺小荣,秦琼,2021.文化遗产型旅游目的地旅游发展潜力评估[J].中南林业科技大学学报(社会科学版),15(1):86-92,101.

洪学婷,张宏梅,黄震方,等,2019.旅游体验前后日常环境行为对具体地点环境行为的影响——以大学生黄山旅游体验为例[J].人文地理,34(3):146-153.

侯艳军,董琳琳,刘俊,2022.基于网络文本分析五台山景区旅游形象感知研究[J].山西师范大学学报(自然科学版),36(3):116-120.

胡冬梅,郭淑怡,2020.抖音短视频在旅游目的地营销中的应用路径研究[J].西部经济管理论坛,31(1):40-51.

胡抚生,2018.新时代的目的地形象提升要以优质旅游发展为支撑[J].旅游学刊,33(4):11-12.

胡宪洋,白凯,汪丽,2013.旅游目的地形象修复策略:关联游客行为意图的量表开发与检验[J].人文地理,28(5):139-146.

黄安民,2021.旅游目的地管理[M].武汉:华中科技大学出版社.

黄细嘉,席思伟,王佳,2018.国内娱乐型主题公园游客满意度研究——基于江西三大主题公园的调研[J].江西社会科学,38(2):60-67.

黄元豪,赖启福,林菲菲,2018.社交媒体对游客旅游意向的影响——基于目的地形象感知的实证研究[J].资源开发与市场,34(9):1327-1331,1261.

姬德强,2019.平台理论视野中的媒体融合——以短视频驱动的媒体融合为例[J].新闻与写作(6):11-19.

纪颖超,殷杰,2021.乡村旅游地居民不规范行为对重游意愿的影响机理和效应研究——一个条件过程模型的验证[J].地理与地理信息科学,37(3):135-141.

江波,郑红花,2007.基于旅游目的地八要素的服务质量评价模型构建研究[J].商业研究(8):148-153.

蒋成凤,蔡畅,2019.从抖音看短视频对旅游营销传播的影响[J].新闻前哨(1):10-11.

金毅,2004.民族文化旅游开发模式与评介[J].广东技术师范学院学报(1):41-44.

惊鸿,2019.2018年度小程序分类排行[J].互联网周刊(2):62-65.

寇福明,2021-01-27.云冈石窟是增强中华民族凝聚力的历史宝库[N].山西日报(003).

雷锬,郑定邦,2021.顾客持续使用旅游APP的影响因素研究——基于价值共创视角[J].企业经济,40(6):120-128.

雷扬,2018.在线旅行平台定价与O2O服务策略研究[J].商业经济研究(15):81-83.

雷艺琳,郭霞,杨璐,2020.基于CCSI模型的移动医疗平台用户满意度研究—以好大夫在线为例[J].软件,41(3):47-50.

李东,黄丹,代传煊,2021.旅游目的地服务质量、形象感知与重游意愿关系研究——以新疆入境游客为例[J].新疆财经(6):46-56.

李桂莎,张海洲,陆林,等,2019.旅游宣传片影响下的目的地形象感知过程研究——巴厘岛案例的实验探索[J].人文地理,34(6):146-152.

李晶博,钟永德,王怀採,2008.生态旅游景区游客满意度实证研究——以张家界国家森林公园为例[J].北京工商大学学报(社会科学版)(5):93-98.

李蕾蕾,1999.人—人感知系统:旅游地形象设计新领域[J].人文地理(4):10-14.

李立清,李燕凌,2005.企业社会责任研究[M].北京:人民出版社.

李满,安国山,2008.顾客感知价值与感知质量、品牌形象、顾客体验的关系简析[J].生产力研究(22):149-150,165.

李萌,陈钢华,胡宪洋,等,2022.目的地浪漫属性的游客感知:量表开发与验证[J].旅游科学,36(2):63-85.

李茜,王东红,李士娟,2013.西安市旅游目的地形象感知测量研究[J].西北大学学报(自然科学版),43(5):815-820.

李瑞,王茂强,吴孟珊,等,2018.古镇旅游地游客意象感知测度及优化——以贵州省青岩古镇为例[J].城市问题(4):35-42.

李婷,武刚,梁丽芳,等,2021.基于网络评论的五台山旅游目的地游后形象感知研究[J].干旱区资源与环境,35(8):192-198.

李燕燕,李曼,2021.游客信息行为对文化遗产旅游难忘体验的作用路径及调节效果——以平遥古城为例[J].资源开发与市场,37(1):79-86.

李业,曾忻,2002.顾客不满意的反应、影响及抱怨化解策略[J].中国流通经济(6):53-56.

李轶凡,2017.视频直播平台营销研究[J].新媒体研究,3(17):38-40.

李有绪,陈秋华,2015.城郊森林旅游服务质量评价研究——以福州市国家森林公园为例[J].林业经济,37(1):70-74.

李云鹏,吴必虎,2007.基于结构方程模型的旅游网站使用者满意度量的比较研究[J].数理统计与管理(4):589-594.

李志飞,聂心怡,2018.文化旅游地集体记忆对游客地方依恋的作用机理——以乌镇、平遥古城和凤凰古城为例[J].地域研究与开发,37(3):95-100.

李中建,张建忠,罗芳,2014.文化遗产旅游地的体验式开发探讨——以云冈石窟为例[J].西北大学学报(自然科学版),44(4):667-673.

梁玉峰,2016.平遥古城的形象传播策略[J].今传媒,24(2):148-150.

廖卫华,2005.旅游地形象构成与测量方法[J].江苏商论(1):140-142.

林心影,赖鹏程,陈健翎,等,2021.雁荡山风景名胜区旅游形象感知研究[J].林业资源管理,(2):164-170.

刘福承,刘爱利,刘敏,2017.游客满意度的内涵、测评及形成机理——国外相关研究综述[J].地域研究与开发,36(5):97-103.

刘慧悦,阎敏君,2021.移动短视频使用对旅游者行为意愿的影响研究[J].旅游学刊,36(10):62-73.

刘娟,方世敏,宁志丹,2017.遗产旅游价值游客感知及其提升策略——基于网络信息的内容分析[J].地理与地理信息科学,33(6):112-117.

刘俊清,汤定娜,2016.在线评论、顾客信任与消费者购买意愿关系研究[J].价格理论与实践(12):200-203.

刘力,2013.旅游目的地形象感知与游客旅游意向——基于影视旅游视角的综合研究[J].旅游学刊,28(9):61-72.

刘力,陈浩,韦瑛,2014.文化接近性对潜在游客目的地态度和旅游意向的影响研究——基于自我一致性理论视角[J].资源科学,36(5):1062-1072.

刘卫梅,林德荣,2018a.旅游城市形象和情感联结对旅游意愿的影响[J].城市问题(8):95-103.

刘卫梅,林德荣,2018b.基于信任的旅游目的地口碑推荐机制研究[J].旅游学刊,33(10):63-74.

刘新燕,刘雁妮,杨智,等,2003.顾客满意度指数(CSI)模型述评[J].当代财经(6):57-60.

刘智兴,马耀峰,高楠,等,2013.山岳型旅游目的地形象感知研究——以五台山风景名胜区为例[J].山地学报,31(3):370-376.

龙凌,刘德军,刘小敏,2022.影视形象对旅游目的地吸引力的影响研究——以舟山市东极岛为例[J].湖南师范大学自然科学学报,45(4):86-92.

卢益清,李忱,2013.O2O商业模式及发展前景研究[J].企业经济(11):98-101.

陆杏梅,沙润,田逢军,2010.基于IPA方法的城市滨水区旅游形象感知影响因子分析——以南京沿江地区为例[J].南京师大学报(自然科学版),33(2):120-125.

罗贝宁,邓胜利,2005.用户满意度理论发展与应用研究[J].图书情报工作(4):23-25.

罗宇,2013.民族地区文化旅游业发展研究[D].北京:中央民族大学.

吕丽,王娟,贾垚焱,等,2020.宗教名山型旅游地形象感知与游客行为意向研究——以武当山风景区为例[J].旅游研究,12(1):73-85.

吕连琴,陈天玉,2020.旅游目的地宣传形象与游客感知形象对比研究——以河南省为例[J].地域研究与开发,39(6):98-102,107.

吕振通,张凌云,2009.SPSS统计分析与应用[M].北京:机械工业出版社.

马春娜,2017.基于网络直播的品牌营销传播研究[D].锦州:渤海大学.

马晟坤,汪威,2007.民族地区区域旅游形象设计研究[J].甘肃科技纵横(1):68,151.

马轶男,常小艳,2019.旅游目的地品牌形象影响因素实证研究[J].昆明理工大学学报(自然科学版),44(1):138-144.

麦金托什,格波特,1985.旅游学——要素·实践·基本原理[M].上海:上海文化出版社.

茅娜沨,2012.世界文化遗产地游客文化感知与重游意愿的影响研究——以杭州西湖为例[J].商品与质量(S8):207-208.

潘虹,2021."互联网+"时代下乡村旅游O2O融合发展策略[J].当代旅游,19(13):35-36.

潘煜,张星,高丽,2010.网络零售中影响消费者购买意愿因素研究——基于信任与感知风险的分析[J].中国工业经济(7):115-124.

潘植强,梁保尔,2016.标识牌解说效度对游客地方认同感和忠诚度的影响作用——以上海历史街区为例[J].旅游学刊,31(4):97-108.

彭正银,汪爽,2017.青年网民移动社交网络持续使用意愿影响机制研究——基于网络外部性视角[J].中国青年研究(12):67-72,79.

缥渺,2020.2019年度小程序分类排行[J].互联网周刊(3):36-39.

钱树伟,苏勤,郑焕友,2010.历史街区顾客地方依恋与购物满意度的关系——以苏州观前街为例[J].地理科学进展,29(3):355-362.

钱晓燕,林源源,2016.潜在游客的目的地形象感知及其行为意图——基于港澳居民的实证研究[J].旅游科学,30(4):73-85.

秦俊丽,2022.社交媒体营销对消费者乡村旅游意愿的影响——感知价值的中介作用[J].商业经济研究(23):84-87.

邱焰美,1986.简析我国的旅游形象[J].经济问题(8):56-57.

冉俐雯,刘翔平,2013.流畅体验理论模型探索[J].求索(6):112-114.

尚国文,赵守辉,2014.语言景观研究的视角、理论与方法[J].外语教学与研究,46(2),214-223,320.

司莉娜,2016.基于游客感知的乡村旅游形象与行为意愿关系实证研究[J].商(35):140-141.

宋竞,郭贤达,邹绍明,2010.顾客抱怨行为的前置因素及调节因素分析[J].南开管理评论,13(2):68-78.

宋蒙蒙,乔琳,胡涛,2019.基于SOR理论的社交网络互动对旅游行为的影响[J].企业经济(5):72-79.

宋章海,2000.从旅游者角度对旅游目的地形象的探讨[J].旅游学刊(1):63-67.

宋子斌,安应民,郑佩,2006.旅游目的地形象之IPA分析——以西安居民对海南旅游目的地形象感知为例[J].旅游学刊(10):26-32.

苏勤,钱树伟,2012.世界遗产地旅游者地方感影响关系及机理分析——以苏州古典园林为例[J].地理学报,67(8):1137-1148.

孙丽坤,2011.民族地区文化旅游产业可持续发展:理论与案例[M].北京:中国环境科学出版社.

谭春桥,吴欣,崔春生,2021.促销模式下基于纳什谈判的线上旅行商与线下旅行社定价策略研究[J].中国管理科学,29(3),143-152.

谭红日,刘沛林,李伯华,2021.基于网络文本分析的大连市旅游目的地形象感知[J].经济地理,41(3):231-239.

唐剑,贾秀兰,2011.西藏民族文化旅游资源的保护性开发——基于产权经济理论和关联博弈理论双重视角[J].财经科学(1):109-116.

陶长江,程道品,王颖梅,2013.文化遗产地旅游形象策划及实证研究——基于形象感知偏差测量视角[J].重庆师范大学学报(自然科学版),30(5):120-127.

田飞洋,张维佳,2014.全球化社会语言学:语言景观研究的新理论——以北京市学院路双语公示语为例[J].语言文字应用(2):38-45.

万君,秦宇,赵宏霞,2014.网络视频广告对情感反应和产品购买意愿影响因素研究[J].消费经济,30(2):59-65.

王德胜,韩杰,蔡佩芜,2020.轻量化视角下微信小程序持续使用研究[J].科研管理,41(5):191-201.

王婧,钟林生,陈田,2014.基于模糊综合评价的标识牌解说效果研究——以北京松山国家级自然保护区为例[J].旅游科学,28(5):20-30.

王亮伟,周芳,2010.顾客体验价值及其创造分析[J].统计与决策(3):180-182.

王钦安,彭建,孙根年,2017.基于 IPA 法的传统型景区游客满意度评价——以琅琊山景区为例[J].地域研究与开发,36(4):110-115.

王钦安,孙根年,2016.内蒙古入境旅游消费结构变化及其对国民消费的贡献[J].地域研究与开发,35(5):94-99.

王伟,2009.顾客抱怨行为及处理的研究综述[J].商业时代(7):24-25.

王潇,方英,贾国辉,2021.乡村旅游 APP 与信息化安全管理模式探索——评《旅游安全传播信号对旅游者安全行为的影响研究》[J].安全与环境学报,21(4):1870.

王兆峰,2020.景区解说标识牌对游客满意度与文明行为的影响机制研究——以张家界景区为例[J].商学研究,27(1):37-49.

魏华,周宗奎,田媛,等,2012.网络游戏成瘾:沉浸的影响及其作用机制[J].心理发展与教育,28(6):651-657.

温煜华,2018.基于修正 IPA 方法的温泉游客满意度研究——以甘肃温泉旅游景区为例[J].干旱区资源与环境,32(5):196-201.

乌铁红,张捷,张宏磊,2008.旅游地意象特性分析及整饬[J].内蒙古大学学报(哲学社会科学版)(4):117-122.

邬东璠,庄优波,杨锐,2012.五台山文化景观遗产突出普遍价值及其保护探讨[J].风景园林(1):74-77.

吴必虎,余青,2000.中国民族文化旅游开发研究综述[J].民族研究(4):85-94,110.

吴朝彦,2020.跨文化视角下的城市原真性、城市依恋与口碑传播关系研究[J].企业经济(3):153-160.

吴江,李秋贝,胡忠义,等,2023.基于 IPA 模型的乡村旅游景区游客满意度分析[J].数据分析与知识发现(7):89-99.

吴鞠安,2015.企业微博互动质量对消费意愿影响的实证研究——基于品牌关系视角[J].商业经济研究(12):65-66.

吴林芝,周春林,黄子璇,等,2018.网络语境下官方目的地宣传形象与游客感知形象的差异——以南京市为例[J].地域研究与开发,37(3):90-94,100.

吴秋琴,许元科,梁佳聚,等,2012.互联网背景下在线评论质量与网站形象的影响研究[J].科学管理研究,30(1):81-83,88.

伍婵提,2017.旅游网站用户满意度影响因素研究——以同程网为例[J].企业经济,36(11):136-141.

武大明,2017.云冈石窟早期佛教造像的多元化因缘[J].山西档案(3):144-146.

武永红,范秀成,2004.基于顾客价值的企业竞争力整合模型探析[J].中国软科学(11):86-92.

席雯,2022.游客体验对口碑传播的影响:目的地原真性及其商业化的作用[J].商业经济研究(3):97-100.

夏巧云,王朝辉,2012.基于Fuzzy-IPA的山岳型景区游客满意度研究——以黄山风景区为例[J].安徽师范大学学报(自然科学版),35(5):471-476.

夏赞才,陈双兰,2015.生态游客感知价值对环境友好行为意向的影响[J].中南林业科技大学学报(社会科学版),9(1):27-32,77.

谢礼珊,关新华,2013.在线旅游服务提供者顾客需求知识的探索性研究——基于在线旅游服务提供者和顾客的调查[J].旅游科学,27(3):1-17.

谢彦君,马天,卫银栋,2014.宣传片、在线评论和游记对目的地形象改变的实证研究——以大学生对台湾旅游形象认知变化为例[J].北京第二外国语学院学报,36(1):77-84.

谢彦君,屈册,2014.平遥古城旅游情境感知及其对旅游体验质量的影响研究[J].旅游论坛,7(4):27-33.

徐晨飞,周雨桑,2017.移动短视频用户生成内容的动因研究[J].农业图书情报学刊,29(7):13-19.

徐凤增,袭威,2022.基于游客数字叙事的黄河旅游目的地形象与文化传播研究[J].河南师范大学学报(自然科学版),50(5):1-8,172.

许峰,李帅帅,2018.南疆地区目的地形象与旅游者行为意向——感知价值与心理距离的中介作用[J].经济管理,40(1):156-171.

薛欢雪,2018.互联网生态下基于信息管理的微信小程序新探[J].图书馆学研究(9):80-83.

杨朝晖,焦巧,2020.茶文化旅游中沉浸式体验的应用[J].福建茶叶,42(11):109-110.

杨杰,2008.旅游形象感知行为模型研究——以重庆市民对上海旅游形象感知为例[J].旅游论坛(5):190-194.

杨姗姗,2016.基于IPA分析的民族地区大遗址景区游客感知研究——以桂林灵渠景区为例[J].青海民族研究,27(2):99-103.

于鹏,张宏梅,2016.韩国国家形象感知与旅游意向研究——以中国潜在旅游者为例[J].旅游学刊,31(12):62-75.

余意峰,刘美华,张春燕,2014.基于目的地属性感知的旅游者忠诚度影响机制[J].经济地理,34(8):167-172.

余勇,田金霞,2011.基于IPA分析的旅游目的地形象感知研究——以武陵源风景名胜区为例[J].资源开发与市场,27(12):1128-1131,1142.

余志远,王楠,韵江,2022.旅游目的地意象的游客感知及形成过程——基于符号学理论视角[J].地域研究与开发,41(3):129-134.

张初兵,李义娜,吴波,等,2017.旅游 App 用户粘性与购买意向:互动性视角[J].旅游学刊,32(6):109-118.

张高军,李君轶,张柳,2011.华山风景区旅游形象感知研究——基于游客网络日志的文本分析[J].旅游科学,25(4):87-94.

张宏梅,陆林,2010.游客涉入对旅游目的地形象感知的影响——盎格鲁入境旅游者与国内旅游者的比较[J].地理学报,65(12):1613-1623.

张宏梅,陆林,蔡利平,等,2011.旅游目的地形象结构与游客行为意图——基于潜在消费者的本土化验证研究[J].旅游科学,25(1):35-45.

张宏梅,陆林,章锦河,2006.感知距离对旅游目的地之形象影响的分析——以五大旅游客源城市游客对苏州周庄旅游形象的感知为例[J].人文地理(5):25-30,83.

张环宙,应舜,吴茂英,2022.文化型旅游目的地游客感知意象的主题识别与非对称性效应——以运河城市绍兴为例[J].地理科学,42(12):2131-2140.

张慧,朱立冬,江江,2016.B2C 网站用户购物体验对再购欲望影响实证分析——基于消费者异质性的视角[J].商业经济研究,(7):29-31.

张金凤,李宏松,2007.文物劣化定量分析与评价软件系统[J].文物保护与考古科学(3):32-36.

张静,2020.SOR 模型下渠道选择对消费者购买意愿的影响机制分析——以心流体验为中介变量[J].商业经济研究(6):73-75.

张莉,刘新平,2008.目的地因素对境外游客旅游决策的影响[J].河北师范大学学报(自然科学版)(4):553-556.

张荣天,管晶,2016.非物质文化遗产旅游开发价值评价模型与实证分析——以皖南地区为例[J].旅游研究,8(3):60-66.

张文杰,2015.基于因子分析的桂西少数民族地区旅游者感知质量研究[J].全国商情(15):60-61.

张圆刚,余向洋,程静静,等,2019.基于地方情感的游客乡村游憩行为意向模型建构与影响研究[J].地理科学,39(11):1796-1805.

张镇洪,2014.基于顾客感知价值的我国温泉旅游开发研究[J].现代经济信息(8):370.

赵安周,白凯,卫海燕,2011.入境旅游目的地城市的旅游意象评价指标体系研究——以北京和上海为例[J].旅游科学,25(1):54-60,87.

赵宏霞,王新海,周宝刚,2015.B2C 网络购物中在线互动及空间临场感与消费者信任研究[J].管理评论,27(2):43-54.

赵梦媛,2016.网络直播在我国的传播现状及其特征分析[J].西部学刊(新闻与传播)
　　(8):29-32.

赵雪芹,王少春,2019.微信小程序用户持续使用意愿的影响因素探究[J].现代情报,39
　　(6):70-80,90.

赵紫萱,2023."直播+旅游"情境下消费者购买意愿影响因素研究[J].四川旅游学院学报
　　(1):33-38.

郑冉冉,叶成志,李璐龙,2022.旅游直播交互性对旅游消费者参与意愿的影响——空间临
　　场感和心流体验的中介作用[J].新疆农垦经济(4):82-92.

周桂清,2020.融媒体时代的城市形象推广——以东莞日报"i东莞"抖音号的实践为
　　例[J].青年记者(33):78-79.

周妮笛,李毅,徐新龙,等,2018.基于IPA方法的乡村生态旅游游客价值感知影响因素分
　　析——以广西钟山县龙岩生态村为例[J].中南林业科技大学学报,38(12):142-146.

周玮,黄震方,曹芳东,等,2013.主题型文化旅游地属性对旅游者场所依恋的驱动效
　　应——以常州春秋淹城为例[J].地理研究,32(8):1528-1540.

周筱莲,孙峻,庄贵军,2016.关系营销理论在中国的几种观点之比较研究[J].西安财经学
　　院学报,29(3):60-67.

周延风,罗文恩,肖文建,2007.企业社会责任行为与消费者响应——消费者个人特征和价
　　格信号[J].中国工业经济(3):62-69.

朱金悦,李振环,杨珊,等,2021.网络负面口碑对游客感知与旅游意向的影响——专业知
　　识的调节作用[J].华侨大学学报(哲学社会科学版)(2):51-64.

(二) 外文文献

ANDERSON E W,FORNELL C,2000. Foundations of the American customer satisfaction index[J].
　　Total Quality Management,11(7):869-882.

ANDERSON J C , NARUS J A , 1990. A model of distributor firm and manufacturer firm
　　working partnerships[J]. Journal of Marketing,54(1):42-58.

ASHFORD N, DAVIES S, 2012. A dictionary of conservative and libertarian thought
　　(Routledge Revivals)[M]. London:Routledge.

BARON R M, KENNY D A, 1986. The moderator-mediator variable distinction in social
　　psychological research:Conceptual, strategic, and statistical considerations [J]. Chapman and
　　Hall,51(6):1173-1182.

BATEMAN T S, GRANT J M, 1993. The proactive component of organizational behavior: A measure and correlates[J]. Journal of Organizational Behavior, 14(2):103-118.

BAUD-BOVY M, LAWSSON F, LONATI, et al., 1980. Tourism and recreation development: A handbook of physical planning[J]. Annals of Tourism Research, 7(2):276-278.

BONINE B A, 2013. Democratic organizing in the corporate sphere: A case study[D]. Athens, AL: Ohio University.

BOO S, BUSSER J, BALOGLU S, 2009. A model of customer-based brand equity and its application to multiple destinations[J]. Tourism Management, 30(2):219-231.

BOTTOM W P, GIBSON K, DANIELS S E, et al., 2002. When talk is not cheap: Substantive penance and expressions of intent in rebuilding cooperation[J]. Organization Science, 13(5): 497-513.

BOULDING K E, 1956. The image[M]. Ann Arbor: University of Michigan Press: 10-11.

BOWER E M, 1976. Review of beyond boredom and anxiety: The experience of play in work and games[J]. American Journal of Orthopsychiatry, 46(4):729.

BROWN T J, DACIN P A, 1997. The company and the product: Corporate associations and consumer product responses[J]. Journal of Marketing, 61(1):68-84.

CALANTONE R J, DI BENEDETTO C A, HAKAM A, et al., 1989. Multiple multinational tourism positioning using correspondence analysis[J]. Journal of Travel Research, 28(2):25-32.

CARDOZO R N, 1965. An experimental study of customer effort, expectation, and satisfaction[J]. Journal of Marketing Research, 2(3):244-249.

CARROLL A B, 1979. A three-dimensional conceptual model of corporate social performance[J]. The Academy of Management Review, 4(4):497-506.

CHEN X, CHENG Z F, KIM G B, 2020. Make it memorable: Tourism experience, fun, recommendation and revisit intentions of Chinese outbound tourists[J]. Sustainability, 12(5): 1-24.

CHILDERS T L, CARR C L, PECK J, et al., 2001. Hedonic and utilitarian motivations for online retail shopping behavior[J]. Journal of Retailing, 77(4):511-535.

CHRISTIAN S, ELMAR K, MARKUS G, et al., 2015. Innovation diffusion of repeat purchase products in a competitive market: An agent-based simulation approach[J]. European Journal of Operational Research, 245(1):157-167.

CHUNG N, LEE H, LEE S J, 2015. The influence of tourism website on tourists' behavior to determine destination selection: A case study of creative economy in Korea[J]. Technological Forecasting and Social Change, 96(2):130-143.

CORBIN J, STRAUSS A, 1990. Grounded theory research: Procedures, canons and evaluative criteria[J]. Zeitschrift für Soziologie, 19(6).

CRANT J M, 1996. The proactive personality scale as a predictor of entrepreneurial intentions[J]. Management, 29(3), 62–74.

CRANT J M, 2000. Proactive behavior in organizations[J]. Journal of Management, 26(3): 435–462.

CROMPTON J L, 1979. An assessment of the image of Mexico as a vacation destination and the influence of geographical location upon that image[J]. Journal of Travel Research, 17(4): 18–23.

CSIKSZENTMIHALYI M, 1990. Flow: The psychology of optimal experience[M]. New York: Harper & Row.

DEDEOGLU B B, BILGIHAN A, YE B H, et al., 2018. The impact of servicescape on hedonic value and behavioral intentions: The importance of previous experience[J]. International Journal of Hospitality Management, 72: 10–20.

DELONE W H, MCLEAN E R, 2003. The DeLone and McLean model of information systems success: A ten-year update[J]. Journal of Management Information Systems, 19(4): 9–30.

DENG Z, BENCKENDORFF P, WANG J, 2019. Blended tourism experiencescape: A conceptualisation of live-streaming tourism[C]//Information and communication technologies in tourism 2019: Proceedings of the international conference in Nicosia, Cyprus, January 30 – February 1, 2019. Springer International Publishing, 2019: 212–222.

DING H, HUNG K, 2021. The antecedents of visitors' flow experience and its influence on memory and behavioral intentions in the music festival context[J]. Journal of Destination Marketing & Management, 19: 100551.

DITTMAR H, BEATTIE J, FRIESE S, 1995. Gender identity and material symbols: Objects and decision considerations in impulse purchases[J]. Journal of Economic Psychology, 16(3): 491–511.

DODDS W B, 1991. In search of value: How price and store name information influence buyers' product perceptions[J]. Journal of Consumer Marketing, 8(2): 15–24.

ECHTNER C M, RITCHIE J R B, 1991. The meaning and measurement of destination image[J]. Journal of Tourism Studies, 2(2): 2–12.

ECHTNER C M, RITCHIE J R B, 1993. The measurement of destination image: An empirical assessment[J]. Journal of Travel Research, 31(4): 3–13.

FAKEYE P C, CROMPTON J L, 1991. Image differences between prospective, first – time and repeat visitors to the Lower Rio Grande Valley[J]. Journal of Travel Research, 30(2):10–16.

FENNELL D A, 2021. Technology and the sustainable tourist in the new age of disruption[M] // Routledge Handbook of Ecotourism. Routledge.

FISHBEIN M, AJZEN I, 1977. Belief, attitude, intention, and behavior: An introduction to theory and research[J]. Philosophy and Rhetoric, 10 (2):130–132.

FLEISCHER A, PIZAM A, 2002. Tourism constraints among Lsraeli seniors [J]. Annals of Tourism Research, 29(1):106–123.

FORNELL C, WERNERFELT B, 1987. Defensive marketing strategy by customer complaint management: A theoretical analysis[J]. Journal of Marketing Research, 24(4):337–346.

GARTNER W C, 1993. Image formation process[J]. Journal of Travel and Tourism Marketing, 2(2–3):191–216.

GHANI J A, DESHPANDE S P, 2016. Task characteristics and the experience of optimal flow in human–computer interaction[J]. Journal of Psychology, 128(4):381–391.

GILLESPIE N, DIETZ G, 2009. Trust repair after an organization–level failure[J]. Academy of Management Review, 34(1):127–145.

GODES D, 2011. Invited comment on "opinion leadership and social contagion in new product diffusion" [J]. Marketing Science, 30(2):224–229.

GRACIA A, MAGISTRIS T D, 2008. The demand for organic foods in the South of Italy: A discrete choice model[J]. Food Policy, 33(5):386–396.

GUNN C A, 2014. Vacationscape: Developing tourist areas[M]. New York: Routledge.

HANNAN M T, FREEMAN J. 1984. Structural inertia and organizational change[J]. American Sociological Review, 49:149–164.

HASSANEIN K, HEAD M M, 2007. Manipulating perceived social presence through the web interface and its impact on attitude towards online shopping [J]. International Journal of Human–Computer Studies, 65(8):689–708.

HAUSMAN A V, SIEKPE J S, 2009. The effect of web interface features on consumer online purchase intentions[J]. Journal of Business Research, 62(1):5–13.

HOFFMAN D L, NOVAK T P, 2000. How to acquire customers on the web? [J]. Harvard Business Review, 78(3):179–88, 218.

HUERTAS A, 2018. How live videos and stories in social media influence tourist opinions and behaviour[J]. Information Technology & Tourism, 19(1–4):1–28.

HUNT J D,1975. Image as a factors in tourism development[J]. Journal of Travel Research,13 (3):1-7.

KALBASKA N,RAMIREZ E A,CANTONI L,2018. The role of tourism destinations within the online presence of fashion weeks[J]. Almatourism-Journal of Tourism,Culture and Territorial Development,9(9):87-114.

KOUFARIS M, 2002. Applying the technology acceptance model and flow theory to online consumer behavior[J]. Information Systems Research,13(2):205-223.

KOUFARIS M, KAMBIL A, LABARBERA P A, 2001. Consumer behavior in web - based commerce:An empirical study [J]. International Journal of Electronic Commerce,6(2): 115-138.

LANDRY R,BOURHIS R Y,1997. Linguistic landscape and ethnolinguistic vitality:An empirical study[J]. Journal of Language and Social Psychology,16(1):23-49.

LEE C H,EZE U C,NDUBISI N O,2011. Analyzing key determinants of online repurchase intentions[J]. Asia Pacific Journal of Marketing and Logistics,23(2):200-221.

LEE S Y,PETRICK J F,CROMPTON J,2007. The roles of quality and intermediary constructs in determining festival attendees' behavioral intention[J]. Journal of Travel Research,45(4): 402-412.

LEISEN,BIRGIT,2001. Image segmentation:The case of a tourism destination[J]. Journal of Services Marketing,15(1):49-66.

LEWIN K,1948. Resolving social conflicts:Selected papers on group dynamics[J]. American Journal of Sociology, 54(6):552-553.

LUO X,2002. Uses and gratification theory and e-consumer behaviors:A structural equation modelling study[J]. Journal of Interactive Advertising,2(2):34-41.

LYON L, CAMERON G T, 2004. A relational approach examining the interplay of prior reputation and immediate response to a crisis[J]. Journal of Public Relations Research, 16 (3):213-241.

MACNEIL I R, 1985. Relational contract:What we do and do not know[J]. Wisconsin Law Review:483.

MAHESWARAN D,1994. Country of origin as a stereotype:Effects of consumer expertise and attribute strength on product evaluations[J]. Journal of Consumer Research,21(2):354-365.

MARTILLA J A, JAMES J C,1977. Importance-performance analysis[J]. Journal of Marketing, 41(1):77-79.

MEHRABIAN A,RUSSELL J A,1974. An approach to environmental psychology[M]. Cambridge: the MIT Press.

MIKULINCER M,SHAVER P R,PEREG D,2003. Attachment theory and affect regulation: The dynamics, development, and cognitive consequences of attachment – related strategies [J]. Motivation and Emotion,27:77–102.

MIRK D,HLAVACS H,2015. Virtual tourism with drones: Experiments and lag compensation[C]. In Proceedings of the first workshop on micro aerial vehicle networks, systems, and applications for civilian use:45–50.

MITRA A,1995. Price cue utilization in product evaluations[J]. Journal of Business Research, 33(3):187–195.

MIYAZAKI A D,FERNANDEZ A,2001. Consumer perceptions of privacy and security risks for online shopping[J]. Journal of Consumer Affairs,35:27–44.

NUSAIR K,PARSASUPB H G,2011. Introducing flow theory to explain the interactive online shopping experience in a travel context[J]. International Journal of Hospitality & Tourism Administration,12(1):1–20.

OLIVER R L, 1980. A cognitive model of the antecedents and consequences of satisfaction decisions[J]. Journal of Marketing Research,17(4):460–469.

PARK E,CHOI B K,LEE T J,2019. The role and dimensions of authenticity in heritage tourism[J]. Tourism Management,74:99–109.

PARK J, LEE H, KIMC, 2014. Corporate social responsibilities, consumer trust and corporate reputation:South Korean consumers' perspectives[J]. Journal of Business Research,67(3): 295–302.

PARKER S K, COLLINS C G, 2010. Taking stock: Integrating and differentiating multiple proactive behaviors[J]. Journal of management,36(3): 633–662.

PAVLOU A P,2003. Consumer Acceptance of electronic commerce: Integrating trust and risk with the technology acceptance model[J]. International Journal of Electronic Commerce,7 (3):101–134.

PAVLOU P A, GEFEN D, 2005. Psychological contract violation in online marketplaces: Antecedents, consequences, and moderating role[J]. Information Systems Research, 16(4): 372–399.

PRAYAG G, HOSANY S, ODEH K, 2013. The role of tourists' emotional experiences and satisfaction in understanding behavioral intentions [J]. Journal of Destination Marketing & Management,2(2):118–127.

RAO A S S, KRANTZ S G, 2020. Data science for virtual tourism using cutting-edge visualizations: Information geometry and conformal mapping[J]. Patterns, 1(5).

RIDINGS C M, GEFEN D, ARINZE B, 2002. Some antecedents and effects of trust in virtual communities[J]. Journal of Strategic Information Systems, 11:271-295.

ROGGENBUCK J W, 1989. Measuring place attachment: Some preliminary results[C]. National Parks & Recreation, Leisure Research Symposium.

ROSE S, CLARK M, SAMOUEL P, et al., 2012. Online customer experience in e-retailing: An empirical model of antecedents and outcomes[J]. Journal of Retailing, 88(2):308-322.

SCHWARTZ M S, CARROLL A B, 2003. Corporate social responsibility: A three-domain approach[J]. Business Ethics Quarterly, 13(4):503-530.

SCOLLON R, SCOLLON S W, 2003. Discourses in place: Language in the material world[M]. London: Continuum.

SEN S, BHATTACHARYA C B, 2001. Does doing good always lead to doing better? Consumer reactions to corporate social responsibility[J]. Journal of Marketing Research, 38(2): 225-243.

SEN S, BHATTACHARYA C B, KORSCHUN D, 2006. The role of corporate social responsibility in strengthening multiple stakeholder relationships: A field experiment[J]. Journal of the Academy of Marketing Science, 34(2):158-166.

SHANG R A, CHEN Y C, SHEN L, 2005. Extrinsic versus intrinsic motivations for consumers to shop online[J]. Information & Management, 42(3):401-413.

SHEN K N, KHALIFA M, 2008. Exploring multidimensional conceptualization of social presence in the context of online communities[J]. International Journal of Human-Computer Interaction, 24(7):722-748.

SINGH J, 1988. Consumer complaint intentions and behavior: Definitional and taxonomical issues[J]. Journal of Marketing, 52(1):93-107.

TAPACHAI N, WARYSZAK R, 2000. An examination of the role of beneficial image in tourist destination selection[J]. Journal of Travel Research, 39(1):37-44.

TASCI A D A, GARTNER W C, 2007. Destination image and its functional relationships[J]. Journal of Travel Research, 45(4):413-425.

TAYLOR S, TODD P, 1995. Decomposition and crossover effects in the theory of planned behavior: A study of consumer adoption intentions[J]. International Journal of Research in Marketing, 12(2):137-155.

TESSITORE T, PANDELAERE M, KERCKHOVE V A, 2014. The amazing race to India: Prominence in reality television affects destination image and travel intentions[J]. Tourism Management,42:3-12.

THURLOW C,JAWORSKI A,2014. "Two hundred ninety-four": Remediation and multimodal performance in tourist placemaking[J]. Journal of Sociolinguistics,18(4):459-494.

TOMLINSON E C,Mayer R C,2009. The role of causal attribution dimensions in trust repair[J]. The Academy of Management Review,34(1):85-104.

TREVINO L K,WEBSTER J,1992. Flow in computer-mediated communication:Electronic mail and voice mail evaluation and impacts[J]. Communication Research,19(5):539-573.

TSIOTSOU R H,BYON K K,ZHANG J J,2010. Development of a scale measuring destination image[J]. Marketing Intelligence & Planning,28(4):508-532.

TUNG F W, DENG Y S, 2007. Increasing social presence of social actors in e-learning environments:Effects of dynamic and static emoticons on children[J]. Displays,28(4-5): 174-180.

WATSON J B,1919. Psychology from the standpoint of a behaviorist[M]. JB Lippincott.

WILLIAMS D R, PATTERSON M E, ROGGENBUCK J W, 1992. Beyond the commodity metaphor:Examining emotional and symbolic attachment to place [J]. Leisure Sciences,14 (1):29-46.

WIRTH W, HARTMANN T B, CKING S, et al. , 2007. A process model of the formation of spatial presence experiences[J]. Media Psychology,9(3):493-525.

WITMER B G, SINGER M J, 1998. Measuring presence in virtual environments:A presence questionnaire[J]. Presence:Teleoperators and Virtual Environments,7(3):225-240.

WITT S F,MOUTINHO L, 1989. Tourism marketing and management handbook[M]. London: Prentice Hall.

WOODSIDE A G, DUBELAAR C, 2002. A general theory of tourism consumption systems: A conceptual framework and an empirical exploration[J]. Journal of Travel Research,41(2): 120-132.

WOODWORTH R S,1926. Dynamic psychology[C]. Columbia University Lectures:103-118.

XIE Y,SIQING,et al. ,2009. How to repair customer trust after negative publicity:The roles of competence,integrity,benevolence,and forgiveness [J]. Psychology and Marketing. 26(7): 572-589.

YüKSEL A,AKGüL O,2007. Postcards as affective image makers:An idle agent in destination marketing[J]. Tourism Management,28(3):714-725.

ZEITHAML V A, 1988. Consumer perceptions of price, quality, and value: A means-end model and synthesis of evidence[J]. Journal of Marketing, 52(3):2-22.

ZHANG H, LU Y, GUPTA S, et al. , 2014. What motivates customers to participate in social commerce? The impact of technological environments and virtual customer experiences[J]. Information & Management, 51(8):1017-1030.

ZHAO J, WANG J F, 2020. Health advertising on short-video social media: A study on user attitudes based on the extended technology acceptance model[J]. International Journal of Environmental Research and Public Health, 17(5):1501.